neue jugendbibel

Herausgeber
Deutscher Katecheten-Verein e.V., München

Konzeptentwicklung, Textauswahl und Kommentierung
Rainer Dillmann/Agnes Wuckelt

neue Jugendbibel

bibelwerk

Umschlaggestaltung/Layout: www.anna-katharina-stahl.de
Gesamtherstellung in Europa

ISBN 987-3-460-32589-0

Nur die Liebe zählt? 70

Mann und Frau 88

Familie 104

Geschichten, die das Leben schreibt 120

Streit 146

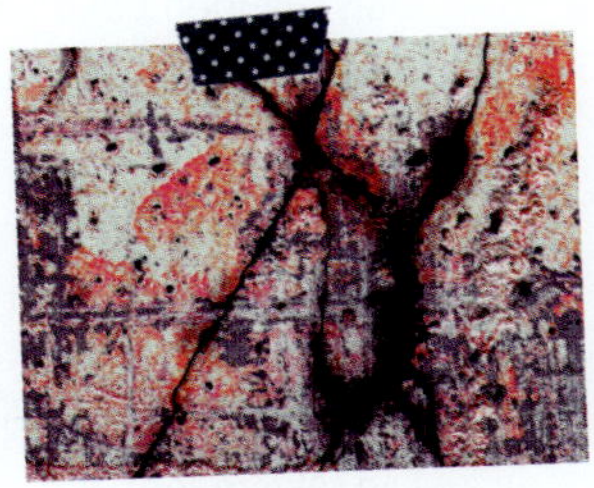

Grußwort des Bischofs

Die Bibel zeugt in ihren Schriften von gelebter Erfahrung der Menschen mit Gott, die eine nie versiegende Quelle für das tägliche Glaubensleben darstellen. Die alttestamentlichen Erzählungen, die Gleichnisse, Psalmen oder Briefe begeistern mich in ihren Eigenarten immer wieder aufs Neue. Die Texte sind zuweilen sperrig, überraschend, wunderschön oder unfassbar – gerade diese Fülle an Klage, Trauer, Freude und Hoffnung der Menschen stärkt mich in der Überzeugung, dass die Bibel zeitlos ist und jedem Menschen etwas zu sagen vermag.

Papst Franziskus sagt jüngst in Evangelii Gaudium: *„Das Wort Gottes trägt Anlagen, die wir nicht voraussehen können. Das Evangelium spricht von einem Samen, der, wenn er einmal ausgesät ist, von sich aus wächst, auch wenn der Bauer schläft (vgl. Mk 4,26-29). Die Kirche muss diese unfassbare Freiheit des Wortes akzeptieren, das auf seine Weise wirksam ist und in sehr verschiedenen Formen, die oft unsere Prognosen übertreffen und unsere Schablonen sprengen."*

Wir können keinen Einfluss darauf nehmen, wie und auf welchen Acker das biblische Wort fällt, doch wir können gerade jungen Menschen Kontaktmöglichkeiten und Angebote schaffen, um von Jesu froher Botschaft zu hören.

Die vorliegende Neue Jugend Bibel mag jungen Menschen einen solchen Zugang zu Gottes Wort ermöglichen. In ästhetisch ansprechender Weise und in leicht verständlicher Sprache eröffnet sie einen Themenfächer, der die biblische Fülle abbildet.

Die Neue Jugend Bibel lädt ein, in den biblischen Schriften zu stöbern, sie zu verstehen, neugierig zu werden, sie zu durchdringen oder sich an ihnen zu reiben, um immer ein Stück mehr zu begreifen von der Botschaft, die uns alle trägt: *„Und das Wort ist Fleisch geworden und hat unter uns gewohnt und wir haben seine Herrlichkeit gesehen, die Herrlichkeit des einzigen Sohnes vom Vater, voll Gnade und Wahrheit.“ (Joh 1,14)*

Bischof Dr. Karl-Heinz Wiesemann, Speyer
Vorsitzender der Jugendkommission
der Deutschen Bischofskonferenz

Liebe Jugendliche!

Auch noch im 21. Jahrhundert steht die Bibel weltweit an der Spitze der Bestsellerlisten und gilt als das meistübersetzte Buch. Im Jahr 2011 lag die gesamte Bibel in 469 Sprachen, das Neue Testament in 1231 Sprachen vor. Im Internet finden sich etliche „Online-Bibeln", also unterschiedliche Übersetzungen des Alten und Neuen Testaments. Und selbst bei „Facebook" steht die Seite zur Bibel auf Platz eins. Doch bedeutet dies auch, dass dieses Buch am meisten gelesen wird? Oder steht es vielleicht etwas verstaubt in der hintersten Ecke des Bücherregals? Wird die Online-Version intensiv studiert oder dient sie nur dem schnellen Zugriff für das Verfassen eines Referats?
Zahlreiche Prominente unserer Zeit geben darüber Auskunft, dass sie die Bibel lesen und schätzen. So stellt der Sportjournalist David Kadel fest, dass die Bibel ein „genialer Ausdruck des Lebens" sei oder betont die Rockmusikerin Nina Hagen, dass die Bibel „ein wunderbares Buch" sei, in dem sie immer wieder Stellen finde, die sie noch nicht kenne. Viele moderne Schriftstellerinnen und Schriftsteller, die sich nicht als Glaubende im christlichen Sinn verstehen, beschäftigen sich mit der Bibel und verwenden biblische Motive in ihren Werken. Die Filmindustrie hat die Bibel längst entdeckt. Neben monumentalen Bibelfilmen finden sich Science-Fiction-Filme, deren Inhalt von biblischen Bildern inspiriert ist.
Dennoch: Für viele Christinnen und Christen ist die Bibel ein Buch mit sieben Siegeln. Es erscheint ihnen fremdartig, und deshalb schauen sie nicht in das „Buch der Bücher" hinein. Oder sie verhalten sich wie der Schatzmeister einer ägyptischen Königin, der im Wagen durch die Wüste fuhr und während der Fahrt im Buch des Propheten Jesaja las. Auf Frage seines Mitreisenden, des Apostels Philippus, „Verstehst du auch, was du liest?" antwortete er: „Wie sollte ich das wohl können, wenn niemand mich anleitet?" (Apostelgeschichte, Kapitel 8,Verse 30 und 31).
Vielleicht geht es Euch ähnlich, wenn ihr die Bibel zur Hand nehmt und anfangt, darin zu lesen? Eine fremde Welt tut sich da vor Euch auf. Ihr begegnet fremden Namen, seltsamen Bräuchen und Gewohnheiten. Das dort berichtete Handeln Gottes und der Menschen wirkt oft unverständlich oder gar unglaubwürdig. Leicht kann so der Eindruck entstehen: Was da berichtet und

erzählt wird, gehört einer fernen, längst vergangenen Zeit an und hilft uns nicht, unsere Fragen zu beantworten.
Aber stimmt das wirklich?

Denken wir etwa an die Erzählung von dem mit einem schweren Schicksal konfrontierten Ijob. Er findet sich nicht mit seinem Leiden ab, sondern klagt Gott an und fordert ihn zur Rechenschaft. Die bohrenden Fragen eines Ijob nach dem Sinn des Leidens sind bis heute nicht verstummt – es sind auch unsere Fragen und unsere Anklagen.
Oder an anderes Beispiel: Die Bibel verweist an zahlreichen Stellen darauf, dass auch Fremde das gleiche Recht wie Einheimische haben und betont, dass die Vorfahren der jetzt Einheimischen einmal selbst Fremde waren. Bedeutet dies nicht, dass die Frage der Einwanderung von Menschen in ein ihnen fremdes Land und die Art und Weise, wie die dort Lebenden den Fremden begegnen und mit ihnen umgehen, schon immer ein Problem darstellte?
Und noch ein weiteres Beispiel: Wenn heute nach einer Wegen einer dauerhaften Völkerverständigung und eines weltweiten Friedens gesucht wird, greifen nicht wenige auf die Bergpredigt im Neuen Testament zurück. Hier werden die „selig" gepriesen, die Frieden stiften.
Diese Beispiele zeigen, dass die Bibel heute nichts an Aktualität eingebüßt und immer noch Entscheidendes zu sagen hat.
Wenn wir heute in den Schriften des Alten und Neuen Testaments lesen, dann können wir dies aber nicht mehr so unbekümmert tun, wie es unsere Vorfahren getan haben. Sie haben beispielsweise das alttestamentliche Schöpfungsgedicht wie eine naturwissenschaftliche Abhandlung über die Entstehung der Erde verstanden. Für sie hatte Gott die Welt in sechs Tagen erschaffen und sich am siebten Tag von seinem Schöpfungswerk ausgeruht. Die Erkenntnisse der modernen Naturwissenschaften, aber auch die Einsichten der Bibelwissenschaft lassen uns die Bibel mit anderen Augen lesen: nicht mit der Brille der Naturwissenschaft, auch nicht mit den Augen der modernen Geschichtsforschung. Die Verfasser und Verfasserinnen der verschiedenen Schriften des Alten und Neuen Testaments verfolgen eine andere Absicht. Sie wollen den nachfolgenden Generationen bezeugen, dass nichts auf Erden dem bloßen Zufall entstammt, sondern alles aus den gütigen Händen des Schöpfergottes hervorgegangen ist.

Die uns überlieferten Texte sind Glaubenszeugnisse von Menschen, die in ihrem Leben Gottes Gegenwart und Handeln gespürt haben. Sie haben Gott in der Geschichte Israels sowie im Leben, Sterben und Auferstehen Jesu von Nazareth erfahren – als einen helfenden, befreienden und Leben schaffenden Gott. Die Texte wollen bei ihren Leserinnen und Lesern Glauben wecken an Gottes Nähe und Führung in der Geschichte der Menschen.

Agnes Wuckelt und Rainer Dillmann

Die Texte der Bibel lesen und verstehen

Wenn Gott sich uns mitteilen und mit uns sprechen will, dann muss er sich unserer menschlichen Sprache und unserer Vorstellungen bedienen. Gottes Wort begegnet uns deshalb nur in menschlicher Sprache. Gott kommuniziert mit uns über andere Menschen. Dabei respektiert er die Eigenart des jeweiligen Menschen. Daraus folgt, dass die einzelnen Schriften der Bibel die ganz persönliche Handschrift des einzelnen Autors und der einzelnen Autorin tragen. Deshalb müssen wir den jeweiligen zeit- und kulturgeschichtlichen Hintergrund des jeweiligen Textes kennen. Aus diesem Grund haben wir die in diese Auswahlbibel aufgenommenen Texte auf verschiedene Weise erläutert:

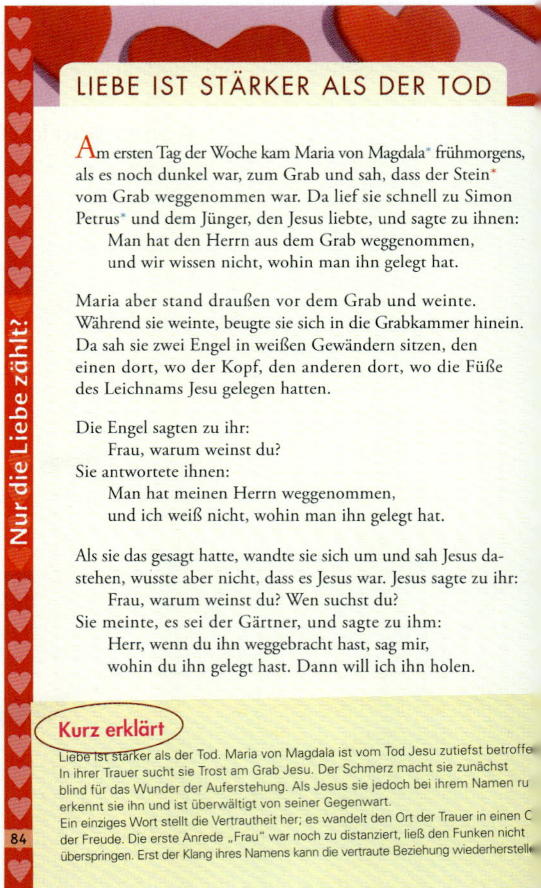
Nur die Liebe zählt?

LIEBE IST STÄRKER ALS DER TOD

Am ersten Tag der Woche kam Maria von Magdala* frühmorgens, als es noch dunkel war, zum Grab und sah, dass der Stein* vom Grab weggenommen war. Da lief sie schnell zu Simon Petrus* und dem Jünger, den Jesus liebte, und sagte zu ihnen:
Man hat den Herrn aus dem Grab weggenommen,
und wir wissen nicht, wohin man ihn gelegt hat.

Maria aber stand draußen vor dem Grab und weinte. Während sie weinte, beugte sie sich in die Grabkammer hinein. Da sah sie zwei Engel in weißen Gewändern sitzen, den einen dort, wo der Kopf, den anderen dort, wo die Füße des Leichnams Jesu gelegen hatten.

Die Engel sagten zu ihr:
Frau, warum weinst du?
Sie antwortete ihnen:
Man hat meinen Herrn weggenommen,
und ich weiß nicht, wohin man ihn gelegt hat.

Als sie das gesagt hatte, wandte sie sich um und sah Jesus dastehen, wusste aber nicht, dass es Jesus war. Jesus sagte zu ihr:
Frau, warum weinst du? Wen suchst du?
Sie meinte, es sei der Gärtner, und sagte zu ihm:
Herr, wenn du ihn weggebracht hast, sag mir,
wohin du ihn gelegt hast. Dann will ich ihn holen.

Kurz erklärt

Liebe ist stärker als der Tod. Maria von Magdala ist vom Tod Jesu zutiefst betroffe
In ihrer Trauer sucht sie Trost am Grab Jesu. Der Schmerz macht sie zunächst blind für das Wunder der Auferstehung. Als Jesus sie jedoch bei ihrem Namen ru
erkennt sie ihn und ist überwältigt von seiner Gegenwart.
Ein einziges Wort stellt die Vertrautheit her; es wandelt den Ort der Trauer in einen C
der Freude. Die erste Anrede „Frau“ war noch zu distanziert, ließ den Funken nicht überspringen. Erst der Klang ihres Namens kann die vertraute Beziehung wiederherstell

84

- Unter dem Stichwort „Was bedeutet“ haben wir für Euch wesentliche Hintergründe des Textes dargestellt oder unbekannte Begriffe erklärt.
- Namen und Personen, die in den jeweiligen Texten genannt werden, haben wir im Anhang unter „Wer ist ...“ näher charakterisiert.
- Kurze Informationen über biblische Orte findet ihr unter der Rubrik „Wo liegt?“.
- Erst wenn wir die uns fremde Kultur wahrnehmen, verstehen wir auch

besser, was uns die Texte heute sagen wollen. Entsprechende Hinweise zu ihrer Bedeutung findet ihr unter dem Stichwort „Kurz erklärt“.

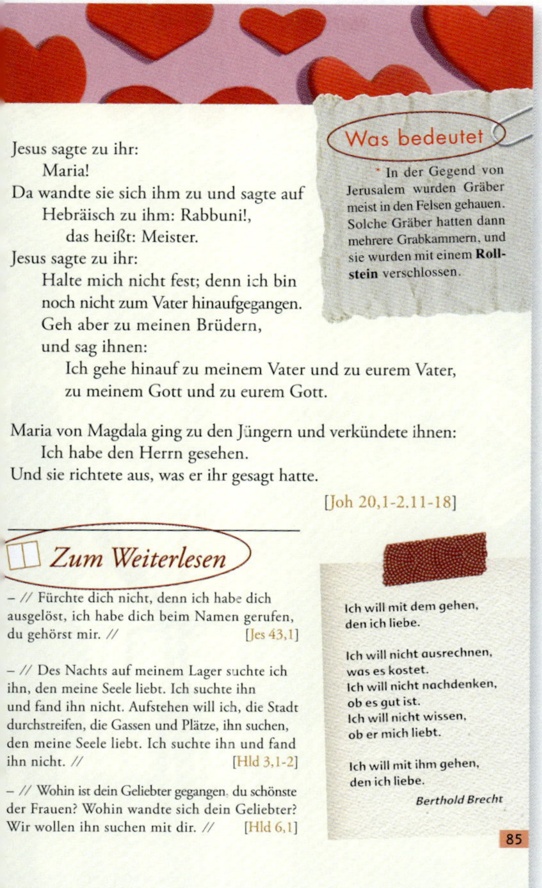

Jesus sagte zu ihr:
Maria!
Da wandte sie sich ihm zu und sagte auf Hebräisch zu ihm: Rabbuni!,
das heißt: Meister.
Jesus sagte zu ihr:
Halte mich nicht fest; denn ich bin noch nicht zum Vater hinaufgegangen.
Geh aber zu meinen Brüdern,
und sag ihnen:
Ich gehe hinauf zu meinem Vater und zu eurem Vater,
zu meinem Gott und zu eurem Gott.

Maria von Magdala ging zu den Jüngern und verkündete ihnen:
Ich habe den Herrn gesehen.
Und sie richtete aus, was er ihr gesagt hatte.

[Joh 20,1-2.11-18]

Was bedeutet

* In der Gegend von Jerusalem wurden Gräber meist in den Felsen gehauen. Solche Gräber hatten dann mehrere Grabkammern, und sie wurden mit einem **Rollstein** verschlossen.

Zum Weiterlesen

– // Fürchte dich nicht, denn ich habe dich ausgelöst, ich habe dich beim Namen gerufen, du gehörst mir. // [Jes 43,1]

– // Des Nachts auf meinem Lager suchte ich ihn, den meine Seele liebt. Ich suchte ihn und fand ihn nicht. Aufstehen will ich, die Stadt durchstreifen, die Gassen und Plätze, ihn suchen, den meine Seele liebt. Ich suchte ihn und fand ihn nicht. // [Hld 3,1-2]

– // Wohin ist dein Geliebter gegangen, du schönste der Frauen? Wohin wandte sich dein Geliebter? Wir wollen ihn suchen mit dir. // [Hld 6,1]

Ich will mit dem gehen,
den ich liebe.

Ich will nicht ausrechnen,
was es kostet.
Ich will nicht nachdenken,
ob es gut ist.
Ich will nicht wissen,
ob er mich liebt.

Ich will mit ihm gehen,
den ich liebe.

Berthold Brecht

85

Für eine persönliche Begegnung mit der Bibel ist eine Textauswahl hilfreich. Bei der vorliegenden Auswahl haben wir uns von der heutigen Lebenswelt, ihren Fragen und Herausforderungen leiten lassen. Die von uns ausgesuchten Themen kreisen um die vielfältigen Beziehungen, die unser Leben bestimmen, um Arbeit und Freizeit, um Gewalt, Streit, Schuld und Angst, um Kindheit und Alter, um Hoffnung, Liebe und Glaube. Diesen Lebensbezügen haben wir entsprechende biblische Texte zugeordnet.

Um die ganze Breite der Welt der Bibel aufzuzeigen, haben wir unter dem Stichwort „Zum Weiterlesen“ auf weitere biblische Texte zum jeweiligen Thema verwiesen. Auf diese Weise ist eine Textauswahl entstanden, die nicht der Anordnung der einzelnen Schriften in der Vollbibel folgt. Wie diese angeordnet sind, könnt Ihr dem Verzeichnis der biblischen Bücher im Anhang entnehmen. Dort findet ihr auch die Abkürzungen für die einzelnen Bücher. Außerdem enthält der Anhang ein Verzeichnis der zitierten Bibelstellen und eine Zeittafel.

In Beziehungen leben

Menschen leben in vielfältigen Beziehungen: zu anderen Menschen, zu nahestehenden und fremden Menschen, zu ihrer Umwelt, aber auch zu Gott. Manche dieser Beziehungen gelingen, manche scheitern. Die Bibel hat dies gesehen und unterschiedliche Erfahrungen festgehalten. Die ausgewählten Texte zeigen die Breite dieser Beziehungen auf und reflektieren die Verantwortung, die der Mensch für die Ausgestaltung dieser Beziehungen hat.

FÜREINANDER DA SEIN

Da stand ein Gesetzeslehrer* auf, und um Jesus auf die Probe zu stellen, fragte er ihn:

Meister, was muss ich tun, um das ewige* Leben zu gewinnen?

Jesus sagte zu ihm:

Was steht im Gesetz? Was liest du dort?

Er antwortete:

Du sollst den Herrn, deinen Gott, lieben
mit ganzem Herzen und ganzer Seele,
mit all deiner Kraft und all deinen Gedanken,
und: Deinen Nächsten sollst du lieben wie dich selbst.

Jesus sagte zu ihm:

Du hast richtig geantwortet. Handle danach,
und du wirst leben.

Der Gesetzeslehrer wollte seine Frage rechtfertigen und sagte zu Jesus:

Und wer ist mein Nächster?

Darauf antwortete ihm Jesus:

Ein Mann ging von Jerusalem* nach Jericho* hinab
und wurde von Räubern überfallen*.
Sie plünderten ihn aus und schlugen ihn nieder;
dann gingen sie weg und ließen ihn halbtot liegen.

Zufällig kam ein Priester denselben Weg herab;
er sah ihn und ging weiter.
Auch ein Levit* kam zu der Stelle; er sah ihn und ging weiter.

Kurz erklärt

Wann muss ich helfen, wenn jemand in Not geraten ist? Mit der Frage: Wer ist mein Nächster? will der Gesetzeslehrer genau wissen, wem er verpflichtet ist zu helfen und wem nicht. Jesus macht in der Beispielerzählung deutlich, dass jeder ohne Unterschied verpflichtet ist jedem, der in Not geraten ist, zu helfen. Alles andere wäre Menschen verachtend.

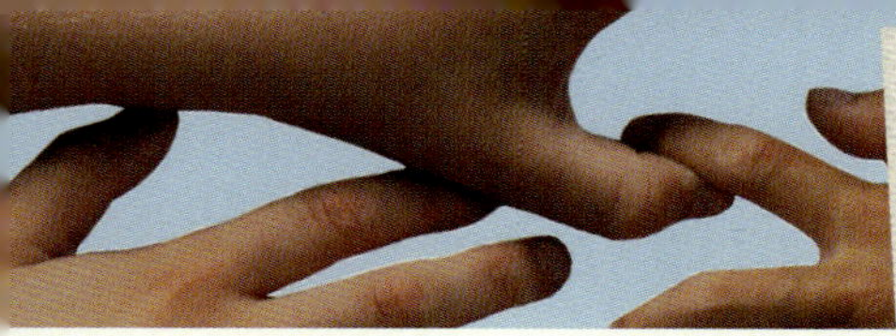

Es ist wunderbar und gut,
wenn Menschen erkennen,
dass sie Schwestern und Brüder sind,
wenn sie zueinander finden,
miteinander gehen und füreinander leben.
Dieter Stork

Dann kam ein Mann aus Samarien*, der auf der Reise war. Als er ihn sah, hatte er Mitleid, ging zu ihm hin, goss Öl und Wein auf seine Wunden und verband sie. Dann hob er ihn auf ein Reittier, brachte ihn zu einer Herberge und sorgte für ihn. Am andern Morgen holte er zwei Denare hervor, gab sie dem Wirt und sagte:

Sorge für ihn, und wenn du mehr für ihn brauchst, werde ich es dir bezahlen, wenn ich wiederkomme.

Was meinst du: Wer von diesen dreien hat sich als der Nächste dessen erwiesen, der von den Räubern überfallen wurde?

Der Gesetzeslehrer antwortete:

Der, der barmherzig an ihm gehandelt hat.

Da sagte Jesus zu ihm:

Dann geh und handle genauso!

[Lk 10,25-37]

Zum Weiterlesen

Nächstenliebe und Feindesliebe sind wichtige ethische Grundsätze der Bibel:

– // Du sollst deinen Nächsten lieben wie dich selbst. // [Lev 19,18]

– // Wenn bei dir ein Fremder in eurem Land lebt, sollt ihr ihn nicht unterdrücken. Der Fremde, der sich bei euch aufhält, soll euch wie ein Einheimischer gelten, und du sollst ihn lieben wie dich selbst. // [Lev 19,33-34]

– // Liebt eure Feinde und betet für die, die euch verfolgen. // [Mt 5,44]

– // Liebt eure Feinde; tut denen Gutes, die euch hassen. Segnet die, die euch verfluchen; betet für die, die euch misshandeln. // [Lk 6,27-28]

Was bedeutet

* **Gesetzeslehrer** kennen die Gesetze und können diese auslegen und erklären.

* Das „Leben bei Gott" bezeichnet die Bibel auch als **„ewiges Leben"**.

* Der Weg von Jerusalem nach Jericho (250 m unter dem Meeresspiegel) führt durch die Wüste und galt aufgrund gefährlicher Schluchten und Höhlen, in denen Kriminelle unterschiedlicher Art Unterschlupf suchten, als unsicher.

* Diener am Tempel in Jerusalem.

GLEICHES RECHT FÜR ALLE

So spricht der Herr:
Wahrt das Recht und sorgt für Gerechtigkeit;
denn bald kommt von mir das Heil, meine Gerechtigkeit wird sich bald offenbaren.
Wohl dem Mann, der so handelt, wohl dem Menschen,
der daran festhält, den Sabbat zu halten und nie zu entweihen
und seine Hand vor jeder bösen Tat zu bewahren.
Der Fremde, der sich dem Herrn angeschlossen hat,
soll nicht sagen:
Sicher wird der Herr mich ausschließen aus seinem Volk.
Der Verschnittene soll nicht sagen:
Ich bin nur ein dürrer Baum.
Denn so spricht der Herr:
Den Verschnittenen*, die meine Sabbate halten, die gerne tun, was mir gefällt, und an meinem Bund festhalten, ihnen allen errichte ich in meinem Haus und in meinen Mauern ein Denkmal, ich gebe ihnen einen Namen, der mehr wert ist als Söhne und Töchter: Einen ewigen Namen gebe ich ihnen, der niemals ausgetilgt wird.

Kurz erklärt

Der Text greift Ängste auf, die bei Menschen mit Migrationshintergrund oft anzutreffen sind. Ihrem Ursprungsland entfremdet, wird ihnen die Aufnahme in die neue Heimat oft verweigert. Der Text geht die damit verbundenen Fragen offensiv an und nennt Kriterien für den Umgang Gottes mit den Menschen. Diese Kriterien gelten für alle Menschen, gleichgültig. ob sie Israeliten sind oder nicht. Nicht Hautfarbe, Rasse oder Nationalität entscheiden über die Gottesbeziehung, sondern das rechte Verhalten. Allein entscheidend ist, ob Menschen Gott dienen, ihn lieben und seine Gebote halten. Der gesamte Abschnitt wird deshalb eingeleitet mit der Aufforderung, Recht und Gerechtigkeit zu wahren. Denn Gottes Haus ist ein Haus des Gebetes für alle Völker. Im Rahmen der Tempelreinigung greifen die Evangelien dieses Wort auf und betonen damit die Universalität der Botschaft Jesu (vgl. Mt 21,13; Mk 11,17; Lk 19,46).

Was bedeutet

* **„Verschnittene“** sind Eunuchen, Männer, die ihrer Männlichkeit beraubt sind. In Mesopotamien konnten sie hohe gesellschaftliche Positionen einnehmen; in Ägypten waren sie häufig Begleiter von Frauen.

Die Fremden, die sich dem Herrn
angeschlossen haben, die ihm dienen
und seinen Namen lieben,
um seine Knechte zu sein, alle,
die den Sabbat halten
und ihn nicht entweihen,
die an meinem Bund festhalten,
sie bringe ich zu meinem heiligen Berg und erfülle sie in meinem Bethaus mit Freude. Ihre Brandopfer und Schlachtopfer finden Gefallen auf meinem Altar, denn mein Haus wird ein Haus des Gebets für alle Völker genannt.

[Jes 56,1-7]

Zum Weiterlesen

– // Gleiches Recht soll bei euch für den Fremden wie für den Einheimischen gelten; denn ich bin der Herr, euer Gott. // [Lev 24,22]

– // Einen Fremden sollst du nicht ausbeuten. Ihr wisst doch, wie es einem Fremden zumute ist; denn ihr selbst seid in Ägypten Fremde gewesen. // [Ex 23,9]

Wer in der Fremde wohnt, für den ist die Integration in die neue Heimat eine wichtige Aufgabe:

– // So spricht der Herr der Heere, der Gott Israels, zur ganzen Gemeinde der Verbannten, die ich von Jerusalem nach Babel weggeführt habe:
Baut Häuser und wohnt darin, pflanzt Gärten und esst ihre Früchte!
Nehmt euch Frauen und zeugt Söhne und Töchter, nehmt für eure Söhne Frauen und gebt eure Töchter Männern, damit sie Söhne und Töchter gebären.
Ihr sollt euch dort vermehren und nicht vermindern.
Bemüht euch um das Wohl der Stadt, in die ich euch weggeführt habe, und betet für sie zum Herrn; denn in ihrem Wohl liegt euer Wohl. // [Jer 29,4-7]

Das Neue Testament mahnt, die Gastfreundschaft nicht zu vernachlässigen:

– // Gewährt jederzeit Gastfreundschaft! // [Röm 12,13]

– // Vergesst die Gastfreundschaft nicht; denn durch sie haben einige, ohne es zu ahnen, Engel beherbergt. // [Hebr 13,2]

ARM UND REICH

Jesus sagte zu den Leuten:
Gebt Acht, hütet euch vor jeder Art von Habgier.
Denn der Sinn des Lebens besteht nicht darin,
dass ein Mensch aufgrund seines großen Vermögens
im Überfluss lebt.

Und er erzählte ihnen folgendes Beispiel:
Auf den Feldern eines reichen Mannes stand eine gute Ernte.
Da überlegte er hin und her:
Was soll ich tun? Ich weiß nicht, wo ich meine Ernte
unterbringen soll.
Schließlich sagte er:
So will ich es machen:
Ich werde meine Scheunen abreißen
und größere bauen;
dort werde ich mein ganzes Getreide
und meine Vorräte unterbringen.
Dann kann ich zu mir selber sagen:
Nun hast du einen großen Vorrat,
der für viele Jahre reicht.
Ruh dich aus, iss und trink
und freu dich des Lebens!

Kurz erklärt

Der reiche Mann gehört zur Gruppe der Großgrundbesitzer, die im Gegensatz zu den Kleinbauern und -bäuerinnen ein unbeschwertes Leben führen konnten. Sein Denken und Handeln dreht sich nur um die eigene Person und so lebt er an den anderen Menschen vorbei. So verliert er nicht nur die Gemeinschaft mit seinen Mitmenschen, sondern auch die Gemeinschaft mit Gott. Der Sinn und das Ziel des Lebens besteht nicht darin, möglichst viele Reichtümer anzuhäufen. Was aber macht wirklichen Reichtum aus? Die Antwort des Lukas lautet: „Tätige Nächstenliebe".

Da sprach Gott zu ihm:
Du Narr! Noch in dieser Nacht
wird man dein Leben
von dir zurückfordern.
Wem wird dann all das gehören,
was du angehäuft hast?

So geht es jedem, der nur für sich selbst Schätze sammelt, aber vor Gott nicht reich ist.

[Lk 12,15-21]

Zum Weiterlesen

Die Ichbezogenheit der Reichen wird von Jesus immer wieder angeprangert:

– // Weh euch, die ihr reich seid; denn ihr habt keinen Trost mehr zu erwarten. // [Lk 6,24]

Propheten wenden sich gegen die Habgier der Reichen:

– // Weh euch, die ihr Haus an Haus reiht und Feld an Feld fügt, bis kein Platz mehr da ist und ihr allein im Land ansässig seid.
Weh euch, die ihr schon früh am Morgen hinter dem Bier her seid und sitzen bleibt bis spät in die Nacht, wenn euch der Wein erhitzt.
Weh denen, die Helden sind, wenn es gilt, starke Getränke zu brauen, die den Schuldigen für Bestechungsgeld freisprechen und dem Gerechten sein Recht vorenthalten.
Weh denen, die unheilvolle Gesetze erlassen und unerträgliche Vorschriften machen, um die Schwachen vom Gericht fernzuhalten und den Armen meines Volkes ihr Recht zu rauben, um die Witwen auszubeuten und die Waisen auszuplündern. // [Jes 5,8.11.22-23; 10,1-2]

Arm ist
- Wer sich nicht alle Wünsche erfüllen kann.
- Wer nicht viel Geld hat und nicht alles kaufen kann.
- Wer beim Einkaufen immer zählen und rechnen muss.
- Wer sich Sachen nur angucken, aber nicht kaufen kann.

Arm ist,
- Wer viele Kinder hat.
- Wer ab Mitte des Monats überlegen muss, woher das Geld kommen soll.
- Wer auf dem Flohmarkt Geld dazuverdienen muss.
- Wer keine Markenware trägt.
- Wer arbeitslos und krank ist.

Hauptschülerinnen, Paderborn

BROT TEILEN

Das Wort des Herrn erging an Elija:
Mach dich auf und geh nach Sarepta*,
das zu Sidon* gehört, und bleib dort!
Ich habe dort einer Witwe* befohlen, dich zu versorgen.
Er machte sich auf und ging nach Sarepta. Als er an das Stadttor kam, traf er dort eine Witwe, die Holz auflas. Er bat sie:
Bring mir in einem Gefäß ein wenig Wasser zum Trinken!
Als sie wegging, um es zu holen, rief er ihr nach:
Bring mir auch einen Bissen Brot mit!
Doch sie sagte:
So wahr der Herr, dein Gott, lebt:
Ich habe nichts mehr vorrätig als eine Handvoll Mehl
im Topf und ein wenig Öl im Krug.
Ich lese hier ein paar Stücke Holz auf und gehe dann heim,
um für mich und meinen Sohn etwas zuzubereiten.
Das wollen wir noch essen und dann sterben.
Elija entgegnete ihr:
Fürchte dich nicht! Geh heim und tu, was du gesagt hast.
Nur mache zuerst für mich ein kleines Gebäck
und bring es zu mir heraus!
Danach kannst du für dich und deinen Sohn etwas zubereiten;
denn so spricht der Herr, der Gott Israels:

Kurz erklärt

Wer Hunger leidet, dessen Leben ist aufs Äußerste bedroht. In Israel, wo der Ertrag der Landwirtschaft vom häufig ausbleibenden Regen abhängt, waren Hungersnöte keine Seltenheit. In einer solchen Zeit wird der Prophet Elija von Gott zu einer Witwe gesandt. Diese soll Elija versorgen. Obwohl die Frau selbst nicht genug zum Überleben hat, ist sie bereit, das Wenige, das ihr geblieben ist, mit Elija zu teilen. Sie wird reichlich belohnt und hat genug zum Essen, bis eine neue Ernte die Hungersnot beendet.

Der Mehltopf wird nicht leer werden
und der Ölkrug nicht versiegen
bis zu dem Tag,
an dem der Herr wieder Regen
auf den Erdboden sendet.
Sie ging und tat, was Elija gesagt hatte.
So hatte sie mit ihm und ihrem Sohn
viele Tage zu essen.

[1 Kön 17,8-16]

Was bedeutet

* **Witwen** gehörten aufgrund ihrer begrenzten wirtschaftlichen Möglichkeiten zu den Armen.

Zum Weiterlesen

Gott hört das Stöhnen der Armen und Unterdrückten:

– // Die Israeliten stöhnten noch unter der Sklavenarbeit; sie klagten, und ihr Hilferuf stieg aus ihrem Sklavendasein zu Gott empor. Gott hörte ihr Stöhnen, und Gott gedachte seines Bundes mit Abraham, Isaak und Jakob. Gott blickte auf die Söhne Israels und gab sich ihnen zu erkennen.//

[Ex 2,23-25]

Die Sorge für die Armen ist ein wichtiges Anliegen alttestamentlicher Sozialgesetze:

– // Sechs Jahre kannst du in deinem Land säen und die Ernte einbringen; im siebten Jahr sollst du es brach liegen lassen und nicht bestellen. Die Armen in deinem Volk sollen davon essen ... Das Gleiche sollst du mit deinem Weinberg und deinen Ölbäumen tun. //

[Ex 23,10-11]

Teilst du dein Brot
ängstlich
ohne Vertrauen
ohne Wagemut
überstürzt
wird es dir fehlen

Versuch es zu teilen
ohne in die Zukunft zu
denken
ohne zu rechnen
ohne zu sparen
sorglos
aus der Hand Gottes

Nach
Dom Helder Camara

SICH WIDERSETZEN – MUTIG SEIN

Ein neuer König in Ägypten setzte die Israelitinnen und Israeliten durch harte Arbeit unter Druck. Außerdem wollte er verhindern, dass das Volk immer zahlreicher wurde.

Zu den hebräischen Hebammen – die eine hieß Schifra,
die andere Pua – sagte der König von Ägypten:
Wenn ihr den Hebräerinnen Geburtshilfe leistet,
dann achtet auf das Geschlecht! Ist es ein Knabe,
dann lasst ihn sterben! Ist es ein Mädchen,
dann kann es am Leben bleiben.
Die Hebammen aber fürchteten* Gott und taten nicht,
was ihnen der König von Ägypten gesagt hatte, sondern
ließen die Kinder am Leben.
Da rief der König von Ägypten die Hebammen zu sich und
sagte zu ihnen:
Warum tut ihr das und lasst die Kinder am Leben?
Die Hebammen antworteten dem Pharao:
Bei den hebräischen Frauen ist es nicht wie
bei den Ägypterinnen, sondern wie bei den Tieren:
Wenn die Hebamme zu ihnen kommt,
haben sie schon geboren.

Kurz erklärt

Während die Namen der beiden Hebammen – Schifra und Pua – überliefert sind, bleibt der Pharao namenlos. Der Erzähler schildert den König von Ägypten als einen, den Frauen austricksen können. Der „mächtige" Pharao unterschätzt die beiden Frauen. So wird es möglich, dass Mose geboren werden kann.
Die Hebammen nutzen das Verhalten des Pharao aus: Er behandelt die Israelitinnen und Israeliten wie Tiere. Daher glaubt er der Aussage der Hebammen, dass die Hebräerinnen „wie die Tiere" seien. So wird der Pharao mit seinen eigenen Waffen geschlagen.

Gott verhalf den Hebammen zu Glück.
Das Volk aber vermehrte sich weiter
und wurde sehr stark.
Weil die Hebammen Gott fürchteten,
schenkte er ihnen Kindersegen*.

[Ex 1,15-21]

Was bedeutet

* **Fürchten** hat hier nichts mit Angst zu tun; es bedeutet, dass die Hebammen gerecht waren und sich im Glauben bemühten, richtig zu handeln.

* **Kinder** werden als Geschenk Gottes verstanden.

Zum Weiterlesen

In der Mosegeschichte spielen zahlreiche Frauen eine bedeutende Rolle. Nicht nur die Hebammen widersetzen sich dem Befehl des Pharao: Neben Schifra und Pua tragen auch seine Mutter und seine Schwester dazu bei, dass Mose am Leben bleibt. Selbst die Tochter des Pharao gehorcht nicht dem Befehl des Vaters:

– // Die Tochter des Pharao sah „im Schilf das Kästchen und ließ es durch ihre Magd holen. Als sie es öffnete und hineinsah, lag ein weinendes Kind darin. Sie bekam Mitleid mit ihm, und sie sagte: Das ist ein Hebräerkind. // Sie lässt das Kind von einer Amme (der eigenen Mutter) aufziehen, nimmt ihn als Sohn an und nennt ihn Mose [vgl. Ex 2,5-10].

Gott, du hast uns geringe Kräfte gegeben
und bedenkst uns mit grenzenlosen Aufgaben.
Seit wir nicht mehr Kinder sind,
leben wir auch nicht mehr mit kindlicher Selbstverständlichkeit in der Welt.
Sollen wir uns fügen, weil man ja doch nichts machen kann?
Müssen wir dem Bösen widerstehen?
Was wird von uns verlangt?
Wir bitten dich, dass wir tun können, was wir tun sollen:
dich, Gott, über alle Dinge zu lieben.
Dass wir ermutigt werden durch das Beispiel solcher Menschen,
die aufrechter und mutiger sind als wir selbst.
Dass wir geschickter werden zu bestimmen,
wann die Zeit des Schlafens und wann die des Wachseins ist,
Zeit aufzubegehren und Zeit, sich gelassen zu fügen.
Mach uns unserer Möglichkeiten gewiss, die wir haben,
nachdem uns die Illusionen vergangen sind.

Klaus Eugenberger

DU SOLLST ... FREI SEIN

Dann sprach Gott all diese Worte:
Ich bin Jahwe, dein Gott, der dich aus Ägypten geführt hat, aus dem Sklavenhaus.
Du sollst neben mir keine anderen Götter* haben.
Du sollst dir kein Gottesbild* machen und
keine Darstellung von irgendetwas am Himmel droben, auf der Erde unten oder im Wasser unter der Erde.
Du sollst dich nicht vor anderen Göttern niederwerfen und dich nicht verpflichten, ihnen zu dienen.
Denn ich, der Herr, dein Gott, bin ein eifersüchtiger Gott. ...
Du sollst den Namen des Herrn, deines Gottes, nicht missbrauchen*; denn der Herr lässt den nicht ungestraft, der seinen Namen missbraucht.
Gedenke des Sabbats*: Halte ihn heilig! Sechs Tage darfst du schaffen und jede Arbeit tun. Der siebte Tag ist ein Ruhetag, dem Herrn, deinem Gott, geweiht.
An ihm darfst du keine Arbeit tun: du, dein Sohn und deine Tochter, dein Sklave und deine Sklavin, dein Vieh und der Fremde, der in deinen Stadtbereichen Wohnrecht hat. Denn in sechs Tagen hat der Herr Himmel, Erde und Meer gemacht und alles, was dazugehört; am siebten Tag ruhte er. Darum hat der Herr den Sabbattag gesegnet und ihn für heilig erklärt.

Kurz erklärt

Ursprünglich richteten sich diese Gebote an erwachsene und freie Männer, die Eigentum besaßen. Nur sie galten als rechtsfähig. Frauen und Kinder waren Besitz des Mannes. Die Gebote waren eine Lebensgrundlage und zum Schutz von Leben und Freiheit gedacht. Erst später wurden sie auf alle Menschen angewendet. Die Gebote würden jedoch falsch verstanden, wenn sie als Zwang betrachtet würden. Richtig verstanden, können sie Menschen frei machen. Die Gebote setzen voraus, dass Menschen glauben: Gott will, dass ich frei bin. Und freie Menschen setzen sich dafür ein, dass Freiheit für alle möglich ist.

Ehre deinen Vater* und deine Mutter*,
damit du lange lebst in dem Land,
das der Herr, dein Gott, dir gibt.
Du sollst nicht morden.
Du sollst nicht die Ehe* brechen.
Du sollst nicht stehlen.
Du sollst nicht falsch gegen deinen
Nächsten aussagen.
Du sollst nicht nach dem Haus
deines Nächsten verlangen. Du sollst
nicht nach der Frau* deines Nächsten
verlangen, nach seinem Sklaven oder
seiner Sklavin, seinem Rind oder
einem Esel oder nach irgendetwas,
das deinem Nächsten gehört.

[Ex 20,1-17]

Was bedeutet

* Dieser Text geht davon aus, dass es **andere Götter** gibt. Aber Israel soll nur Jahwe verehren.

* Kein **Bild** kann das ausdrücken, was Gott wirklich ist.

* Der Name Gottes wird **missbraucht**, wenn mit ihm Unrecht und Gewalt gerechtfertigt werden.

* Im Judentum ist der siebte Tag der Woche (**Sabbat**), im Christentum der erste Tag der Woche (Sonntag) ein freier Tag.

* Mit dem „**Ehren**" des Vaters und der Mutter ist die Versorgung der alten Eltern gemeint.

* **Ehebruch** ist hier nicht moralisch oder sexuell zu verstehen. Es wird Männern verboten, in die Ehe eines anderen einzubrechen.

* Nach altorientalischer Vorstellung ist die **Frau** der Besitz des Mannes.

Zum Weiterlesen

Diese Gebote werden in der Bibel immer wieder erwähnt. Auch Jesus beruft sich auf diese Gebote, besonders auf die „sozialen" Gebote:

– // Es kam ein Mann zu Jesus und fragte: Was muss ich tun, um das ewige Leben zu gewinnen? Er antwortete: Halte die Gebote! Darauf fragte der Mann ihn: Welche? Jesus antwortete: Du sollst nicht töten, du sollst nicht die Ehe brechen, du sollst nicht stehlen, du sollst nicht falsch aussagen, ehre Vater und Mutter! Und: Du sollst deinen Nächsten lieben wie dich selbst. //

[Mt 19,16-19]

Schöpfung bekennen und gestalten

„Am Anfang schuf Gott Himmel und Erde" – so lautet eine jahrtausendealte Aussage über Gott, den Schöpfer von Raum und Zeit. In den Schöpfungstexten geht es jedoch nicht um die Chronologie der Entstehung von Welt und Leben, sondern um ein Bekenntnis zu Gottes Liebe, die er unserem Lebensraum, unseren Mitgeschöpfen und uns geschenkt hat. Diese Liebe soll sich im Handeln des Menschen widerspiegeln. Er soll den Lebensraum bewahren und mit den Geschöpfen, die seinen Lebensraum teilen, schützend und fürsorglich umgehen.

DU HAST DIE ERDE GEGRÜNDET

Lobe den Herrn, meine Seele! Herr, mein Gott, wie groß bist du! Du bist mit Hoheit und Pracht bekleidet.
Du hast die Erde auf Pfeiler* gegründet, in alle Ewigkeit wird sie nicht wanken.
Du lässt die Quellen hervorsprudeln in den Tälern, sie eilen zwischen den Bergen dahin. Allen Tieren des Feldes spenden sie Trank, die Wildesel stillen ihren Durst daraus. An den Ufern wohnen die Vögel des Himmels, aus den Zweigen erklingt ihr Gesang.
Du tränkst die Berge aus deinen Kammern, aus deinen Wolken wird die Erde satt.
Du lässt Gras wachsen für das Vieh, auch Pflanzen für den Menschen, die er anbaut, damit er Brot gewinnt von der Erde und Wein, der das Herz des Menschen erfreut, damit sein Gesicht von Öl erglänzt und Brot das Menschenherz stärkt.
Die Bäume des Herrn trinken sich satt, ... die er gepflanzt hat.
In ihnen bauen die Vögel ihr Nest, auf den Zypressen nistet der Storch.
Die hohen Berge gehören dem Steinbock, dem Klippdachs bieten die Felsen Zuflucht.
Du hast den Mond gemacht als Maß für die Zeiten,
die Sonne weiß, wann sie untergeht. Du sendest Finsternis*,

Kurz erklärt

In allen Religionen gibt es Vorstellungen über den Anfang und das Fortbestehen der Welt. Die Menschen im Alten Testament glaubten daran, dass ihr Gott YHWH alles gemacht hat. Er hat die Welt sinnvoll eingerichtet und erhält alle Lebewesen – Pflanzen, Tiere und Menschen – liebevoll am Leben. Dieses Schöpfungslied hat eine Vorlage in der ägyptischen Religion. Dort wird Aton, der Sonnengott, als Quelle des Lebens gesehen.
Auch in unserer naturwissenschaftlich aufgeklärten Welt ist es möglich, hinter dem Schönen und dem Schrecken der Natur – z. B. den Naturkatastrophen – Gott zu sehen.

und es wird Nacht, dann regen sich alle Tiere des Waldes. Die jungen Löwen* brüllen nach Beute, sie verlangen von Gott ihre Nahrung.
Strahlt die Sonne dann auf, so schleichen sie heim und lagern sich in ihren Verstecken.
Nun geht der Mensch hinaus an sein Tagewerk, an seine Arbeit bis zum Abend.
Herr, wie zahlreich sind deine Werke!
Mit Weisheit hast du sie alle geschaffen,
die Erde ist voll von deinen Geschöpfen.
Sie alle warten auf dich, dass du ihnen Speise gibst zur rechten Zeit. Öffnest du deine Hand, werden sie satt an Gutem.
Verbirgst du dein Gesicht, sind sie verstört.

[Ps 104,1.5.10-24.27f.]

Was bedeutet

* Man stellte sich damals vor, die Erde sei auf riesigen **Pfeilern** im Meer der Unterwelt verankert.

* Auch in **Dunkel** und in der Nacht ist Gott zu finden.

* Selbst die **wilden Tiere** stehen unter dem Schutz Gottes.

Zum Weiterlesen

An vielen Stellen erzählt die Bibel davon, dass Gott die Welt erschaffen hat. Sie geht dabei von unterschiedlichen Vorstellungen über den Anfang aus:

– // Im Anfang schuf Gott Himmel und Erde; die Erde aber war wüst und wirr, und Finsternis lag über der Urflut, und Gottes Geist schwebte über dem Wasser. // [Gen 1,1f.]

– // Zur Zeit, als Gott, der Herr, Erde und Himmel machte, gab es auf der Erde noch keine Feldsträucher und wuchsen noch keine Feldpflanzen; denn Gott, der Herr, hatte es noch nicht auf die Erde regnen lassen. // [Gen 2,4b.5]

– // Er ist es, der über dem Erdenrund thront. ... Wie einen Schleier spannt er den Himmel aus, er breitet ihn aus wie ein Zelt zum Wohnen. // [Jes 40,22]

DAMIT DER MENSCH DIE ERDE BEHÜTE

Gott, der Herr, nahm also den Menschen und setzte ihn in den Garten von Eden*, damit er ihn bebaue und hüte. Dann sprach Gott, der Herr:

Es ist nicht gut, dass der Mensch allein bleibt.
Ich will ihm eine Hilfe machen, die ihm entspricht.

Gott, der Herr, formte aus dem Ackerboden* alle Tiere des Feldes und alle Vögel des Himmels und führte sie dem Menschen zu, um zu sehen, wie er sie benennen würde. Und wie der Mensch jedes lebendige Wesen benannte, so sollte es heißen. Der Mensch gab Namen allem Vieh, den Vögeln des Himmels und allen Tieren des Feldes.

[Gen 2,15.18-20]

Dann sprach Gott zu Noach* und seinen Söhnen, die bei ihm waren:

Hiermit schließe ich meinen Bund mit euch und mit euren Nachkommen und mit allen Lebewesen bei euch, mit den Vögeln, dem Vieh und allen Tieren des Feldes, mit allen Tieren, die mit euch aus der Arche gekommen sind.
Meinen Bogen* setze ich in die Wolken; er soll das Bundeszeichen sein zwischen mir und der Erde.

Kurz erklärt

Menschen und Tiere sind Lebewesen, die vieles gemeinsam haben. Gott hat sie erschaffen und nimmt an ihrem Leben Anteil. Er verpflichtet sich, ihr Leben zu erhalten. Menschen und Tiere leben auf der Erde und sind von ihr abhängig. Sie sind füreinander da und aufeinander angewiesen. Die Tiere sind dem Menschen zur Nahrung gegeben. Allerdings ist dem Menschen damit auch eine große Verantwortung übertragen. Wenn er den Tieren Namen gibt, nimmt er mit ihnen eine besondere Beziehung auf. Diese darf nicht zu Ausbeutung und Missbrauch, Geringschätzung und Quälerei werden.

Erscheint der Bogen in den Wolken,
dann gedenke ich des Bundes,
der besteht zwischen mir und euch
und allen Lebewesen, ... und das
Wasser wird nie wieder zur Flut werden,
die alle Wesen vernichtet.

[Gen 9,8-10.13.15]

Was bedeutet

* Auch der Mensch ist nach dieser Vorstellung aus **Ackerboden** geformt (vgl. Gen 2,7).

* Der „**Bogen**" ist ein Bild für Macht und Stärke; Gott verspricht, seine Macht nicht gegen die Lebewesen einzusetzen.

Zum Weiterlesen

Über den rechten Umgang mit Tieren:

– // Der siebte Tag ist ein Ruhetag, dem Herrn, deinem Gott, geweiht. An ihm darfst du keine Arbeit tun: du ..., dein Rind, dein Esel und dein ganzes Vieh. // [Dtn 5,14]

Mensch und Tier sind gleiche Lebewesen:

– // Denn jeder Mensch unterliegt dem Geschick, und auch die Tiere unterliegen dem Geschick. Sie haben ein und dasselbe Geschick. Wie diese sterben, so sterben jene. Beide haben ein und denselben Atem. Einen Vorteil des Menschen gegenüber dem Tier gibt es nicht. Beide sind Windhauch. Beide sind aus Staub entstanden, beide kehren zum Staub zurück. // [Koh 3,19f.]

Der Mensch „hat das Recht, die ihn umgebenden Tiere und Pflanzen sowie die unbelebte Natur zu „nutzen". Diese Nutzung kann aber keinesfalls eine willkürliche Ausbeutung bedeuten ... Wir wissen ..., dass der Schöpfer kein Interesse an der Zerstörung seiner guten Schöpfung hat." Dies bedeutet, „dass der Mensch vor die Aufgabe gestellt ist, seinen Umgang mit den Tieren verantwortlich zu entwerfen und zu gestalten." Unsere Gemeinsamkeit mit den Tieren verlangt „ein ethisches Verhalten, wie es in der ‚Goldenen Regel' zum Ausdruck kommt. Da man selbst nicht möchte, dass einem Schmerzen ohne vernünftigen Grund zugefügt werden, ist es ethisch bedenklich, diese einem anderen schmerzempfindenden Wesen" anzutun.

Die Deutschen Bischöfe

TIERE TÖTEN?

Dann sprach Gott:

Das Land bringe alle Arten von lebendigen Wesen hervor,
von Vieh, von Kriechtieren und von Tieren des Feldes.

So geschah es.
Gott machte alle Arten von Tieren des Feldes, alle Arten von Vieh und alle Arten von Kriechtieren auf dem Erdboden.
Gott sah, dass es gut war.
Dann sprach Gott:

Hiermit übergebe ich euch alle Pflanzen auf der ganzen Erde, die Samen tragen, und alle Bäume mit samenhaltigen Früchten. Euch sollen sie zur Nahrung dienen.

[Gen 1,24-25.29]

Alles Lebendige, das sich regt, soll euch zur Nahrung dienen.
Alles übergebe ich euch wie die grünen Pflanzen.
Nur Fleisch, in dem noch Blut ist, dürft ihr nicht essen.
Hiermit schließe ich meinen Bund mit euch und mit euren Nachkommen und mit allen Lebewesen bei euch, mit den Vögeln, dem Vieh und allen Tieren des Feldes, mit allen Tieren der Erde, die mit euch aus der Arche gekommen sind.

Kurz erklärt

Mensch und Tier sind einander zugeordnet. Beide werden am selben Tag geschaffen; beide werden durch den Lebensatem Gottes zu lebendigen Wesen.
Auffallend ist, dass die Bibel zwei unterschiedliche Speiseordnungen kennt: eine vegetarische und eine, die es dem Menschen erlaubt, auch das Fleisch der Tiere zu essen. Der Genuss von Blut bleibt dem Menschen allerdings verboten. Das Blut gilt als Sitz des Lebens. Über das Leben aber darf der Mensch nicht eigenmächtig verfügen, auch nicht über das Leben der Tiere.

Ich habe meinen Bund mit euch geschlossen: Nie wieder sollen alle Wesen aus Fleisch vom Wasser der Flut ausgerottet werden; nie wieder soll eine Flut kommen und die Erde verderben.

[Gen 9,3-4.9-11]

Zum Weiterlesen

Der Mensch hat für den Unterhalt der Tiere zu sorgen:

– // Du sollst dem Ochsen zum Dreschen keinen Maulkorb anlegen. //
[Dtn 25,4]

– // Der Gerechte weiß, was sein Vieh braucht, doch das Herz der Frevler ist hart. // [Spr 12,10]

Die Sabbatruhe gilt auch für die Tiere:

– // Sechs Tage darfst du schaffen und jede Arbeit tun. Der siebte Tag ist ein Ruhetag, dem Herrn, deinem Gott, geweiht. An ihm darfst du keine Arbeit tun: du, dein Sohn und deine Tochter, ... und dein Vieh. // ...
[Ex 20,9-10]

Mensch und Tier leben in einer Schicksalsgemeinschaft. Wenn aufgrund von Krieg oder Katastrophen die Menschen leiden, leidet auch das Leben der Tiere:

– // Juda ist ausgedörrt; seine Tore verfallen, sie sinken trauernd zu Boden, und Jerusalems Klageschrei steigt empor.
Die Vornehmen schicken ihre Diener nach Wasser; sie kommen zu den Brunnen, finden aber kein Wasser; sie kehren mit leeren Krügen zurück.
Die Bauern sind um den Ackerboden besorgt; denn es fiel kein Regen im Land. Sie sind bestürzt und verhüllen ihr Haupt.
Selbst die Hirschkuh im Feld lässt ihr Junges im Stich, weil kein Grün mehr da ist.
Die Wildesel stehen auf den kahlen Höhen; sie schnappen nach Luft wie Schakale. Ihre Augen erlöschen; denn nirgends ist Gras. // [Jer 14,2-6]

UNTERWERFT EUCH DIE ERDE …

Gott schuf also den Menschen als sein Abbild; als Abbild Gottes schuf er ihn. Als Mann und Frau schuf er sie.
Gott segnete sie, und Gott sprach zu ihnen:

> Seid fruchtbar und vermehrt euch, bevölkert die Erde, unterwerft sie euch und herrscht über die Fische des Meeres, über die Vögel des Himmels und über alle Tiere, die sich auf dem Land regen.

Dann sprach Gott:

> Hiermit übergebe ich euch alle Pflanzen auf der ganzen Erde, die Samen tragen, und alle Bäume mit samenhaltigen Früchten. Euch sollen sie zur Nahrung dienen.

[Gen 1,27-29]

Kurz erklärt

Die Bibel betrachtet den Menschen als Abbild Gottes. Dies meint, dass jeder Mensch, jeder Mann und jede Frau, eine königliche Würde und Anteil an der Herrscherwürde Gottes hat. Daher gehört es zur Aufgabe der Menschen, das Werk der Schöpfung fortzuführen und an der Gestaltung der Welt teilzunehmen. Das soll jedoch im Sinne Gottes geschehen – der Mensch soll für alles Geschaffene so sorgen, dass es mit „sehr gut" bezeichnet werden kann.
Doch dies gelingt den Menschen nicht. Bereits die Bibel muss davon erzählen, dass die Bosheit der Menschen überwiegt. Die Schöpfung hat ihren Sinn verloren, wenn die Menschen, denen sie anvertraut ist, ihrem Auftrag nicht gerecht werden. So erfahren wir bis heute die Zerstörung unseres Lebensraums; fehlende Sorge für die Schöpfung und gewinnorientierte Ausbeutung der Natur ziehen Folgen nach sich, die der Mensch nicht mehr bewältigen kann.

Der Herr sah, dass auf der Erde die Schlechtigkeit des Menschen zunahm und dass alles Sinnen und Trachten seines Herzens immer nur böse war. Da reute es den Herrn, auf der Erde den Menschen gemacht zu haben, und es tat seinem Herzen weh.
Der Herr sagte:

Ich will den Menschen, den ich erschaffen habe,
vom Erdboden vertilgen, mit ihm auch das Vieh,
die Kriechtiere und die Vögel des Himmels,
denn es reut mich, sie gemacht zu haben.

Nur Noach fand Gnade in den Augen des Herrn.
Die Erde aber war in Gottes Augen verdorben,
sie war voller Gewalttat. Gott sah sich die Erde an:
Sie war verdorben; denn alle Wesen aus Fleisch auf der Erde lebten verdorben.

[Gen 6,5-8.11f.]

Zum Weiterlesen

Das biblische Weisheitsbuch erinnert im 11. Kapitel an die Motivation Gottes, die hinter seiner Schöpfung steht:

– // Du liebst alles, was ist, und verabscheust nichts von allem, was du gemacht hast; hättest du etwas gehasst, du hättest es nicht geschaffen … Du schonst alles, weil es dein Eigentum ist, du Liebhaber des Lebens. //

[Weish 11,24.26]

Auch im Tun des Menschen soll sich Gottes fürsorgliche Liebe widerspiegeln. Paulus formuliert dies so:

– // Daher soll, wer sich die Welt zunutze macht, sich in Zukunft so verhalten, als nutze er sie nicht; denn die Gestalt dieser Welt vergeht. //

[vgl. 1 Kor 7,29.31]

Zudem erinnert er daran, dass Gottes Schöpfung unlöslich mit dem Schicksal des Menschen verbunden ist und deshalb Menschen braucht, die sie im Sinne Gottes – als „Kinder Gottes" – bewahren.

– // Denn die ganze Schöpfung wartet sehnsüchtig auf das Offenbarwerden der Söhne Gottes. Die Schöpfung ist der Vergänglichkeit unterworfen, nicht aus eigenem Willen, sondern durch den, der sie unterworfen hat; aber zugleich gab er ihr Hoffnung: Auch die Schöpfung soll von der Sklaverei und Verlorenheit befreit werden zur Freiheit und Herrlichkeit der Kinder Gottes. // [Röm 8,19-21]

Der Prophet Jesaja beschreibt die Erneuerung der liebevollen Schöpfungsgemeinschaft von Mensch und Tier im gemeinsamen Lebensraum:

– // Dann wohnt der Wolf beim Lamm, der Panther liegt beim Böcklein. Kalb und Löwe weiden zusammen, ein kleiner Knabe kann sie hüten. Kuh und Bärin freunden sich an, ihre Jungen liegen beieinander. Der Löwe frisst Stroh wie das Rind. Der Säugling spielt vor dem Schlupfloch der Natter, das Kind streckt seine Hand in die Höhle der Schlange. // [Jes 11,6-8]

– // Wolf und Lamm weiden zusammen, der Löwe frisst Stroh wie das Rind, doch die Schlange nährt sich von Staub. Man tut nichts Böses mehr und begeht kein Verbrechen auf meinem ganzen heiligen Berg, spricht der Herr. // [Jes 65,25]

Wenn sich Menschen für die Schöpfung einsetzen, dann freut sich alles:

– // Der Himmel freue sich, die Erde frohlocke, es brause das Meer und alles, was es erfüllt. Es jauchze die Flur und was auf ihr wächst. Jubeln sollen alle Bäume des Waldes vor dem Herrn, wenn er kommt. // [Ps 96,11-13]

Weltweit leiden schon heute mehr als eine Milliarde Menschen direkt unter der Zerstörung der Schöpfung und dem menschengemachten Klimawandel. Unser Lebensstil hier bei uns, unsere Verschwendung der Ressourcen und unser Ausstoß an Treibhausgasen ist dafür mitverantwortlich. Für mich als entschiedene Christin und als Christen heißt das für mein alltägliches Leben im Umgang mit den mir anvertrauten Dingen:
Ich gehe mit den Vorräten und Rohstoffen sorgsam und sparsam um und lebe nach der Überzeugung, dass wir nur so viel verbrauchen dürfen, wie erneuert und regeneriert werden kann. Mein Lebensstil zielt darauf, die fossilen Energieträger (Öl, Gas, Kohle), deren Verbrennung die klimaschädlichen Treibhausgase produziert, durch erneuerbare Energien abzulösen. Beim Einkauf achte ich auf Produkte aus der Region und kaufe keine Artikel, die schon eine Weltreise hinter sich haben – das spart Energie und unterstützt gleichzeitig die Landwirtschaft in meiner Umgebung ...

Hast du weitere Ideen?

Notizen

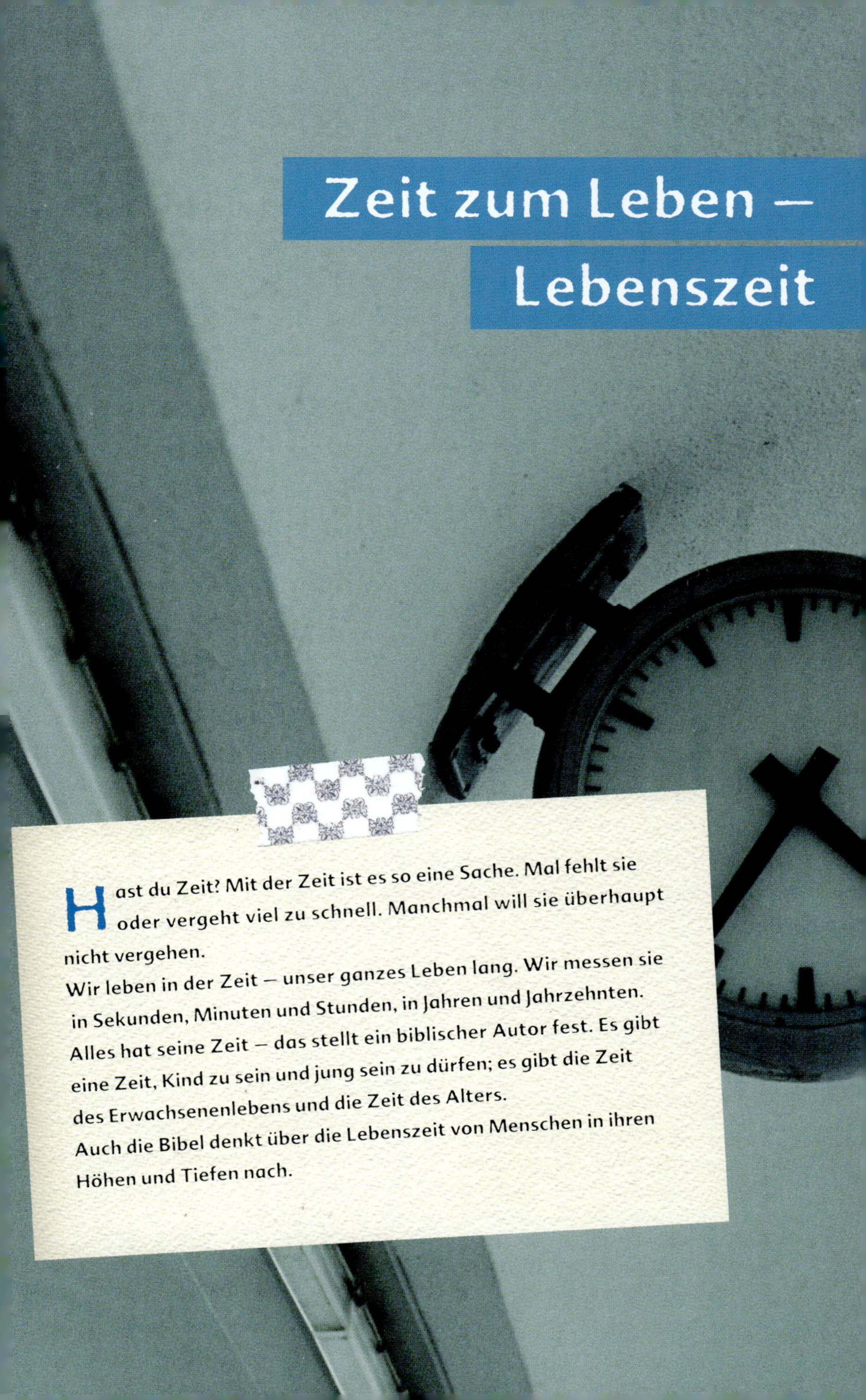

Zeit zum Leben – Lebenszeit

Hast du Zeit? Mit der Zeit ist es so eine Sache. Mal fehlt sie oder vergeht viel zu schnell. Manchmal will sie überhaupt nicht vergehen.
Wir leben in der Zeit – unser ganzes Leben lang. Wir messen sie in Sekunden, Minuten und Stunden, in Jahren und Jahrzehnten. Alles hat seine Zeit – das stellt ein biblischer Autor fest. Es gibt eine Zeit, Kind zu sein und jung sein zu dürfen; es gibt die Zeit des Erwachsenenlebens und die Zeit des Alters.
Auch die Bibel denkt über die Lebenszeit von Menschen in ihren Höhen und Tiefen nach.

LEBEN IST HEUTE

Alles hat seine Stunde. Für jedes Geschehen unter dem Himmel* gibt es eine bestimmte Zeit:

Eine Zeit zum Gebären und zum Sterben,
eine Zeit zum Pflanzen und
eine Zeit zum Abernten der Pflanzen,
eine Zeit zum Töten und
eine Zeit zum Heilen,
eine Zeit zum Niederreißen und
eine Zeit zum Bauen,
eine Zeit zum Weinen und
eine Zeit zum Lachen,
eine Zeit für die Klage und
eine Zeit für den Tanz,
eine Zeit zum Steinewerfen und …
eine Zeit zum Verlieren,
eine Zeit zum Behalten und
eine Zeit zum Wegwerfen,
eine Zeit zum Zerreißen und
eine Zeit zum Zusammennähen,

Kurz erklärt

Am Anfang dieses Textes steht die Behauptung, dass es für jede Angelegenheit in der Welt eine bestimmte Zeit gibt. In Gedichtform werden 14 Paare gegensätzlicher Handlungen oder Zustände aufgezählt.
Es fällt auf, dass sehr viele gewaltsame und aggressive Handlungen genannt sind. Liebe und Gewalt gehören zu menschlichen Grunderfahrungen. Der Dichter versucht, mit diesem Gedicht die Sinnfrage zu lösen: Welchen Sinn und welchen Gewinn hat menschliches Handeln?

eine Zeit zum Schweigen und
eine Zeit zum Reden,
eine Zeit zum Lieben und
eine Zeit zum Hassen,
eine Zeit für den Krieg und
eine Zeit für den Frieden.

[Koh 3,1-8]

Was bedeutet

* Der **Himmel** wird in der Bibel als Wohnung Gottes betrachtet.

Zum Weiterlesen

Der Dichter und Philosoph Kohelet denkt grundsätzlich über das Leben nach:

– // Eine Generation geht, eine andere kommt. Die Erde steht in Ewigkeit. Alle Dinge sind rastlos tätig, kein Mensch kann alles ausdrücken, nie wird ein Auge satt, wenn es beobachtet, nie wird ein Ohr vom Hören voll. Was geschehen ist, wird wieder geschehen, was man getan hat, wird man wieder tun: Es gibt nichts Neues unter der Sonne. // [Koh 1,4.8f.]

Und er stellt fest::

– // Windhauch, Windhauch, das ist alles Windhauch. Welchen Vorteil hat der Mensch von all seinem Besitz, für den er sich anstrengt unter der Sonne? // [Koh 1,2f.]

Erwarte nichts.
Heute.
Das ist das Leben.

Kurt Tucholsky

Carpe diem –
Nutze den Tag!

Horaz

KIND SEIN

Die Eltern Jesu gingen jedes Jahr zum Paschafest* nach Jerusalem*. Als er zwölf Jahre alt geworden war, zogen sie wieder hinauf, wie es dem Festbrauch entsprach. Nachdem die Festtage zu Ende waren, machten sie sich auf den Heimweg.
Der junge Jesus aber blieb in Jerusalem, ohne dass seine Eltern es merkten. Sie meinten, er sei irgendwo in der Pilgergruppe, und reisten eine Tagesstrecke weit; dann suchten sie ihn bei den Verwandten und Bekannten. Als sie ihn nicht fanden, kehrten sie nach Jerusalem zurück und suchten ihn dort.
Nach drei Tagen fanden sie ihn im Tempel*; er saß mitten unter den Lehrern, hörte ihnen zu und stellte Fragen.
Alle, die ihn hörten, waren erstaunt über sein Verständnis und seine Antworten.
Als seine Eltern ihn sahen, waren sie sehr betroffen, und seine Mutter sagte zu ihm:

> Kind, wie konntest du uns das antun? Dein Vater und ich haben dich voll Angst gesucht.

Kurz erklärt

Die Bibel erzählt nur an einer Stelle, im Lukasevangelium, etwas vom jungen Jesus. Mit seinen zwölf Jahren ist Jesus noch nicht verpflichtet, an den Wallfahrtsfesten teilzunehmen. Erst ein 13-jähriger Junge gilt – damals wie heute – als religiös mündig. In jüdischen Texten wird der 13-Jährige „Erwachsener" und „Sohn der Pflicht" (= strafmündig) genannt. Bereits seit dem 1. Jahrhundert wurde der 13-jährige Junge einer Familie dem Ältesten der Gemeinde vorgestellt, welcher ihn segnete und für ihn betete.
Jesu Eltern nehmen ihren Sohn aber mit. So kann er das Halten der Gebote einüben. Es kommt jedoch zu einem Konflikt mit seinen Eltern, weil Jesus allein – und ohne die Eltern zu informieren – in Jerusalem bleibt. Als ihn seine besorgten Eltern endlich nach Tagen finden, reden Mutter und Sohn aneinander vorbei. Sie übersieht in ihrer Angst und Erleichterung, dass Jesus etwas Wichtiges entdeckt hat. Jesus ist dagegen so sehr von der Selbstverständlichkeit seines Handelns überzeugt, dass er die Sorge seiner Mutter nicht versteht.

Was bedeutet

* Das **Paschafest** ist ein altes Fest, das vielleicht schon vor der Staatwerdung Israels gefeiert wurde. Es erinnert an den Auszug aus Ägypten.

Da sagte er zu ihnen:
Warum habt ihr mich gesucht?
Wusstet ihr nicht,
dass ich in dem sein muss,
was meinem Vater gehört?
Doch sie verstanden nicht, was er damit sagen wollte.
Dann kehrte er mit ihnen nach Nazaret* zurück und war ihnen gehorsam.
Seine Mutter bewahrte alles, was geschehen war, in ihrem Herzen.
Jesus aber wuchs heran, und seine Weisheit nahm zu, und er fand Gefallen bei Gott und den Menschen.

[Lk 2,41-52]

KINDER UND JUGENDLICHE HABEN DAS RECHT AUF

- Gleichheit, unabhängig von Abstammung, Religion, Nationalität, Geschlecht
- gesunde geistige und körperliche Entwicklung
- einen Namen und eine Staatsangehörigkeit
- ausreichende Ernährung, Wohnung und ärztliche Betreuung
- besondere Betreuung, wenn sie behindert sind
- Liebe, Verständnis und Fürsorge
- unentgeltlichen Unterricht, Spiel und Erholung
- sofortige Hilfe bei Katastrophen und Notlagen
- Schutz vor Grausamkeit, Vernachlässigung und Ausnutzung
- Schutz vor Verfolgung und auf eine Erziehung im Geiste weltumspannender Geschwisterlichkeit

Aus der Konvention der Vereinten Nationen über die Rechte der Kinder, 1989

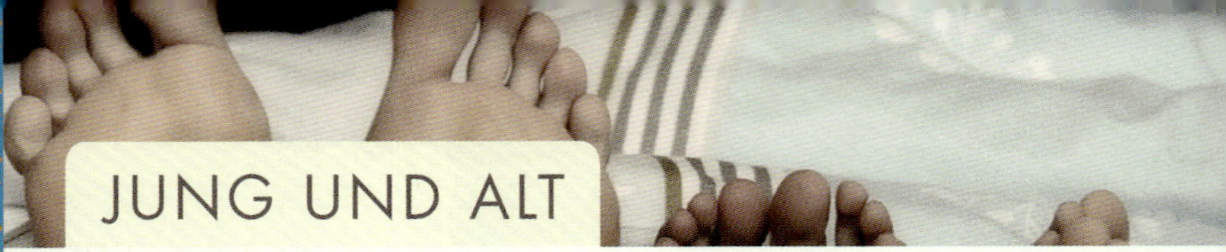

JUNG UND ALT

Freu dich, junger Mann, in deiner Jugend,
sei heiteren Herzens in deinen frühen Jahren!
Geh auf den Wegen, die dein Herz dir sagt,
zu dem, was deine Augen vor sich sehen.
Halte deinen Sinn von Ärger frei
und schütz deinen Leib vor Krankheit;
denn die Jugend und das dunkle Haar sind Windhauch.

Denk an deinen Schöpfer in deinen frühen Jahren,
ehe die Tage der Krankheit kommen
und die Jahre dich erreichen, von denen du sagen wirst:
Ich mag sie nicht!,
ehe Sonne und Licht und Mond und Sterne erlöschen
und auch nach dem Regen wieder Wolken aufziehen:
am Tag, da die Wächter* des Hauses zittern,
die starken Männer* sich krümmen,
die Müllerinnen* ihre Arbeit einstellen, weil sie zu wenige sind,
es dunkel wird bei den Frauen*, die aus den Fenstern blicken,
und das Tor zur Straße* verschlossen wird;
wenn das Geräusch der Mühle* verstummt,
steht man auf beim Zwitschern der Vögel,
doch die Töne des Lieds verklingen;
selbst vor der Anhöhe fürchtet man sich
und vor den Schrecken am Weg;
der Mandelbaum blüht,

Kurz erklärt

In diesem Gedicht werden Jugend und Alter einander gegenübergestellt. Die Jugend wird in frohen, farbigen Bildern beschrieben, das Alter dagegen in Bildern des Zerfalls und des Untergangs. Dennoch wird die Freude der Jugend nicht zurückgenommen. Auch wenn am Ende allen menschlichen Lebens der Tod steht, so darf doch die Jugend in vollen Zügen genossen werden.

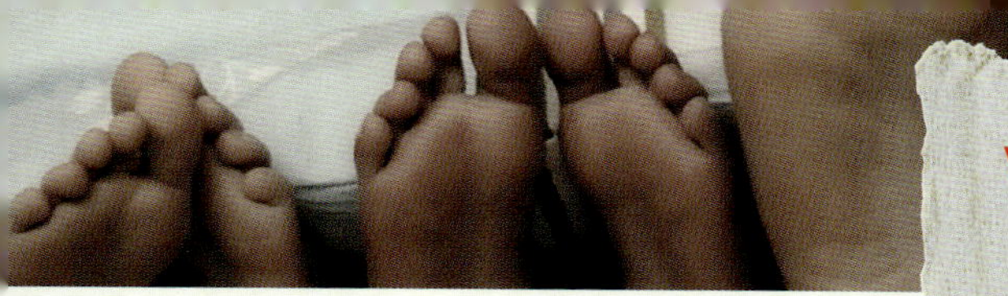

die Heuschrecke schleppt sich dahin,
die Frucht der Kaper* platzt,
doch ein Mensch geht zu seinem
ewigen Haus,
und die Klagenden ziehen durch die Straßen –
ja, ehe die silberne Schnur zerreißt,
die goldene Schale bricht,
der Krug an der Quelle zerschmettert wird,
das Rad zerbrochen in die Grube fällt,
der Staub auf die Erde zurückfällt als das,
was er war,
und der Atem zu Gott zurückkehrt,
der ihn gegeben hat.
Windhauch*, Windhauch, sagte Kohelet*,
das ist alles Windhauch.

[Koh 1,2; 11,9–12,7]

Zum Weiterlesen

– // Denn selbst wenn ein Mensch viel Jahre zu leben hat, freue er sich in dieser ganzen Zeit, und er denke zugleich an die dunklen Tage: Auch sie werden viele sein. // [Koh 11,8]

– // Da formte Gott, der Herr, den Menschen aus Erde vom Ackerboden und blies in seine Nase den Lebensatem. // [Gen 2,7]

– // Im Schweiße deines Angesichts sollst du dein Brot essen, bis du zurückkehrst zum Ackerboden; von ihm bist du ja genommen. Denn Staub bist du, zum Staub musst du zurück. // [Gen 3,19]

Was bedeutet

* Die Bilder aus dem Alltagsleben stehen für die Gliedmaßen und Organe des Menschen: **Wächter** = Arme und Hände; **Starke Männer** = Beine; **Müllerinnen** = Zähne; **Frauen, die aus dem Fenster blicken** = Augen; **Tor zur Straße** = Mund; **Geräusche der Mühle** = Ohren.

* Mit dem „**ewigen Haus**“ ist das Grab gemeint.

* Die **Frucht der Kaper** ist Bild für Fruchtbarkeit und Leben.

* Das Wort „**Windhauch**“ drückt die Vergänglichkeit allen Geschehens aus.

* **Kohelet** bedeutet wörtlich: Versammlungsleiter. Gemeint ist hier ein Weisheitslehrer.

Der Mensch
lebt
und
besteht
nur
eine kleine Zeit;
und alle Welt vergeht
mit ihrer Herrlichkeit.
Es ist nur einer ewig
und an allen Enden
und wir in seinen Händen.

Matthias Claudius

Was bedeutet

* Die sprachlichen Bilder spiegeln die psychischen Belastungen eines alten Menschen:
- das Wissen, dass das eigene Leben sich zu Ende neigt;
- das Gefühl, dieses Leben noch nicht abgeschlossen zu haben;
- die Angst, abgeschoben zu werden;
- die Furcht, dass andere nur warten, bis ich sterbe, um das Erbe antreten zu können.

WENN DAS LEBEN BESCHW

Herr, mein Gott, du bist ja meine Zuversicht,
meine Hoffnung von Jugend auf.
Vom Mutterleib an stütze ich mich auf dich,
vom Mutterschoß an bist du mein Beschützer;
dir gilt mein Lobpreis allezeit.

Für viele bin ich wie ein Gezeichneter,
du aber bist meine starke Zuflucht.
Mein Mund ist erfüllt von deinem Lob,
von deinem Ruhm den ganzen Tag.

Verwirf* mich nicht, wenn ich alt bin,
verlass mich nicht, wenn meine Kräfte schwinden.
Denn meine Feinde reden schlecht von mir,
die auf mich lauern, beraten gemeinsam;
sie sagen:
„Gott hat ihn verlassen.
Verfolgt und ergreift ihn!
Für ihn gibt es keinen Retter."
Gott, bleib doch nicht fern von mir! Mein Gott, eil mir zu Hilfe!

Ich aber will jederzeit hoffen, all deinen Ruhm noch mehren.
Mein Mund soll von deiner Gerechtigkeit künden /
und von deinen Wohltaten sprechen den ganzen Tag;
denn ich kann sie nicht zählen.

Kurz erklärt

Ein Leben ohne Stress und Streit, das ist für viele erstrebenswert – besonders im Alter. Auch der Beter dieses Psalms sehnt sich nach solch einem sorgenfreien Leben. Aber es ist ihm nicht vergönnt. Er fühlt sein Leben bedroht und befürchtet, vorzeitig zu sterben. Mit diesen seinen Ängsten tritt der Beter klagend vor Gott und gewinnt so die Gewissheit, dass Gott ihn auch in den letzten Tagen seines Lebens begleiten wird.

Das Schwierige
am Alleinsein
ist nicht
das Alleinsein
sondern dass es
ein Vorgeschmack
auf das Alleinsein
ist

Erich Fried

Gott, du hast mich gelehrt von Jugend auf,
und noch heute verkünde ich dein wunderbares Walten.
Auch wenn ich alt und grau bin,
o Gott, verlass mich nicht,
damit ich von deinem machtvollen Arm der Nachwelt künde, /
den kommenden Geschlechtern von deiner Stärke
und von deiner Gerechtigkeit, Gott,
die größer ist als alles.

Du hast Großes vollbracht. Mein Gott, wer ist wie du?
Du ließest mich viel Angst und Not erfahren. /
Belebe mich neu, führe mich herauf aus den Tiefen der Erde!
Bring mich wieder zu Ehren! Du wirst mich wiederum trösten.
Dann will ich dir danken mit Saitenspiel und deine Treue preisen;
mein Gott, du Heiliger Israels, ich will dir auf der Harfe spielen.
Meine Lippen sollen jubeln, / denn dir will ich singen und spielen,
meine Seele, die du erlöst hast, soll jubeln.
Auch meine Zunge soll von deiner Gerechtigkeit reden
den ganzen Tag.
Denn alle, die mein Unglück suchen, müssen vor Scham erröten
und scheitern.

[nach Ps 71]

Zum Weiterlesen

Das Bewusstsein, Gott rettet aus der Not, spiegelt sich in vielen Gebetstexten der Bibel:

– // Herr ich suche Zuflucht bei dir. Lass mich doch niemals scheitern; rette mich in deiner Gerechtigkeit. // [Ps 31,2]

– // Sei mir nicht fern, denn die Not ist nahe, und niemand ist da, der hilft. // [Ps 22,12]

Auch die Hoffnung, dass die eigenen Gegner zunichte werden, ist typisch:

– // In Schmach und Schande sollen alle fallen, die mir nach dem Leben trachten. // [Ps 40,15]

GRENZEN BEJAHEN

Barsillai* aus Gilead* hatte König David bei dem Aufstand Abschaloms* unterstützt. Jetzt zog er mit dem König an den Jordan*, um ihn dort zu verabschieden:

Barsillai war sehr alt, ein Mann von achtzig Jahren. Er hatte den König versorgt, als dieser sich in Mahanajim* aufhielt; er war nämlich sehr reich. Der König sagte zu Barsillai:

> Zieh mit mir hinüber, ich will für dich bei mir
> in Jerusalem sorgen.

Doch Barsillai antwortete dem König:

> Wie viele Jahre habe ich denn noch zu leben,
> dass ich mit dem König nach Jerusalem hinaufziehen sollte?
> Ich bin jetzt achtzig Jahre alt.
> Kann ich denn noch Gutes und Böses unterscheiden?
> Kann dein Knecht noch Geschmack finden an dem,
> was er isst und trinkt?
> Höre ich denn noch die Stimme der Sänger und Sängerinnen?
> Warum soll denn dein Knecht noch meinem Herrn,
> dem König, zur Last fallen?
> Nur eine kleine Strecke wollte dein Knecht den König
> zum Jordan begleiten.
> Warum will sich der König bei mir in dieser Weise
> erkenntlich zeigen?

Kurz erklärt

Barsillai, ein treuer Gefolgsmann des Königs David, hat diesem bei seiner Flucht aus Jerusalem Unterkunft und Verpflegung gewährt. Nach der Niederschlagung des Aufstandes will David die treuen Dienste des Barsillai belohnen und bietet ihm an, in der Hauptstadt zu wohnen. Barsillai lehnt dieses Angebot des Königs ab. Mit seinen 80 Jahren fühlt er sich den damit verbundenen Herausforderungen nicht mehr gewachsen. Im Treiben der Hauptstadt könnte er sich lächerlich machen. Aber er bittet, an seiner statt einem Jüngeren, seinem Sohn Kimham, diese Chance zu geben.

Dein Knecht möchte umkehren und in seiner Heimatstadt
beim Grab seines Vaters und seiner Mutter sterben.
Aber hier ist dein Knecht Kimham*;
er mag mit meinem Herrn, dem König, hinüberziehen.
Tu für ihn, was dir gefällt.

Der König erwiderte:
Kimham soll mit mir hinüberziehen;
ich werde für ihn tun, was du für gut hältst.
Alles aber, was du von mir begehrst, will ich für dich tun.

Darauf zog das ganze Volk über den Jordan, und auch der König ging hinüber. Der König küsste Barsillai und segnete ihn, und Barsillai kehrte in seinen Heimatort zurück.
Der König aber zog weiter nach Gilgal*, und Kimham ging mit ihm.
Das ganze Volk von Juda zog mit dem König, dazu halb Israel.

[2 Sam 19,32-41]

Zum Weiterlesen

– // Findet sich bei Greisen wirklich Weisheit, und ist langes Leben schon Einsicht?! // [Ijob 12,12]

– // Graues Haar ist eine prächtige Krone, auf dem Weg der Gerechtigkeit findet man sie. // [Spr 16,31]

– // Verweile gern im Kreis der Alten, wer weise ist, dem schließ dich an! // [Sir 6,34]

– // Verachte nicht die Überlieferung der Alten, die sie übernommen von ihren Vätern. // [Sir 8,9]

– // Ein Ehrenkranz der Alten ist reiche Erfahrung, ihr Ruhm ist Gottesfurcht. // [Sir 25,6]

Das Alter ist wie eine
Woge im Meer.
Wer sich von ihr
tragen lässt,
treibt oben auf.
Wer sich dagegen
aufbäumt,
geht unter.

Gertrud von Le Fort

Arbeit und Freizeit

Wer ohne Arbeit ist, steht im sozialen Abseits. Er oder sie kann sich vieles nicht leisten und ist auf Unterstützung angewiesen. Andererseits ist Arbeit oft eine Schufterei und die Freizeit eine willkommene Abwechslung. All dies wird in der Bibel reflektiert: Mühe und Segen der Arbeit, aber auch die damit verbundene Ausbeutung, die Erfahrung von Arbeitslosigkeit ebenso wie die Notwendigkeit von Freizeit.

ARBEIT GESTALTET DIE WELT

RÜCKKEHR AUS DEM UNIVERSUM

die stoßtrupps
der menschheit
zum mond haben
nichts anderes auf
die erde
gebracht als
totes gestein und
falben sand.
auch unsere
singalkörper
auf andern planeten
sagen uns:
kein leben auf
anderen gestirnen,
keine flucht ins
universum möglich.
wir sollten uns
mehr auf unsere
erde
besinnen
und sie
als unsere einzige
besser
behandeln.

Josef Reding

Und Gott sprach:
Lasst uns Menschen machen als unser Bild,
wie unsere Ähnlichkeit, damit sie
herrschen* über die Fische im Meer
und über das Fluggetier am Himmel
und über das Vieh und über alles
Wildgetier auf der Erde
und über alles Kriechgetier,
das über die Erde hinkriecht.

[Gen 1,26]*

* Übersetzung: Erich Zenger

YHWH* Gott nahm nun den Menschen
und setzte ihn in den Garten Eden*,
damit er ihn bearbeite und behüte.

[Gen 2,15]*

* eigene Übersetzung

Sie kamen zum Hohenpriester Hilkija*, und man gab das Geld heraus, das in das Haus Gottes* gebracht worden war und das die Leviten*, die Wächter an den Schwellen, von Manasse, Efraim und dem ganzen übrigen Israel, von ganz Juda*, Benjamin und den Einwohnern Jerusalems* gesammelt hatten. Sie gaben es den Werkmeistern, die im Haus des Herrn angestellt waren, und diese verwendeten es für die Arbeiter, die im Haus des Herrn tätig waren, um seine Schäden auszubessern und das Haus instandzusetzen.
Sie gaben es den Zimmerleuten und Bauarbeitern zum Ankauf von Bruchsteinen und Holz zur Beschaffung der Klammern und zur Erneuerung des Gebälks in den Gebäuden, die von den Königen von Juda vernachlässigt worden waren.

Kurz erklärt

Der Mensch ist Bild Gottes. Damit umschreibt die Bibel die Aufgabe des Menschen in dieser Welt. Sie will damit sagen: Gott wirkt durch den Menschen in diese Welt hinein. Es ist seine Aufgabe, die Erde als Lebenshaus zu bewahren und gegen alles und jeden zu verteidigen, der oder das dieses Lebenshaus zu zerstören droht.
Die Bestellung des Ackerbodens gehört zu den Aufgaben des Menschen. Aber auch das kulturelle Schaffen des Menschen ist wichtig für das Leben der Menschen und wird daher von der Bibel positiv beurteilt. Dies wird deutlich in der Beschreibung des Zusammenspiels der unterschiedlichen Berufe und Fähigkeiten bei der Renovierung des Hauses Gottes in Jerusalem.

Die Männer handelten bei ihrer Arbeit auf Treu und Glauben. Zu ihrer Leitung waren die Leviten Jahat und Obadja von den Nachkommen Meraris sowie Secharja und Meschullam von den Nachkommen Kehats bestellt.
Die Leviten, die sich auf die Musikinstrumente verstanden, befehligten die Lastträger und hatten die Aufsicht über alle Arbeiter bei verschiedenen Dienstleistungen. Einzelne Leviten waren Schreiber, Listenführer und Torwächter.

[2 Chr 34,9-13]

Zum Weiterlesen

– // Was ist der Mensch, dass du an ihn denkst ...? Du hast ihn nur wenig geringer gemacht als Gott ... Du hast ihn als Herrscher eingesetzt über das Werk deiner Hände. // [Ps 8,5-7]

Neben dem weit verbreiteten Beruf des Bauern werden im Alten Testament noch weitere Berufe erwähnt:
- Töpfer [1 Chr 4,23]
- Walker [Jes 7,3]
- Töpfer [Jer 19,1]
- Bäcker [Jer 37,21]
- Goldschmied [Neh 3,31-32]

Was bedeutet

* Der König hatte als **Herrscher** die Aufgabe, das Land vor Unheil und Schaden zu bewahren. Wenn die Bibel davon spricht, dass der Mensch über die Tiere herrschen soll, dann ist es seine Aufgabe, die Tiere und damit die Erde vor Unheil und Schaden zu bewahren.

* Der Name Gottes wird in der Bibel mit vier Buchstaben geschrieben. Da die Juden diesen Namen nicht aussprechen, wurde er in dieser Übersetzung mit den Buchstaben **YHWH** wiedergegeben.

* Der **Garten Eden** (wörtlich: Garten der Wonne) ist das Paradies.

* Das „**Haus Gottes**", der Tempel, ist nach antiker Vorstellung nicht nur der Ort der Anwesenheit Gottes, der öffentlichen Ausübung des Kultes und der Gottesbegegnung. Der Tempel steht auch für die Schöpfung, wird als Mini-Kosmos gesehen.

DURCH ARBEIT ZU WOHLSTAND

Wohl dem Mann, der den Herrn fürchtet* und ehrt und auf seinen Wegen geht! Was deine Hände erwarben, kannst du genießen; wohl dir, es wird dir gut ergehen. Wie ein fruchtbarer Weinstock ist deine Frau drinnen in deinem Haus. Wie junge Ölbäume sind deine Kinder rings um deinen Tisch. So wird der Mann gesegnet, der den Herrn fürchtet* und ehrt. Es segne dich der Herr vom Zion her. Du sollst dein Leben lang das Glück Jerusalems schauen und die Kinder deiner Kinder sehen. Frieden über Israel!

[Ps 128]

Denn schon erschaffe ich einen neuen Himmel* und eine neue Erde*.
Ihr sollt euch ohne Ende freuen und jubeln über das, was ich erschaffe.
Denn ich mache aus Jerusalem Jubel und aus seinen Einwohnern Freude.
Sie werden Häuser bauen und selbst darin wohnen,
sie werden Reben pflanzen und selbst ihre Früchte genießen.
Sie bauen nicht, damit ein anderer in ihrem Haus wohnt,
und sie pflanzen nicht, damit ein anderer die Früchte genießt.

Kurz erklärt

Arbeit kann aus unterschiedlichen Gründen vergeblich sein. So etwa in Kriegszeiten, wo alles, was Menschen aufgebaut haben, zerstört wird. Dies ist der Hintergrund des zweiten Textes: Es ist ein Anliegen Gottes, dass Menschen an ihrer Arbeit Freude haben, dass sie Erfolg erleben. Der Psalmbeter ist davon überzeugt, dass Arbeit Sinn gibt und glücklich macht, wenn sie im Sinne Gottes getan wird. Arbeit hat demnach mit Gerechtigkeit zu tun. Sie darf nicht mit Ausbeutung verbunden sein. Sie muss gerecht bezahlt werden. Sie muss geschätzt und anerkannt werden. Dies betrifft sowohl diejenigen, die Arbeit zu vergeben haben, als auch diejenigen, die Arbeit nehmen.

Was bedeutet

* **Gott fürchten** bedeutet, sich an Recht und Gerechtigkeit zu orientieren.

* Ein **neuer Himmel** und eine **neue Erde** stehen für einen Neuanfang nach Not und Unterdrückung.

Was meine Auserwählten mit eigenen
Händen erarbeitet haben,
werden sie selber verbrauchen.
Sie arbeiten nicht mehr vergebens,
sie bringen nicht Kinder zur Welt
für einen jähen Tod.

[Jes 65,17f.21-23]

Zum Weiterlesen

Die Bibel erzählt, dass Gott selbst arbeitet::

– // Am siebten Tag vollendete Gott das Werk, das er geschaffen hatte, und er ruhte am siebten Tag, nachdem er sein ganzes Werk vollbracht hatte. // [Gen 2,2]

Auch wird davon berichtet, dass Jesus als Handwerker – Bauarbeiter – gearbeitet hat:

– // Ist das nicht der Zimmermann, der Sohn der Maria und der Bruder von Jakobus, Joses, Judas und Simon? // [Mk 6,3]

Von den Jüngern Jesu ist überliefert, dass sie als Fischer gearbeitet haben:

– // Als Jesus am See von Galiläa entlangging, sah er Simon und Andreas, den Bruder des Simon, die auf dem See ihr Netz auswarfen; sie waren nämlich Fischer. // [Mk 1,16]

Weitere Berufe im NT:

- Gerber [Apg 9,43]
- Purpurhändlerin [Apg 16,14]
- Stadtkämmerer [Röm 16,23]
- Centurio [Apg 10,1]
- Schmied [2 Tim 4,14]
- Arbeit für das Evangelium [Mt 9,38]

GERECHTER LOHN FÜR ALLE!?

Mit dem Himmelreich* ist es wie mit einem Gutsbesitzer, der früh am Morgen sein Haus verließ, um Arbeiter für seinen Weinberg anzuwerben.
Er einigte sich mit den Arbeitern auf einen Denar* für den Tag und schickte sie in seinen Weinberg.
Um die dritte Stunde* ging er wieder auf den Markt und sah andere dastehen, die keine Arbeit hatten.
Er sagte zu ihnen:

Geht auch ihr in meinen Weinberg!
Ich werde euch geben, was recht ist.

Und sie gingen.
Um die sechste und um die neunte Stunde ging der Gutsherr wieder auf den Markt und machte es ebenso.
Als er um die elfte Stunde noch einmal hinging, traf er wieder einige, die dort herumstanden.
Er sagte zu ihnen:

Was steht ihr hier den ganzen Tag untätig herum?

Kurz erklärt

„Gleicher Lohn für ungleiche Arbeit." Das ist das Provozierende dieses Gleichnisses. Das uns geläufige Lohn-Leistung-Prinzip gerät hier aus den Fugen. Jeder Arbeitgeber, der heute so handelt, kann bald Konkurs anmelden. Bereits in biblischer Zeit – und heute noch – muss jede/r den eigenen Platz erkämpfen und behaupten. Dabei bestimmt die Frage nach Gerechtigkeit das Denken und Handeln. Doch was ist ungerecht? Was gerecht?
Die Güte Gottes durchkreuzt nicht selten menschliches Gerechtigkeitsdenken und -empfinden und stellt ein von Gottes Liebe geprägtes Gerechtigkeitsprinzip auf, das die engen Grenzen menschlicher Vorstellungen sprengt.
Die „Ersten" erhalten das, was „gerecht" ist, die „Letzten" das, was „gut" ist. Gut ist nach biblischer Tradition das, was dem Leben dient. Der abgemachte Lohn steht für das, was jede/r zum Leben braucht. So kommt auch der zuerst angeworbene Arbeiter nicht zu kurz, im Gegenteil: Er erhält, was er zum Leben braucht, in gleicher Weise wie die anderen Arbeiter auch. Diese Gerechtigkeitsvorstellung kommt denen zugute, die weniger Chancen haben im Leben und unter Benachteiligung zu leiden haben.

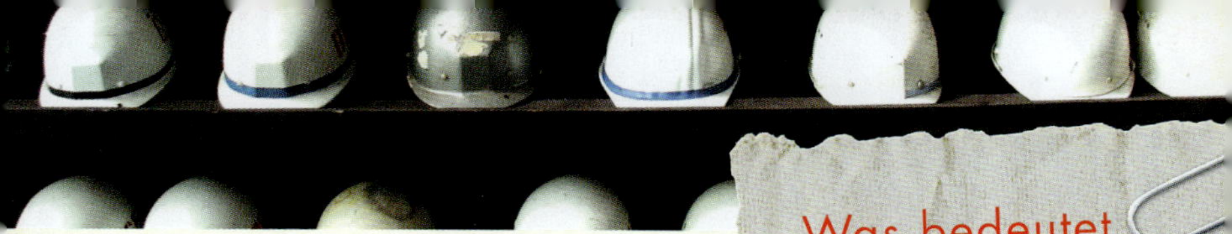

Was bedeutet

* **Himmelreich** ist eine andere Bezeichnung für Herrschaft Gottes.

* Ein **Denar** ist eine römische Silbermünze. Der Tageslohn von einem Denar reichte kaum zum Unterhalt einer Familie.

* Der Tag wurde in 12 Stunden eingeteilt. Die **3. Stunde** ist 9.00 Uhr vormittags, die 6. Stunde 12.00 Uhr ... usw. Die 11. Stunde ist dann ca. 17.00 Uhr.

Sie antworteten:
Niemand hat uns angeworben.
Da sagte er zu ihnen:
Geht auch ihr in meinen Weinberg!

Als es nun Abend geworden war,
sagte der Besitzer des Weinbergs zu
seinem Verwalter:
Ruf die Arbeiter und zahl ihnen
den Lohn aus,
angefangen bei den letzten,
bis hin zu den ersten.
Da kamen die Männer, die er um
die elfte Stunde angeworben hatte,
und jeder erhielt einen Denar.
Als dann die ersten an der Reihe waren, glaubten sie, mehr
zu bekommen. Aber auch sie erhielten nur einen Denar.
Da begannen sie, über den Gutsherrn zu murren, und sagten:
Diese letzten haben nur eine Stunde gearbeitet,
und du hast sie uns gleichgestellt;
wir aber haben den ganzen Tag über die Last
der Arbeit und die Hitze ertragen.
Da erwiderte er einem von ihnen:
Mein Freund, dir geschieht kein Unrecht.
Hast du nicht einen Denar mit mir vereinbart?
Nimm dein Geld und geh! Ich will dem
letzten ebensoviel geben wie dir.
Darf ich mit dem, was mir gehört, nicht tun, was ich will?
Oder bist du neidisch, weil ich (zu anderen) gütig bin?

[Mt 20,1-15]

Zum Weiterlesen

Arbeit ist eine mühsame Sache:

– // Im Schweiße deines Angesichtes sollst du dein Brot essen ... // [Gen 3,19]

– // Sie machten ihnen das Leben schwer durch harte Arbeit mit Lehm und Ziegeln und durch alle möglichen Arbeiten auf den Feldern. So wurden die Israeliten zur harter Sklavenarbeit gezwungen. // [Ex 1,14]

Ein altes Arbeitslied, das wahrscheinlich beim Graben eines Brunnens von den Arbeitern gesungen wurde. Das Lied sollte wohl die harte Arbeit erträglicher machen:

– // Steig auf Brunnen! Singt über ihn ein Lied, über den Brunnen, den Heerführer gruben, den die Edlen des Volkes aushoben mit dem Zepter, mit ihren Stäben. // [Num 21,17-18]

ERGEBNISSE EINER STUDIE DER UNIVERSITÄT JENA:

Für 83 % der ArbeitnehmerInnen zählt eine hohe Entlohnung zu den wichtigen oder sehr wichtigen Arbeitgeberleistungen. Dementsprechend werden betriebsbedingte Lohnkürzungen mehrheitlich als ungerecht bewertet.

Lohnkürzungen werden eher dann akzeptiert, wenn

– sie wirtschaftlich unvermeidbar sind (bei starkem Absatzeinbruch),
– im Vorfeld Vermeidungsversuche unternommen wurden,
– variable Lohnbestandteile gestrichen werden,
– sie zur Vermeidung betriebsbedingter Entlassungen erfolgen.

NOTIZEN

AUSBEUTUNG DER ARBEITSKRAFT

König Salomo* ließ Leute aus ganz Israel zum Frondienst* ausheben. Dieser umfasste 30.000 Fronpflichtige. Von ihnen schickte er abwechselnd jeden Monat 10.000 Mann auf den Libanon*.
Einen Monat waren sie auf dem Libanon und zwei Monate zu Hause. Adoniram* leitete den Frondienst.
Ferner hatte Salomo 70.000 Lastträger und 80.000 Steinhauer im Gebirge, nicht eingerechnet die 3.600 Werkführer unter dem Befehl der Statthalter, denen die Leitung der Arbeit oblag. Sie führten die Aufsicht über die Arbeiter. Der König ließ mächtige, kostbare Steine brechen, um mit Quadern das Fundament des Tempels* zu legen.
Die Bauleute Salomos bearbeiteten mit den Bauleuten Hirams* und Gebalitern* das Holz und die Steine und richteten sie her für den Bau des Tempels.

[1 Kön 5,27-32]

Kurz erklärt

König Salomo ist unter anderem auch durch seine Bautätigkeit bekannt. Dazu benötigte er viele Arbeiter. So entstanden viele Arbeitsplätze. Salomo richtete einen Frondienst ein, in den ausländische Sklaven verpflichtet wurden. Es gab jedoch auch Zeiten, in denen freie israelitische Männer zur Fronarbeit abgeordnet wurden. Dies war sehr umstritten. Zum einen hatten die israelitischen Männer dadurch einen Verdienstausfall. Auch mussten die Familien auf ihre Arbeit in der Landwirtschaft oder im Handwerksbetrieb verzichten. Zum anderen erinnerte der Frondienst für Salomo an die Zeit der Sklaverei in Ägypten.

Zum Weiterlesen

Als die Israeliten sich zum ersten Mal einen König wünschen, wie ihn auch andere Völker haben, warnt der Prophet Samuel:

– // Das werden die Rechte des Königs sein, der über euch herrschen wird: Er wird eure Söhne holen und sie für sich bei seinen Wagen und seinen Pferden verwenden und sie werden vor seinen Wagen herlaufen. Sie müssen sein Ackerland pflügen und seine Ernte einbringen. Eure Töchter wird er holen, damit sie ihm Salben zubereiten und kochen und backen. Eure Knechte und Mägde, eure besten jungen Leute und eure Esel wird er holen und für sich arbeiten lassen. An jenem Tag werdet ihr wegen des Königs, den ihr euch erwählt habt, um Hilfe schreien. //

[1 Sam 8,11-13.16.18]

Was bedeutet

* **Frondienst** bezeichnet Arbeit für den König bzw. den Staat. Die Arbeiter erhielten dafür keinen Lohn.

* Der **Tempel** Salomos war ein Teil des Königspalastes und wurde um 950 v. Chr. mit den edelsten Materialien erbaut. Zerstört wurde er im Jahr 587/86 v. Chr. durch die Babylonier.

EINE VISION:

Eine Welt in der alle KleinunternehmerInnen in Europa, aber auch in Entwicklungsländern nachhaltig ein sicheres und menschenwürdiges Leben führen und ihre Zukunft selbst gestalten können. In Zeiten des Konsumüberflusses erhalten gerade kleine lokale Familienbetriebe Unterstützung. Durch die Kombination von fairen Preisen werden lokale Betriebe längerfristig unterstützt und wird auf humane Arbeitsbedingungen und gerechte Entlohnung der Fachkräfte Wert gelegt. Umweltschutz ist ebenfalls ein wichtiger Aspekt im Fairen Handel, weil dieser das Wohlergehen, die Gesundheit und den Lebensunterhalt aller beteiligten Menschen beeinflusst.

Anliegen des Fairen Handels

JEDE ARBEIT IST NOTWENDIG

Die Weisheit der Schriftgelehrten* vermehrt das Wissen. Wer frei ist von Arbeit, kann sich der Weisheit widmen. Wie kann sich einer der Weisheit widmen, der den Pflug hält und mit dem Treiberstachel* prahlt, der Rinder auf die Weide treibt, Ochsen zurückholt, sich mit den Jungstieren unterhält, der seinen Sinn auf das Eggen der Furchen richtet und darauf bedacht ist, die Mast zu vollenden?
Arbeiten muss auch der Handwerker und Künstler, der Tag und Nacht beschäftigt ist, der Siegelringe* schneidet oder dessen Aufgabe es ist, in das bunte Gewebe Abwechslung zu bringen, der seinen Sinn auf die Wiedergabe des Musters richtet und darauf bedacht ist, das Werk schön zu vollenden.
Ebenso der Schmied, der am Amboss sitzt und auf die eisernen Geräte achtet, ... den die Hitze des Ofens durchglüht, dem der Lärm des Hammers das Ohr betäubt und der seinen Sinn auf die Vollendung der Stücke richtet.
Ebenso der Töpfer, der vor seiner Arbeit sitzt und mit seinen Füßen die Scheibe dreht, der unaufhörlich um seine Arbeit besorgt ist.

Kurz erklärt

Dieser Text kann von zwei Blickwinkeln aus betrachtet werden. Zum einen wird beobachtet, dass Menschen, die körperlich arbeiten, nicht viel oder gar keine Zeit zum Nachdenken haben. Aus der Sicht eines Mannes, der studiert hat, haben solche Menschen keinen Sinn für das Geistige. Der Schriftgelehrte betont, dass er frei sei von Arbeit – und sich deshalb ganz dem Studium widmen könne.
Zum anderen muss jedoch bedacht werden, dass hier unter Arbeit nur das körperliche Tun verstanden wird. Damit ist die Gefahr verbunden, geistige Arbeit höher zu bewerten als die handwerkliche oder bäuerliche Arbeit. Dem Autor ist aber durchaus bewusst, dass ohne die handwerkliche und körperliche Arbeit „keine Stadt besiedelt" werden kann und erst durch sie Menschen gut leben können.

Sie alle verlassen sich auf ihre Hände,
und jeder ist erfahren in seinem Geschäft.
Ohne sie wird keine Stadt besiedelt,
und wo sie sich niederlassen, hungern sie nicht.

[aus Sir 38,24-32]

Was bedeutet

* Ein **Schriftgelehrter** ist ein Mann, der die Tora, d. h. das Gesetz studiert hat. Er erklärt die Heilige Schrift und wird deshalb auch Gesetzeslehrer genannt.

* Der **Treiberstachel** ist die eiserne Spitze eines Steckens, der zum Antreiben der Ochsen diente.

* **Siegelringe** wurden aus Halbedelsteinen angefertigt.

Zum Weiterlesen

Der Apostel Paulus war von Beruf Zeltmacher und Schriftgelehrter:

– // Paulus verließ Athen und ging nach Korinth. Dort traf er Aquila und dessen Frau Priska. Diesen beiden schloss er sich an, und da sie das gleiche Handwerk betrieben, blieb er bei ihnen und arbeitete dort. Sie waren Zeltmacher von Beruf. //

[nach Apg 18,1-3]

Er betont, dass er für den eigenen Lebensunterhalt mit handwerklicher Arbeit aufgekommen ist:

– // Als ich zu euch kam, bin ich niemand zur Last gefallen. Ich habe also Wert darauf gelegt, euch in keiner Weise zur Last zu fallen, und werde auch weiterhin darauf Wert legen. //

[2 Kor 11,9]

WOCHENENDE

Gedenke des Sabbats*: Halte ihn heilig*!
Sechs Tage darfst du schaffen und jede Arbeit tun.
Der siebte Tag ist ein Ruhetag, dem Herrn,
deinem Gott, geweiht.
An ihm darfst du keine Arbeit tun: du, dein Sohn und
deine Tochter, dein Sklave und deine Sklavin, dein Vieh und
der Fremde, der in deinen Stadtbereichen Wohnrecht hat.
Denn in sechs Tagen hat der Herr Himmel,
Erde und Meer gemacht und alles, was dazugehört;
am siebten Tag ruhte er.
Darum hat der Herr den Sabbattag gesegnet und
ihn für heilig erklärt.

[Ex 20,8-11]

Achte auf den Sabbat*: Halte ihn heilig*, wie es dir
der Herr, dein Gott, zur Pflicht gemacht hat.
Sechs Tage darfst du schaffen und jede Arbeit tun.
Der siebte Tag ist ein Ruhetag, dem Herrn,
deinem Gott, geweiht.

Kurz erklärt

Alle freuen sich auf das arbeitsfreie Wochenende. Das Sabbatgebot, das die Bibel gleich zweimal überliefert, verbindet das Messen von Zeit mit der Regelung eines Ruhetages für Mensch und Tier. Die Begründung ist in beiden Überlieferungen unterschiedlich:
Nach dem Buch Exodus ist der Ruhetag Teil der Schöpfungsordnung. Damit gehört die Sieben-Tage-Woche mit ihrem Wechsel von Ruhe und Arbeit zur Ordnung der Welt. Sie verknüpft Erfahrung von Zeit und Gestaltung von Leben zum Nutzen des Menschen.
Im Buch Deuteronomium ist der Ruhetag mit Gottes befreiendem Handeln verbunden. Die Arbeitsruhe ist damit ein Zeichen der von Gott geschenkten Freiheit.
Beide Aspekte sind bis heute gültig.

An ihm darfst du keine Arbeit tun:
du, dein Sohn und deine Tochter, dein Sklave und deine Sklavin, dein Rind, dein Esel und dein ganzes Vieh und der Fremde, der in deinen Stadtbereichen Wohnrecht hat. Dein Sklave und deine Sklavin sollen sich ausruhen wie du.
Denk daran: Als du in Ägypten Sklave warst, hat dich der Herr, dein Gott, mit starker Hand und hoch erhobenem Arm dort herausgeführt.
Darum hat es dir der Herr, dein Gott, zur Pflicht gemacht, den Sabbat zu halten.

[Dtn 5,12-15]

Was bedeutet

* **Sabbat** bezeichnet den siebten Tag der Woche. Dies ist unser heutiger Samstag. Wörtlich heißt Sabbat: aufhören, ruhen.

* Das **Heilige** ist das „ganz Andere". Wenn der Sabbat als heilig gilt, dann wird seine Besonderheit herausgestellt: Er ist ganz anders als alle anderen Tage.

Zum Weiterlesen

Die Bibel kennt für jedes siebte Jahr eine Ruhe für das Land:

– // Sechs Jahre kannst du in deinem Land säen und die Ernte einbringen; im siebten Jahr sollst du es brachliegen lassen und nicht bestellen. Die Armen in deinem Volk sollen davon essen, den Rest die Tiere des Feldes fressen. Das Gleiche sollst du mit deinem Weinberg und deinen Ölbäumen tun. // [Ex 23,10-11]

Zur Arbeit gehört die Ruhe:

– // Am siebten Tag vollendete Gott das Werk, das er geschaffen hatte, und er ruhte am siebten Tag. // [Gen 2,2]

KEINE SONNTAGSARBEIT!
Das gilt nicht für jeden:

Lokführer und Busfahrer

Ärzte und Krankenschwestern

Zugbegleitpersonal

Verkäuferinnen in Bäckereien

Bedienungen in Gaststätten, Cafés und Restaurants

Angestellte bei Service-Hotlines,

Angestellte im Flugverkehr,

Taxifahrer,

Angestellte bei Partyservices/Cateringfirmen

Nur die Liebe zählt?

Liebe ist das Schönste auf der Welt. Liebe ist ein Zauberwort.
Alle Menschen sehnen sich nach Geborgenheit und Verständnis, nach unendlichem Glück und zärtlicher Zweisamkeit.
Aber gerade diese Sehnsucht kann leicht enttäuscht oder ausgenutzt werden.
Die Menschen der Bibel erzählen von den Höhen und Tiefen der Liebe, von ihren unterschiedlichen Formen und Spielarten.

LIEBE KOMMT SPÄTER

Sauls Tochter Michal liebte* David*; dies teilte man Saul* mit.
Saul sagte zu David:

Heute in zwei Jahren kannst du mein Schwiegersohn werden.

Seinen Dienern aber befahl Saul:

Redet heimlich mit David und sagt: Du könntest sofort der Schwiegersohn des Königs werden.

Sauls Diener redeten also in dieser Weise mit David.
David aber erwiderte:

Scheint es euch so leicht, der Schwiegersohn des Königs zu werden? Ich bin doch ein armer und geringer Mann.

Die Diener berichteten dies dem König. Der antwortete:

So sollt ihr David sagen:

Der König möchte keine andere Brautgabe als die Vorhäute* von hundert Philistern*.

Es war David recht. Er erschlug zweihundert von den Philistern und brachte ihre Vorhäute zum König. Und Saul gab ihm seine Tochter Michal zur Frau.

Als Saul klar wurde, dass seine Tochter Michal David liebte, fürchtete er sich vor David und beschloss, den Schwiegersohn töten zu lassen. David konnte mit Michals Hilfe fliehen und sich in Sicherheit bringen.

Kurz erklärt

Erst in der Moderne gründet die Ehe auf der Liebe zweier Menschen. In früheren Zeiten – so auch zur Zeit des Ersten Testaments – wurden junge Menschen von ihren Vätern (oder dem ältesten Bruder) verheiratet. Vielfach wurde auf diese Weise – z. B. in den Königshäusern – Politik betrieben oder Reichtum angehäuft. Die Gefühle der jungen Menschen spielten dabei keine Rolle. Dennoch konnte sich – wie im Falle von Michal und Paltiël – in einer „Zwangsehe" wirkliche Liebe entwickeln. Das belegt die Erzählung mit Paltiëls großer Trauer: Er läuft, fortwährend weinend, hinter der ihm weggenommenen Frau her – einige Kilometer von Gallim bis Bahurim, einem Ort kurz vor Jerusalem. Aber persönliche Gefühle spielen keine Rolle, wenn politische Interessen im Spiel sind.

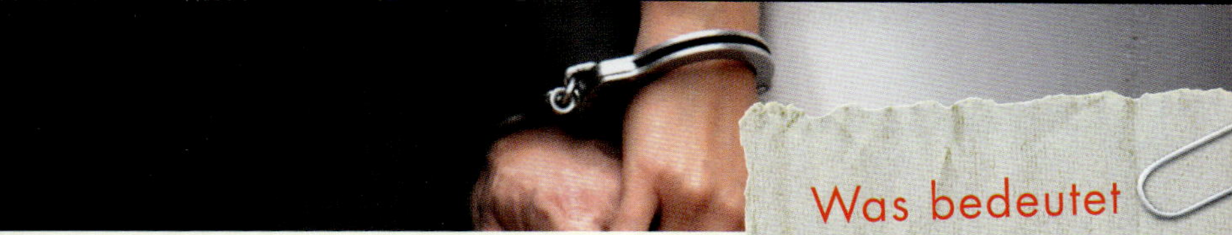

Saul aber hatte seine Tochter Michal Paltiël*, dem Sohn des Lajisch* aus Gallim*, (zur Frau) gegeben.

Der Krieg zwischen dem Haus Saul und dem Haus David zog sich lange hin.
Dann schickte David Boten zu Ischbaal*, dem Sohn Sauls, und ließ ihm sagen:
Gib meine Frau Michal heraus,
für die ich hundert Vorhäute der Philister als Brautpreis bezahlt habe.
Ischbaal schickte (einen Boten) zu ihrem Mann Paltiël und ließ sie ihm wegnehmen. Ihr Mann lief bis nach Bahurim* weinend hinter ihr her. Erst als Abner* sagte:
Geh, kehr um!,
kehrte er um.
Daraufhin wurde David König über ganz Israel und Juda.

[nach 1 Sam 18,20-29;19,18; 25,44; 2 Sam 3,1.14-16; 5,5]

Was bedeutet

* Nur an dieser Stelle ist in der Bibel davon die Rede, dass eine konkrete Frau einen Mann liebt.

* **Vorhaut** ist die Bezeichnung für die Hautfalte, die das männliche Glied teilweise bedeckt.

Zum Weiterlesen

Kostproben aus dem „Hohenlied“:

– // Mit Küssen seines Mundes bedecke er mich … // [Hld 1,2]

– // Des Nachts auf meinem Lager suchte ich ihn, den meine Seele liebt. Ich suchte ihn und fand ihn nicht. // [Hld 3,1]

– // Verzaubert hast du mich, ja verzaubert, mit dem Blick deiner Augen. Wie schön ist deine Liebe, wie viel süßer als Wein. // [Hld 4,9f.]

LIEBE UND GEWALT

Abschalom, der Sohn Davids*, hatte eine schöne Schwester namens Tamar*, und Amnon*, der Sohn Davids, verliebte sich in sie. Amnon war sehr bedrückt und wurde fast krank wegen seiner Schwester Tamar; denn sie war Jungfrau*, und es schien Amnon unmöglich, ihr etwas anzutun.*

Auf den Rat eines Freundes stellte sich Amnon krank. Als der König kam, um nach ihm zu sehen, sagte Amnon zum König:

> Meine Schwester Tamar möge doch zu mir kommen;
> sie soll mir vor meinen Augen zwei Kuchen backen,

David schickte jemand ins Haus der Tamar und ließ ihr sagen:

> Geh doch in das Haus deines Bruders Amnon
> und mach ihm etwas zu essen!

Tamar ging in das Haus ihres Bruders Amnon, der im Bett lag. Sie nahm Teig, knetete vor seinen Augen die Kuchen und backte sie. Dann nahm Tamar die Kuchen, die sie zubereitet hatte, und brachte sie ihm. Als sie ihm aber die Kuchen zum Essen reichte, griff er nach ihr und sagte zu ihr:

> Komm, leg dich zu mir, Schwester!

Sie antwortete ihm:

> Nein, mein Bruder, entehre mich nicht!
> Begeh keine solche Schandtat*!
> Wohin sollte ich denn in meiner Schande gehen?
> Rede doch mit dem König*,
> er wird mich dir nicht verweigern.

Doch Amnon wollte nicht auf sie hören, sondern packte sie und zwang sie, mit ihm zu schlafen.

Hinterher aber empfand Amnon eine
sehr große Abneigung gegen sie;
ja, der Hass, mit dem er sie nun hasste,
war größer als die Liebe, mit der er sie
geliebt hatte.
Amnon sagte zu ihr:
Steh auf, geh weg!
Sie erwiderte ihm:
Nicht doch! Wenn du mich wegschickst,
wäre das ein noch größeres Unrecht
als das, das du mir schon angetan hast.
Er aber wollte nicht auf sie hören,
sondern rief:
Bringt dieses Mädchen da von mir weg
auf die Straße hinaus und schließt
die Tür hinter ihr ab!
Sein Diener brachte sie hinaus und
schloss die Tür hinter ihr zu.
Tamar aber streute sich Asche auf das Haupt* und zerriss
das Ärmelkleid, das sie anhatte, sie legte ihre Hand auf den
Kopf und ging schreiend weg.

Ihr Bruder Abschalom fragte sie:
War dein Bruder Amnon mit dir zusammen?
Sprich nicht darüber, meine Schwester,
er ist ja dein Bruder.
Nimm dir die Sache nicht so zu Herzen!
Von da an lebte Tamar einsam* im Haus ihres Bruders
Abschalom.

[nach 2 Sam 13,1-22]

Was bedeutet

* Für Mädchen war es damals wichtig, **jungfräulich** in die Ehe zu gehen. Außereheliche Kinder waren sozial verachtet.

* Weil **außerehelicher Verkehr** die Sozialordnung zerstörte, galt er als Verbrechen.

* Lautes Klagen und Weinen sowie das Zerreißen der Kleider ist Ausdruck von Trauer und Schmerz; ebenso das **Bestreuen des Kopfes mit Asche** oder Staub.

* David hätte Tamar rechtmäßig mit Amnon verheiraten können.

Kurz erklärt

Vergewaltigung ist ein schwerwiegender Eingriff in die Freiheit einer Frau. Dies wurde auch damals in Israel so gesehen. Dennoch wird Tamar von ihrem Halbbruder Amnon auf hinterlistige Weise in dessen Zimmer gelockt und vergewaltigt. Dann lässt er sie wie eine heiße Kartoffel fallen und wirft sie auf die Straße.
Tamars Bruder Abschalom erfährt von der Vergewaltigung seiner Schwester. Er spielt die ganze Sache herunter und sinnt auf Rache – das Schicksal seiner Schwester scheint ihm gleichgültig.
David, der Vater, erfährt ebenfalls von der Sache. Auch er ist darüber ungehalten, unternimmt aber nichts. Nur Tamar hat den Mut, ihre Demütigung und Erniedrigung öffentlich zu machen.

Zum Weiterlesen

– // Wenn ein Mann einem unberührten Mädchen, das noch nicht verlobt ist, begegnet, sie packt und sich mit ihr hinlegt und sie ertappt werden, soll der Mann, der bei ihr gelegen hat, dem Vater des Mädchens fünfzig Silberschekel zahlen, und sie soll seine Frau werden, weil er sie sich gefügig gemacht hat. Er darf sie niemals entlassen. //

[Dtn 22,28-29]

Notizen

Die Aufmerksamkeit gegenüber sexuellen Übergriffen ist in den letzten Jahren erheblich gewachsen, auch sexuelle Gewalt unter Jugendlichen wird zunehmend wahrgenommen.
Im Hinblick auf Hilfe und Schutz stellen sich jedoch häufig schwierige Fragen. Die meisten Opfer verschweigen die Übergriffe – das schützt die Täter und verschlechtert die Situation der Opfer zusätzlich. Für Erwachsene ist es deswegen nicht immer leicht zu erkennen, wann ein Eingreifen notwendig ist und wie sie bei Grenzüberschreitungen reagieren sollen.
Für die Betroffenen geht es um die Frage, wie man sich selbst wehren kann und was man tun kann, wenn andere bedroht oder angegriffen werden. Vor allem aber geht es um Mut, um Selbstbewusstsein, um Selbstbehauptung, um Durchsetzungsfähigkeit – also um Mittel gegen Gewalt und um Wege aus der Gewalt.

MÄNNERFREUNDSCHAFT

Nach dem Gespräch Davids* mit Saul* schloss Jonatan* David in sein Herz. Und Jonatan liebte David wie sein eigenes Leben. Saul behielt David von jenem Tag an bei sich und ließ ihn nicht mehr in das Haus seines Vaters zurückkehren.
Jonatan schloss mit David einen Bund, weil er ihn wie sein eigenes Leben liebte. Er zog den Mantel*, den er anhatte, aus und gab in David, ebenso seine Rüstung, sein Schwert, seinen Bogen und seinen Gürtel.
Und Jonatan sagte zu David: Der Herr möge mit dir sein, wie er mit meinem Vater gewesen ist.
Und Jonatan ließ auch David bei seiner Liebe zu ihm schwören, denn er liebte ihn wie sein eigenes Leben.

[1 Sam 18,1-4; 20,13.17]

Als David die Nachricht vom Tod König Sauls und seines Sohnes Jonatan überbracht wurde, sang er die Totenklage:

Israel, dein Stolz liegt erschlagen auf deinen Höhen.
Ach, die Helden sind gefallen. Saul und Jonatan, die Geliebten und Teuren, im Leben und Tod sind sie nicht getrennt.

Kurz erklärt

Der Königssohn Jonatan fasst eine tiefe Zuneigung zu David. In dieser unvergleichlichen Männerfreundschaft ist Jonatan der Gebende. Er fühlt sich so sehr zu David hingezogen, dass er ihn quasi zu seinem Verwandten macht und freiwillig auf die Thronfolge verzichtet und ihm das Mit-Sein YHWHs wünscht.
Das Klagelied auf seinen Freund Jonatan, der in der Schlacht auf den Höhen des Gilboa-Gebirges von den Philistern erschlagen wird, ist als Heldenlied überliefert worden. Mit überschwänglichen Worten denkt David an seinen besten Freund Jonatan. Das Lied drückt aus, dass David zu keinem anderen Menschen mehr eine so tiefe und intensive Beziehung hatte.

Ach, die Helden sind gefallen mitten im Kampf, Jonatan liegt erschlagen auf deinen Höhen. Weh ist mir um dich, mein Bruder Jonatan. Du warst mir sehr lieb. Wunderbarer war deine Liebe für mich als die Liebe der Frauen.

[2 Sam 1,19.23.25f.]

Was bedeutet

* **Mantel, Rüstung, Schwert, Bogen und Gürtel** sind Zeichen für das Königtum in Israel. Als Jonatan diese Gegenstände an David übergab, verzichtete er zugunsten Davids auf die Thronfolge.

Zum Weiterlesen

Es wird erzählt, dass David von allen Seiten Liebe entgegengebracht wird. Nicht nur Jonatan liebt ihn, sondern auch andere Mitglieder der Königsfamilie sowie das ganze Volk:

– // So kam David zu Saul und trat in seinen Dienst; Saul gewann ihn sehr lieb und David wurde sein Waffenträger. // [1 Sam 16,21]

– // Sauls Tochter Michal liebte David; dies teilte man Saul mit. Es war ihm recht. // [1 Sam 18,20]

– // Du siehst, dass der König an dir Gefallen hat und dass alle seine Diener dich gern haben. // [1 Sam 18,22]

– // Ganz Israel und Juda aber liebte David ... // [1 Sam 18,16]

Liebe ist warm, Liebe hält dich warm.
Jeder Mensch braucht Liebe,
jeder empfängt Liebe;
Deine Eltern lieben dich, deine Verwandten,
deine Freunde.
Manche denken, Liebe, das habe vor allem
mit Sex zu tun.
Aber das ist nicht wahr.

Liebe, das sind Träume, Gefühle, Zärtlichkeit.
Auch Sex, aber das ist nicht so wichtig,
wie Gefühle es sind.
Es ist ein schönes Gefühl zu wissen,
dass die wichtigsten Leute auf der Welt
für dich die sind, die dich lieben.

Und es ist ein schönes Gefühl, Liebe zu geben,
an den Freund, die Freundin.
Natürlich denke ich auch an Sex,
wenn ich einen Freund habe.
Es ist mir nicht peinlich, das zu sagen.
Denn gehört es nicht zum Leben?
Wo wäre ich, wenn sich meine Eltern
nicht geliebt hätten?
Ich kann die Liebe nicht beschreiben,
aber sie ist ein tolles Gefühl.
Warte nur, bis es dir geschieht!

Maria, 14

DAS HOHE LIED DER LIEBE

Sie:
Mit Küssen* seines Mundes bedecke er mich. Süßer als Wein ist deine Liebe. Köstlich ist der Duft deiner Salben, dein Name hingegossenes Salböl; darum lieben dich die Mädchen. Schön bist du, mein Geliebter, verlockend. Frisches Grün* ist unser Lager, Zedern sind die Balken unseres Hauses, Zypressen die Wände.

[Hld 1,2-3.16-17]

Stärkt mich mit Traubenkuchen, erquickt mich mit Äpfeln; denn ich bin krank vor Liebe. Seine Linke liegt unter meinem Kopf, seine Rechte umfängt mich. Bei den Gazellen und Hirschen auf der Flur beschwöre ich euch, Jerusalems Töchter: Stört* die Liebe nicht auf, weckt sie nicht, bis es ihr selbst gefällt. Horch! Mein Geliebter! Sieh da, er kommt. Er springt über die Berge, hüpft über die Hügel. Der Gazelle gleicht mein Geliebter, dem jungen Hirsch. Ja, draußen steht er an der Wand unsres Hauses; er blickt durch die Fenster, späht durch die Gitter.

Kurz erklärt

Das Hohelied ist eine Sammlung aus Liebes- und Sehnsuchtsliedern. Diese Lieder wurden wahrscheinlich von noch nicht verheirateten Menschen gesungen, kamen evtl. auch bei Hochzeiten zum Einsatz. In ihnen wird von vollkommenen Liebesbeziehungen geträumt, die jedoch verborgen werden müssen. Die Liebenden treffen sich in Gärten und Parks, unter Bäumen, im Feld oder bei den Herden.
Die Sprache der Liebenden ist voller Bilder, die der Natur und der Architektur entnommen sind. Sie spiegeln das antike Schönheitsideal – beide, sie und er, bewundern ihr geliebtes Gegenüber jedoch nicht nur in ihrer äußeren Erscheinung, sondern auch in ihrem Wesen und in ihrem Charakter.
Das Hohelied hat auch eine religiöse Dimension, denn es feiert eine Liebe, die sich nicht auf Sexualität reduzieren lässt. Es bezieht sich auch auf die Schöpfung, in der es eine paradiesische Gemeinschaft von Mann und Frau gibt.

Er:
Steh auf, meine Freundin, meine Schöne, so komm doch! Denn vorbei ist der Winter, verrauscht der Regen. Auf der Flur erscheinen die Blumen; die Zeit zum Singen ist da. Die Stimme der Turteltaube ist zu hören in unserem Land. Am Feigenbaum reifen die ersten Früchte; die blühenden Reben duften. Steh auf, meine Freundin, meine Schöne, so komm doch!

[Hld 2,5-13]

Schön* bist du, meine Freundin, ja, du bist schön. Hinter dem Schleier deine Augen wie Tauben. Dein Haar gleicht einer Herde von Ziegen, die herabzieht von Gileads Bergen. Deine Zähne sind wie eine Herde frisch geschorener Schafe, die aus der Schwemme steigen. Jeder Zahn hat sein Gegenstück, keinem fehlt es. Rote Bänder sind deine Lippen; lieblich ist dein Mund. Dem Riss eines Granatapfels gleicht deine Schläfe hinter dem Schleier. Wie der Turm Davids ist dein Hals, in Schichten von Steinen erbaut; tausend Schilde hängen daran, lauter Waffen von Helden. Deine Brüste sind wie zwei Kitzlein, wie die Zwillinge einer Gazelle, die in den Lilien weiden. Wenn der Tag verweht und die Schatten wachsen, will ich zum Myrrhenberg gehen, zum Weihrauchhügel. Alles an dir ist schön, meine Freundin; kein Makel haftet dir an.

[Hld 4,1-7]

Was bedeutet

* Die Liebenden treffen sich in der freien Natur, auf grünenden Weiden bei den Herden oder im Wald.

* Sie möchten allein und ungestört sein, sich anschauen und bewundern.

* Liebende können sich aneinander nicht satt sehen: Sie ist für ihn die Schönste und er findet immer wieder neue Bilder und Vergleiche, die der Natur und der Kultur entnommen sind. Alles, einfach alles an ihr ist wunderschön!

Sie:
Mein Geliebter ist weiß und rot, ist ausgezeichnet* vor Tausenden. Sein Haupt ist reines Gold. Seine Locken sind Rispen, rabenschwarz. Seine Augen sind wie Tauben an Wasserbächen; (die Zähne), in Milch gebadet, sitzen fest. Seine Wangen sind wie Balsambeete, darin Gewürzkräuter sprießen, seine Lippen wie Lilien; sie tropfen von flüssiger Myrrhe. Seine Finger sind wie Stäbe aus Gold, mit Steinen aus Tarschisch besetzt. Sein Leib ist wie eine Platte aus Elfenbein, mit Saphiren bedeckt. Seine Schenkel sind Marmorsäulen, auf Sockeln von Feingold. Seine Gestalt ist wie der Libanon, erlesen wie Zedern. Sein Mund ist voll Süße; alles ist Wonne an ihm. Das ist mein Geliebter, ja, das ist mein Freund, ihr Töchter Jerusalems.

[Hld 5,10-16]

Zum Weiterlesen

In der Überlieferung wird das Hohelied König Salomo zugeschrieben. Von ihm wird erzählt, dass er die Frauen liebte, was ihm allerdings auch Kritik einbrachte:

– // König Salomo liebte neben der Tochter des Pharao noch viele andere ausländische Frauen: Moabiterinnen, Ammoniterinnen, Edomiterinnen, Sidoniterinnen, Hetiterinnen. Es waren Frauen aus den Völkern, von denen der Herr den Israeliten gesagt hatte: Ihr dürft nicht zu ihnen gehen, und sie dürfen nicht zu euch kommen; denn sie würden euer Herz ihren Göttern zuwenden. An diesen hing Salomo mit Liebe. //

[1 Kön 11,1-2]

Jungen Männern wird die Erfahrung von nie endender Liebe gewünscht:

– // Nie sollen Liebe und Treue dich verlassen; binde sie dir um den Hals, schreib sie auf die Tafel deines Herzens! //
[Spr 3,3]

– // Freu dich der Frau deiner Jugendtage, der lieblichen Gazelle, der anmutigen Gämse! Ihre Liebkosung mache dich immerfort trunken, an ihrer Liebe berausch dich immer wieder! // [Spr 5,18-19]

Was bedeutet

* Auch sie findet viele Vergleiche und Bilder, um seinen schönen und wohlgeformten Körper vom Scheitel bis zur Sohle zu beschreiben; sie weiß, dass auch andere Mädchen ihren geliebten Freund einfach nur „super“ finden.

Komm, Liebe,
lass uns feiern
das Fest der Lebendigkeit
als koste es unseren Tod!

Lass uns das immerneue
Lied der Freude
auf unseren Körpern spielen,
bis unsere Seelne
in einem Rhythmus schwingen
und nichts
von dir und mir zurückbleibt
als ein bodenloser Tanz
der uns davonwirbelt

weit hinaus
über die Grrenzen
der Sehnsucht.

Hans Kruppa

LIEBE IST STÄRKER ALS DER TOD

Am ersten Tag der Woche kam Maria von Magdala* frühmorgens, als es noch dunkel war, zum Grab und sah, dass der Stein* vom Grab weggenommen war. Da lief sie schnell zu Simon Petrus* und dem Jünger, den Jesus liebte, und sagte zu ihnen:

Man hat den Herrn aus dem Grab weggenommen,
und wir wissen nicht, wohin man ihn gelegt hat.

Maria aber stand draußen vor dem Grab und weinte. Während sie weinte, beugte sie sich in die Grabkammer hinein. Da sah sie zwei Engel in weißen Gewändern sitzen, den einen dort, wo der Kopf, den anderen dort, wo die Füße des Leichnams Jesu gelegen hatten.

Die Engel sagten zu ihr:
Frau, warum weinst du?
Sie antwortete ihnen:
Man hat meinen Herrn weggenommen,
und ich weiß nicht, wohin man ihn gelegt hat.

Als sie das gesagt hatte, wandte sie sich um und sah Jesus dastehen, wusste aber nicht, dass es Jesus war. Jesus sagte zu ihr:
Frau, warum weinst du? Wen suchst du?
Sie meinte, es sei der Gärtner, und sagte zu ihm:
Herr, wenn du ihn weggebracht hast, sag mir,
wohin du ihn gelegt hast. Dann will ich ihn holen.

Kurz erklärt

Liebe ist stärker als der Tod. Maria von Magdala ist vom Tod Jesu zutiefst betroffen. In ihrer Trauer sucht sie Trost am Grab Jesu. Der Schmerz macht sie zunächst blind für das Wunder der Auferstehung. Als Jesus sie jedoch bei ihrem Namen ruft, erkennt sie ihn und ist überwältigt von seiner Gegenwart.
Ein einziges Wort stellt die Vertrautheit her; es wandelt den Ort der Trauer in einen Ort der Freude. Die erste Anrede „Frau" war noch zu distanziert, ließ den Funken nicht überspringen. Erst der Klang ihres Namens kann die vertraute Beziehung wiederherstellen

Jesus sagte zu ihr:
Maria!
Da wandte sie sich ihm zu und sagte auf
Hebräisch zu ihm: Rabbuni!,
das heißt: Meister.
Jesus sagte zu ihr:
Halte mich nicht fest; denn ich bin
noch nicht zum Vater hinaufgegangen.
Geh aber zu meinen Brüdern,
und sag ihnen:
Ich gehe hinauf zu meinem Vater und zu eurem Vater,
zu meinem Gott und zu eurem Gott.

Maria von Magdala ging zu den Jüngern und verkündete ihnen:
Ich habe den Herrn gesehen.
Und sie richtete aus, was er ihr gesagt hatte.

[Joh 20,1-2.11-18]

Was bedeutet

* In der Gegend von Jerusalem wurden Gräber meist in den Felsen gehauen. Solche Gräber hatten dann mehrere Grabkammern, und sie wurden mit einem **Rollstein** verschlossen.

Zum Weiterlesen

– // Fürchte dich nicht, denn ich habe dich ausgelöst, ich habe dich beim Namen gerufen, du gehörst mir. // [Jes 43,1]

– // Des Nachts auf meinem Lager suchte ich ihn, den meine Seele liebt. Ich suchte ihn und fand ihn nicht. Aufstehen will ich, die Stadt durchstreifen, die Gassen und Plätze, ihn suchen, den meine Seele liebt. Ich suchte ihn und fand ihn nicht. // [Hld 3,1-2]

– // Wohin ist dein Geliebter gegangen, du schönste der Frauen? Wohin wandte sich dein Geliebter? Wir wollen ihn suchen mit dir. // [Hld 6,1]

Ich will mit dem gehen,
den ich liebe.

Ich will nicht ausrechnen,
was es kostet.
Ich will nicht nachdenken,
ob es gut ist.
Ich will nicht wissen,
ob er mich liebt.

Ich will mit ihm gehen,
den ich liebe.

Berthold Brecht

LIEBE UND ACHTSAMKEIT

Wenn ich in den Sprachen der Menschen und Engel redete, hätte aber die Liebe nicht, wäre ich dröhnendes Erz oder eine lärmende Pauke.
Und wenn ich prophetisch* reden könnte und alle Geheimnisse wüsste und alle Erkenntnis hätte; wenn ich alle Glaubenskraft besäße und Berge damit versetzen könnte, hätte aber die Liebe nicht, wäre ich nichts.
Und wenn ich meine ganze Habe verschenkte und wenn ich meinen Leib dem Feuer übergäbe, hätte aber die Liebe nicht, nützte es mir nichts.

Die Liebe ist langmütig, die Liebe ist gütig. Sie ereifert sich nicht, sie prahlt nicht, sie bläht sich nicht auf.
Sie handelt nicht ungehörig, sucht nicht ihren Vorteil, lässt sich nicht zum Zorn reizen, trägt das Böse nicht nach.
Sie freut sich nicht über das Unrecht, sondern freut sich an der Wahrheit.
Sie erträgt alles, glaubt alles, hofft alles, hält allem Stand.
Die Liebe hört niemals auf. Prophetisches Reden hat ein Ende, Zungenrede* verstummt, Erkenntnis vergeht. Denn Stückwerk ist unser Erkennen, Stückwerk unser prophetisches Reden; wenn aber das Vollendete kommt, vergeht alles Stückwerk.

Kurz erklärt

Dieser Textabschnitt aus dem Brief an die Gemeindemitglieder in Korinth ist sehr bekannt. Paulus beschreibt eine Form von Liebe zwischen Menschen – griechisch „Agape" – in ihren vielfältigen Formen. Liebe zeigt sich vor allem dort, wo Frauen und Männer achtsam sind für die Fragen und Bedürfnisse der anderen. Menschen, die wirklich lieben, bereichern sich nicht auf Kosten anderer. Alles, was Christinnen und Christen in der Gemeinde tun, muss daran gemessen werden, ob es mit der rechten Liebe getan wird. Menschen, die „richtig" lieben, haben auch vor Andersdenkenden und Andersgläubigen Respekt.

Als ich ein Kind war, redete ich wie ein Kind, dachte wie ein Kind und urteilte wie ein Kind. Als ich ein Mann wurde, legte ich ab, was Kind an mir war.
Jetzt schauen wir in einen Spiegel und sehen nur rätselhafte Umrisse, dann aber schauen wir von Angesicht zu Angesicht.
Jetzt erkenne ich unvollkommen, dann aber werde ich durch und durch erkennen, so wie ich auch durch und durch erkannt worden bin.
Für jetzt bleiben Glaube, Hoffnung und Liebe, diese drei; doch am größten unter ihnen ist die Liebe.

[1 Kor 13,1-13]

Was bedeutet

* Menschen, die **prophetisch reden** können, haben eine besondere Begabung: Sie können anderen vermitteln, was glauben bedeutet. Sie können Ereignisse des Alltags deuten.

* Auch das **„Zungenreden“** ist eine besondere Begabung. Menschen, die „zungenreden“, haben ein besonderes Gespür für die Anwesenheit Gottes bei den Menschen. Sie bringen dies allerdings mit unverständlichen Lauten zum Ausdruck und müssen daher „übersetzt“ werden.

Zum Weiterlesen

Auch im Brief an die Gemeinde in Rom fordert Paulus die Gläubigen auf, liebevoll miteinander umzugehen:

– // Eure Liebe sei ohne Heuchelei. Verabscheut das Böse, haltet fest am Guten! Seid einander in geschwisterlicher Liebe zugetan, übertrefft euch in gegenseitiger Achtung! //

[Röm 12,9f.]

– // Nur die Liebe schuldet ihr einander immer. Wer den anderen und die andere liebt, hat das Gesetz erfüllt. Die Liebe tut den Nächsten nichts Böses. //

[Röm 13,8.10]

Ich liebe mich.
Du liebst dich.
Er liebt sich.
Sie liebt sich.
Wir lieben uns.
Ihr liebt euch.
Sie lieben sich.
Ich frage mich:
Warum gibt es so wenig
Liebe auf der Welt?

Paul Roth

Mann und Frau

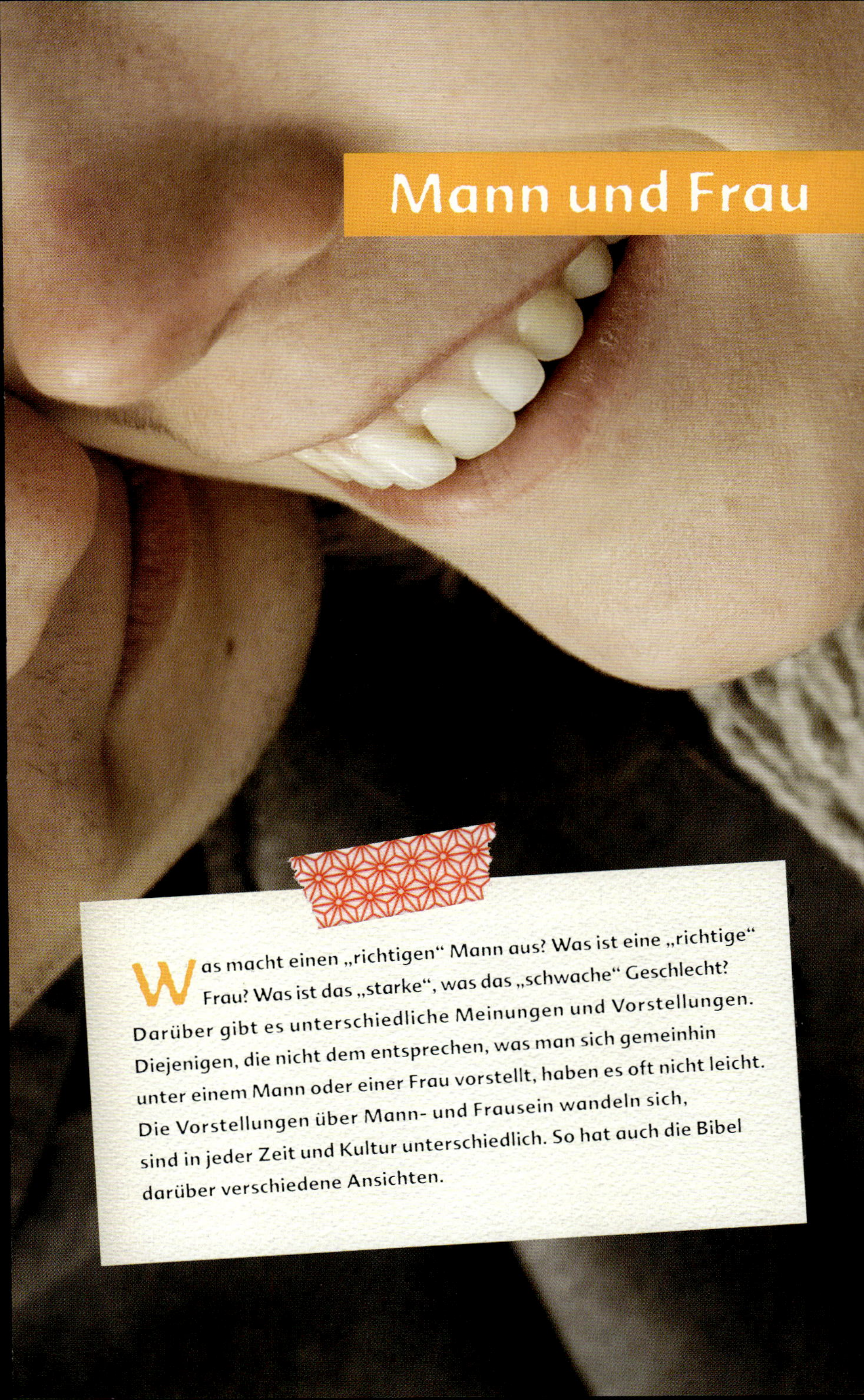

Was macht einen „richtigen“ Mann aus? Was ist eine „richtige“ Frau? Was ist das „starke“, was das „schwache“ Geschlecht? Darüber gibt es unterschiedliche Meinungen und Vorstellungen. Diejenigen, die nicht dem entsprechen, was man sich gemeinhin unter einem Mann oder einer Frau vorstellt, haben es oft nicht leicht. Die Vorstellungen über Mann- und Frausein wandeln sich, sind in jeder Zeit und Kultur unterschiedlich. So hat auch die Bibel darüber verschiedene Ansichten.

EINE STARKE FRAU

Eine tüchtige Frau*, wer findet sie?
Sie übertrifft alle Perlen an Wert. Das Herz ihres Mannes vertraut auf sie, und es fehlt ihm nicht an Gewinn.
Sie tut ihm Gutes und nichts Böses alle Tage ihres Lebens.
Sie sorgt für Wolle und Flachs und schafft mit emsigen Händen.
Sie gleicht den Schiffen des Kaufmanns: Aus der Ferne holt sie ihre Nahrung.
Noch bei Nacht steht sie auf, um ihrem Haus Speise zu geben und den Mägden, was ihnen zusteht.
Sie gürtet ihre Hüften mit Kraft und macht ihre Arme stark.
Sie spürt den Erfolg ihrer Arbeit, auch des Nachts erlischt ihre Lampe nicht. Nach dem Spinnrocken greift ihre Hand, ihre Finger erfassen die Spindel.
Sie öffnet ihre Hand für den Bedürftigen und reicht ihre Hände dem Armen.
Ihr bangt nicht für ihr Haus vor dem Schnee; denn ihr ganzes Haus hat wollene Kleider.
Sie hat sich Decken gefertigt, Leinen und Purpur sind ihr Gewand.
Ihr Mann ist in den Torhallen geachtet, wenn er zu Rat sitzt mit den Ältesten des Landes.
Sie webt Tücher und verkauft sie, Gürtel liefert sie dem Händler.

Kurz erklärt

Die Verse dieses Gedichts beginnen in der Originalfassung mit den Buchstaben des hebräischen Alphabets. Es ist ein Loblied auf die Frauen – sowohl auf reale Frauen als auch auf Idealbilder von Frauen. Eine „starke" Frau sorgt sich um Nahrung und Erziehung, steht Haus und Hof vor und erwirtschaftet den Lebensunterhalt der Familie. Aber: Wird hier nicht ein unerreichbares Ideal beschrieben? Welche Frau kann ständig tätig sein und unermüdlich Tag und Nacht arbeiten? Was steuert eigentlich der Mann zum Lebensunterhalt bei?
Eine Lösung: Dieses Gedicht spricht vieles von dem an, was Frauen überhaupt tun können.

Kraft und Würde sind ihr Gewand,
sie spottet der drohenden Zukunft.
Öffnet sie ihren Mund,
dann redet sie klug*, und gütige Lehre
ist auf ihrer Zunge.
Sie achtet auf das, was vorgeht im Haus,
und isst nicht träge ihr Brot.
Ihre Söhne stehen auf und preisen sie
glücklich, auch ihr Mann erhebt sich
und rühmt sie:

Viele Frauen erweisen sich tüchtig,
doch du übertriffst sie alle.

Trügerisch ist Anmut, vergänglich die Schönheit,
nur eine gottesfürchtige Frau verdient Lob.
Preist sie für den Ertrag ihrer Hände, ihre Werke soll man
am Stadttor loben.

[Spr 31,10-15.17-31]

Was bedeutet

* **„Stark“** bezieht sich hier auf körperliche und geistige Tüchtigkeit.

* **Klugheit** und guter Rat – Weisheit genannt – werden als Geschenk Gottes verstanden.

Zum Weiterlesen

Im Ersten Testament wird nur von Rut, der Schwiegertochter Noomis, gesagt, sie sei eine „starke Frau“:

– // Jeder in diesen Mauern weiß, dass du eine starke Frau bist //,
sagt ihr künftiger Mann Boas.

[Rut 3,11]

– // Wer eine Frau gefunden hat, hat Glück gefunden und das Gefallen des Herrn erlangt. //

[Spr 19,22]

Lass dich nicht
unterkriegen!
Sei frech, wild
und mutig –
sei einfach wunderbar!

Astrid Lindgren

EIN AUFRECHTER MANN

Josef wurde von seinen Brüdern nach Ägypten verkauft. Dort kommt er in das Haus eines Hofbeamten des Pharao namens Potifar*. Da er sich als treu und zuverlässig erwies, erlangte Josef die Stelle eines Verwalters*.*

Nach einiger Zeit warf die Frau seines Herrn ihren Blick auf Josef und sagte:

Schlaf mit mir!

Er weigerte sich und entgegnete der Frau seines Herrn:

Du siehst doch, mein Herr kümmert sich, wenn ich da bin,
um nichts im Haus; alles, was ihm gehört, hat er mir anvertraut.
Er ist in diesem Haus nicht größer als ich,
und er hat mir nichts vorenthalten als nur dich,
denn du bist seine Frau. Wie könnte ich da ein so großes
Unrecht begehen und gegen Gott sündigen?

Obwohl sie Tag für Tag auf Josef einredete, bei ihr zu schlafen und ihr zu Willen zu sein, hörte er nicht auf sie.

An einem solchen Tag kam er ins Haus, um seiner Arbeit nachzugehen. Niemand vom Hausgesinde war anwesend. Da packte sie ihn an seinem Gewande und sagte:

Schlaf mit mir!

Er ließ sein Gewand in ihrer Hand und lief hinaus.

Kurz erklärt

Josef lässt sich von der Frau seines Herrn nicht provozieren. Obwohl sie ihm eindeutige Anträge macht, ist er ihr nicht zu Willen. Gleichgültig, wie er sich verhält, diese Frau hat ihn in der Hand und kann ihn vernichten, wenn sie will. Josef zieht es vor, sich nicht von dieser Frau abhängig zu machen und seine Freiheit zu wahren. Zwar muss er wegen ihrer böswilligen Unterstellungen ins Gefängnis, aber am Ende kommt er frei und wird Herr über ganz Ägypten. Hätte sich Josef mit dieser Frau eingelassen, wäre das außerdem ein Vertrauensbruch gegenüber seinem Herrn gewesen, eine nach menschlichem wie göttlichem Urteil verwerfliche Handlung und möglicherweise ein todeswürdiges Verbrechen.

Was bedeutet

* Sklaven, die sich bewährten, konnten hohe Ämter übertragen werden – selbst die **Verwaltung** ganzer Güter.

* Dort, wo Israeliten abhängig sind, werden sie oft als Hebräer bezeichnet. In dem Begriff liegt eine gewisse soziale Geringschätzung.

Als sie sah, dass er sein Gewand in ihrer Hand zurückgelassen hatte und hinausgelaufen war, rief sie nach ihrem Hausgesinde und sagte zu den Leuten:

> Seht nur!
> Er hat uns einen Hebräer* ins Haus gebracht,
> der seinen Mutwillen mit uns treibt.
> Er ist zu mir gekommen und wollte mit mir schlafen;
> da habe ich laut geschrien. Als er hörte, dass ich laut aufschrie und rief, ließ er sein Gewand bei mir liegen und floh ins Freie.

Sein Kleid ließ sie bei sich liegen, bis sein Herr nach Hause kam. Ihm erzählte sie die gleiche Geschichte:

> Der hebräische Sklave, den du uns gebracht hast, ist zu mir gekommen, um mit mir seinen Mutwillen zu treiben. Als ich laut aufschrie und rief, ließ er sein Gewand bei mir liegen und lief hinaus.

Als sein Herr hörte, wie ihm seine Frau erzählte:

> So hat es dein Sklave mit mir getrieben!,

packte ihn der Zorn. Er ließ Josef ergreifen und in den Kerker bringen, wo die Gefangenen des Königs in Haft gehalten wurden. Dort blieb er im Gefängnis.

[Gen 39,7–20]

Zum Weiterlesen

– // Die Frau ist ein Ring von Belagerungstürmen, und ihr Herz ist ein Fangnetz, Fesseln sind ihre Arme. Wem Gott wohl will, der kann sich vor ihr retten, wessen Leben verfehlt ist, wird von ihr eingefangen. // [Koh 7,26]

– // Wie schön sind deine Schritte in den Sandalen, du Edelgeborene.
Deiner Hüften Rund ist wie Geschmeide, gefertigt von Künstlerhand.
Dein Schoß ist ein rundes Becken, Würzwein mangle ihm nicht.
Dein Leib ist ein Weizenhügel, mit Lilien umstellt.
Deine Brüste sind wie zwei Kitzlein, wie die Zwillinge einer Gazelle. // [Hld 7,2-4]

MEINE FRAU – DEINE FRAU

Saul*, der König von Israel, sah in David* einen Konkurrenten um die Macht. Deshalb bekämpfte er David, wo er nur konnte; aber er vermochte nicht, ihn endgültig zu besiegen. Nach dem Tod Sauls setzte sich diese Feindschaft fort.

Der Krieg zwischen dem Haus Saul und dem Haus David
zog sich lange hin. David wurde immer stärker,
während das Haus Saul immer schwächer wurde.
Solange zwischen dem Haus Saul und dem Haus David
Krieg herrschte, hielt Abner* entschieden zum Haus Saul.

Saul hatte eine Nebenfrau namens Rizpa* gehabt;
sie war eine Tochter Ajas.
Da sagte Ischbaal* zu Abner:
Warum bist du zu der Nebenfrau* meines Vaters gegangen?
Da wurde Abner sehr zornig über die Frage Ischbaals
und sagte:
Bin ich denn ein Hundskopf* aus Juda?
Ich erweise dem Haus Sauls, deines Vaters, und seinen Brüdern und Verwandten auch heute mein Wohlwollen und habe dich nicht in die Hände Davids fallen lassen.
Und du willst mich jetzt wegen eines Vergehens mit dieser Frau zur Rechenschaft ziehen?
Gott soll Abner dies und das antun, wenn ich nicht gegenüber David so handle, wie der Herr es ihm geschworen hat:
das Königtum dem Haus Saul zu nehmen
und den Thron Davids aufzustellen in Israel und Juda,
von Dan* bis Beerscheba*.
Darauf konnte Ischbaal Abner nichts erwidern; denn er hatte Angst vor ihm.

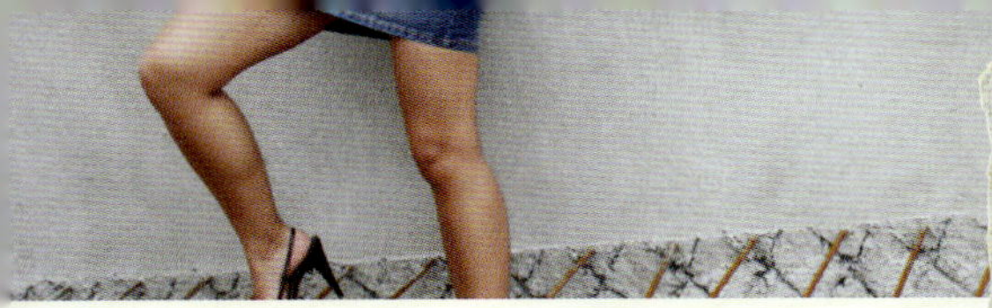

Was bedeutet

* Die Ehe wird hier aus der Perspektive des Mannes betrachtet. In der sozialen Oberschicht war es üblich, dass ein Mann **mehrere Frauen** besaß. Viele Frauen zu besitzen, war ein Statussymbol.

* Als **Nebenfrau** gilt eine Frau, die mit einem Mann verheiratet ist, aber nicht alle Rechte einer verheirateten Frau besitzt..

* **„Hundskopf"** ist ein Schimpfwort.

* Der Brautpreis wird von der Familie des Bräutigams an die Familie der Braut gezahlt, um den Verlust ihrer Arbeitskraft auszugleichen.

* Die Philister waren unbeschnitten, während die Israeliten die Beschneidung vollzogen.

Abner schickte in eigener Sache Boten
zu David und ließ ihm sagen:
Wem gehört das Land?
Schließ also einen Vertrag mit mir;
dann werde ich dir helfen,
um ganz Israel auf deine Seite
zu bringen.
David antwortete:
Gut, ich will einen Vertrag
mit dir schließen;
nur das eine verlange ich von dir:
Du darfst mir nicht
unter die Augen treten,
falls du nicht Michal*,
die Tochter Sauls, mitbringst,
wenn du kommst
und vor mir erscheinst.

Dann schickte David Boten zu Ischbaal,
dem Sohn Sauls, und ließ ihm sagen:
Gib meine Frau Michal heraus,
für die ich die hundert Vorhäute* der
Philister* als Brautpreis bezahlt habe.
Ischbaal schickte (einen Boten) zu ihrem Mann Paltiël*,
dem Sohn des Lajisch, und ließ sie ihm wegnehmen.
Ihr Mann lief bis nach Bahurim* weinend hinter ihr her.

Mit Hilfe Abners, Sauls Heerführer, gewinnt David endgültig das Königtum in Israel.

[2 Sam 3,1.6-16]

Zum Weiterlesen

Davids Brautpreis für Michal:

– // Er erschlug 200 von den Philistern, brachte ihre Vorhäute zum König und legte sie vollzählig vor ihm hin, um sein Schwiegersohn zu werden. Und Saul gab ihm seine Tochter Michal zur Frau. //

[1 Sam 18,27]

– // Saul aber hatte Michal, die Frau Davids, Paltiël, dem Sohn des Lajisch aus Gallim, gegeben. //

[1 Sam 25,44]

Kurz erklärt

Streit und Unfrieden zwischen Männern um Macht und Einfluss sind keine Seltenheit. Oft spielen Frauen dabei eine Rolle. So auch in dieser Geschichte. Abner ist verärgert, dass ihm der Sohn Sauls Vorhaltungen macht, weil er mit einer Nebenfrau seines Vaters eine Affäre hatte. Das ist für ihn Grund genug, die Fronten zu wechseln. David kommt das Angebot Abners gelegen. Auch er hat noch eine offene Rechnung mit dem Hause Sauls. So stellt er eine Bedingung: Abner soll dafür sorgen, dass seine erste Frau Michal, die inzwischen mit einem anderen Mann verheiratet ist, ihm zurückgegeben wird. Frauen werden zum Objekt, über das Männer nach Belieben verfügen.

Notizen

Wir setzen uns für Frauen ein, deren Notlage auf kriminelle Weise ausgenutzt wird: Frauen, die zur Prostitution gezwungen werden, aber auch Frauen, die über Au-pair-Vermittlung, Heirats- oder Arbeitsagenturen in ausbeuterische Verhältnisse geraten sind.
Frauenhandel ist eine schwere Menschenrechtsverletzung. Die Betroffenen verlieren durch die aufgezwungenen Arbeits- und Lebensbedingungen, die oft von extremer Gewalt geprägt sind, jede Möglichkeit, über ihr Leben selbst zu bestimmen.

Terre des femmes

MEIN GUTES RECHT

Tamar ist eine junge Witwe, die bereits zwei Männer verloren hat. Da sie keine Kinder hat, macht sie ihr Recht auf eine Schwagerehe geltend.*
Juda, Tamars Schwiegervater, willigt jedoch nicht in diese Ehe ein. Mit der Ausrede, sein dritter Sohn Schela sei noch zu jung, schickt er die Schwiegertochter zurück in ihr Elternhaus.*

Viele Jahre vergingen. Die Tochter Schuas, die Frau Judas, war gestorben. Als die Trauer vorbei war, ging Juda mit seinem Freund Hira hinauf nach Timna* zur Schafschur*.
Man berichtete Tamar:

> Dein Schwiegervater geht gerade nach Timna hinauf zur Schafschur.

Da zog sie ihre Witwenkleider aus, legte einen Schleier über und verhüllte sich. Dann setzte sie sich an den Ortseingang von Enajim, der an der Straße nach Timna liegt. Sie hatte nämlich gemerkt, dass Schela groß geworden war, dass man sie ihm aber nicht zur Frau geben wollte.

Kurz erklärt

So ungewöhnlich und befremdlich uns heute die damaligen Ehegesetze vorkommen: Juda begeht an seiner Schwiegertochter Unrecht. Er verweigert ihr das Recht auf einen männlichen Nachkommen und die Versorgung, die ihr zusteht – er hätte sie nicht in das Elternhaus zurückschicken dürfen. Er hält sich nicht an das Versprechen, Tamar mit seinem jüngsten Sohn zu verheiraten.
Tamar lässt sich diese Behandlung nicht gefallen. Hartnäckig und mutig greift sie zu einer List und schläft unerkannt mit ihrem Schwiegervater. Als Pfand für den Lohn handelt sie geschickt wichtige Gegenstände aus: Siegelring mit der Schnur und den Stab – heute vergleichbar mit Personalausweis und Kreditkarte. So nimmt Tamar ihr Leben und ihre Zukunft in die eigene Hand und sorgt selbst für die Gerechtigkeit, die ihr zusteht.

Was bedeutet

* Der Bruder des verstorbenen Mannes ist gesetzlich zur **„Schwagerehe"** verpflichtet, d. h. die Witwe zu heiraten, sie zu versorgen und mit ihr einen Erben zu zeugen.

* Die **Schafschur** war ein Freudenfest, an dem die „Schafwoll-Ernte" ausgiebig gefeiert wurde.

* Der Siegelabdruck diente als Unterschrift auf Urkunden. Juda trug seinen **Siegelring** an einer Schnur um den Hals.

Juda sah sie und hielt sie für eine Dirne;
sie hatte nämlich ihr Gesicht verhüllt.
Da bog er vom Weg ab, ging zu ihr hin
und sagte:

Lass mich zu dir kommen!

Er wusste ja nicht, dass es seine Schwiegertochter war. Sie antwortete:

Was gibst du mir, wenn du zu mir kommen darfst?

Er sagte:

Ich werde dir ein Ziegenböckchen von der Herde schicken.

Sie entgegnete:

Du musst mir aber ein Pfand dalassen, bis du es schickst.

Da fragte er:

Was für ein Pfand soll ich dir dalassen?

Deinen Siegelring* mit der Schnur und den Stab in deiner Hand,

antwortete sie. Er gab es ihr. Dann ging er zu ihr, und sie wurde von ihm schwanger.
Sie stand auf, ging weg, legte ihren Schleier ab und zog wieder ihre Witwenkleider an.

[Gen 38,12-19]

Zum Weiterlesen

– // Wenn zwei Brüder zusammenwohnen und der eine von ihnen stirbt und keinen Sohn hat, soll die Frau des Verstorbenen nicht die Frau eines fremden Mannes außerhalb der Familie werden. Ihr Schwager soll sich ihrer annehmen, sie heiraten und die Schwagerehe mit ihr vollziehen. Der erste Sohn, den sie gebiert, soll den Namen des verstorbenen Bruders weiterführen. So soll dessen Name in Israel nicht erlöschen. Wenn der Mann aber seine Schwägerin nicht heiraten will und (er auch vor Gericht) bei seiner Haltung bleibt //, soll er bestraft werden [vgl. Dtn 25,5-10].

VON EINER FRAU LERNEN

Jesus* brach auf und zog von dort in das Gebiet von Tyrus*.
Er ging in ein Haus, wollte aber, dass niemand davon erfuhr;
doch es konnte nicht verborgen bleiben.

Eine Frau, deren Tochter von einem unreinen Geist besessen war,
hörte von ihm; sie kam sogleich herbei und fiel ihm zu Füßen.
Die Frau, von Geburt Syrophönizierin*,
war eine Heidin.
Sie bat ihn, aus ihrer Tochter den Dämon* auszutreiben.

Da sagte er zu ihr:
Lasst zuerst die Kinder satt werden;
denn es ist nicht recht, das Brot den Kindern wegzunehmen
und den Hunden* vorzuwerfen.
Sie erwiderte ihm:
Ja, du hast recht, Herr!
Aber auch für die Hunde unter dem Tisch fällt etwas
von dem Brot ab, das die Kinder essen.
Er antwortete ihr:
Weil du das gesagt hast, sage ich dir:
Geh nach Hause, der Dämon hat deine Tochter verlassen.

Kurz erklärt

Die Erzählung ist von religiösen, kulturellen, sozialen und wirtschaftlichen Gegensätzen geprägt: Der Jude Jesus, verwurzelt im ländlichen Galiläa, trifft auf eine nichtjüdische, gebildete Frau aus dem Milieu der großen Hafenstadt Tyros. Die Bitte der Frau um Heilung ihrer Tochter weist Jesus zunächst schroff zurück. Die Frau gibt jedoch nicht klein bei; sie bleibt hartnäckig und setzt sich durch. Mit klugen Argumenten zwingt sie Jesus, seinen jüdischen Standpunkt aufzugeben. Sie spricht nicht für sich, sie wird zum Sprachrohr für ihre Tochter, setzt sich ein für eine Schwächere. Und damit macht sie Jesus darauf aufmerksam, dass sie beide ein gemeinsames Anliegen haben: die Sorge für die jeweiligen Kinder, für schwache und ausgegrenzte Menschen.

Und als sie nach Hause kam, fand sie das Kind auf dem Bett liegen und sah, dass der Dämon es verlassen hatte.

[Mk 7,24-30]

Was bedeutet

* Als Syrophönizierin ist die Frau eine Einheimische; als Griechin gehört sie zur sozialen Oberschicht.

* Wenn ein Mensch krank war, so glaubte man, ein böser **Dämon** habe ihn befallen.

* **Hund** ist ein jüdisches Schimpfwort für Nichtjuden.

Zum Weiterlesen

Auch die sog. Heiden (Bezeichnung der Menschen, die nicht zu Israel gehören) haben teil an dem Israel von Gott geschenkten Heil:

– // Am Ende der Tage wird es geschehen: Der Berg mit dem Haus des Herrn steht fest gegründet als höchster der Berge; er überragt alle Hügel. Zu ihm strömen die Völker. Viele Nationen machen sich auf den Weg. Sie sagen: Kommt, wir ziehen hinauf zum Berg des Herrn und zum Haus des Gottes Jakobs. Er zeige uns seine Wege, auf seinen Pfaden wollen wir gehen. Denn von Zion kommt die Weisung, aus Jerusalem kommt das Wort des Herrn. //

[Mi 4,1-2]

Der Auferstandene beauftragt seine Jünger zur Mission an die Völker:

– // Darum geht zu allen Völkern und macht alle Menschen zu meinen Jüngern. //

[Mt 28,19]

Zum ersten Mal lud Papst Johannes Paul II. 1983 ca. 200 Religionsvertreter zu einem interreligiösen Treffen nach Assisi ein. Sein Thema: Frieden schaffen durch den Dialog der Religionen; religiöse Fanatiker isolieren. Er und auch Papst Benedikt XVI. machen immer wieder deutlich, dass die Versöhnung der Religionen dem Frieden dient. Angehörige aller Religionen teilen der Respekt vor dem Göttlichen, die Ehrfurcht vor dem Leben und den Wunsch nach Frieden. Seit dem ersten Treffen fanden drei weitere in den Jahren 1993, 2002 und 2011 statt.

HEIRATEN?

Und der Mensch sprach:

Das endlich ist Bein von meinem Bein und Fleisch von meinem Fleisch. Frau soll sie heißen; denn vom Mann ist sie genommen. Darum verlässt der Mann Vater und Mutter und bindet sich an seine Frau, und sie werden ein Fleisch.

[Gen 2,23f.]

Wer eine Frau gefunden, hat Glück gefunden und das Gefallen des Herrn erlangt.

[Spr 18,22]

Nun zu den Anfragen eures Briefes*! (*Ihr fragt, ob ich der folgenden Aussage zustimme:*)
„Es ist gut für den Mann, keine Frau zu berühren."
(Hier meine Antwort.)
Wegen der Gefahr der Unzucht* soll aber jeder seine Frau haben, und jede ihren Mann haben.
Der Mann soll seine Pflicht gegenüber der Frau erfüllen und ebenso die Frau gegenüber dem Mann.

Kurz erklärt

Das Alte Testament betrachtet die Ehe aus männlicher Perspektive. Auch findet sich im Hebräischen kein Wort für „Ehe" – man spricht vom „zur Frau nehmen". Dies sagt aus, dass in der Ehe der Mann zu bestimmen hat. Der Apostel Paulus wendet sich in seinem Brief an Frauen und Männer, die ehefrei leben möchten. Paulus betrachtet die Ehe unter dem Aspekt der Sexualität. Für ihn gibt es legale, d.h. eheliche, und illegale, d.h. außereheliche Sexualität. In der Ehe können Frauen und Männer ihre Sexualität leben. Eheleute gehören mit Leib und Seele zusammen, sollen aber auch voreinander Respekt und Achtung haben.
Paulus spricht hier nicht von Liebe. Dies kommt daher, dass eine „Liebesheirat" damals die Ausnahme war. Eine Ehe wurde meistens unter praktischen Gesichtspunkten (Versorgung, Erhalt oder Vermehrung des Besitzes) geschlossen.

Nicht die Frau verfügt über ihren Leib, sondern der Mann. Ebenso verfügt nicht der Mann über seinen Leib, sondern die Frau.
Entzieht einander nicht, außer im gegenseitigen Einverständnis und nur eine Zeit lang, um für das Gebet frei zu sein. Dann kommt wieder zusammen, damit euch der Satan nicht in Versuchung führt, wenn ihr euch nicht enthalten könnt.

Das sage ich als Zugeständnis,
nicht als Gebot.
Ich wünschte, alle Menschen wären (unverheiratet*) wie ich.
Doch jeder hat seine Gnadengabe von Gott, der eine so, der andere so.

[1 Kor 7,1-7]

Was bedeutet

* Paulus stand in regem Kontakt zur Kirche in Korinth. Er wird gebeten, zu Streitfragen und Problemen Stellung zu beziehen. Dieser **Brief** ist leider verloren gegangen.

* **Unzucht** meint hier Geschlechtsverkehr außerhalb der Ehe.

* Paulus hat sich persönlich für die Freiheit von der Ehe entschieden. Urchristliche Missionare waren in der Regel verheiratet.

Zum Weiterlesen

Frühchristliche Familien hatten ein offenes Haus: Sie teilten ihren Glauben und ihr Leben:

– // In Korinth traf Paulus einen aus Pontus stammenden Juden namens Aquila und dessen Frau Priska. Diesen beiden schloss er sich an, und da sie das gleiche Handwerk betrieben, blieb er bei ihnen und arbeitete dort. // [Apg 18,2f.]

– // Und alle, die gläubig geworden waren, bildeten eine Gemeinschaft und hatten alles gemeinsam. // [Apg 2,44]

– // Alles, was ihr in Worten und Werken tut, geschehe im Namen Jesu, des Herrn. Durch ihn dankt Gott, dem Vater! Ihr Frauen, ordnet euch euren Männern unter, wie es sich im Herrn geziemt. Ihr Männer, liebt eure Frauen und seid nicht aufgebracht gegen sie! Ihr Kinder, gehorcht euren Eltern in allem; denn so ist es gut und recht im Herrn. Ihr Väter, schüchtert eure Kinder nicht ein, damit sie nicht mutlos werden. // [Kol 3,17-21]

ZONE

Familie

Die Vorstellungen darüber, was Familie ausmacht, haben sich im Laufe der Zeit verändert. Eines aber dürfte geblieben sein: die Sehnsucht nach Geborgenheit, nach einem Zuhause. Trotzdem bleibt der Streit mit den Geschwistern, mit Vater oder Mutter nicht aus – gerade dann, wenn aus Kindern Jugendliche und Jugendliche erwachsen werden. Von all diesen Schwierigkeiten und Auseinandersetzungen in der Familie wissen auch die biblischen Texte zu erzählen.

ELTERN UND KINDER

Ehre deinen Vater und deine Mutter, damit du lange lebst in dem Land, das der Herr, dein Gott, dir gibt.

[Ex 20,12]

Von dort zog David* nach Mizpe-Moab* und sagte zum König von Moab*: Mein Vater und meine Mutter möchten (von zu Hause) wegziehen und bei euch bleiben, bis ich weiß, was Gott mit mir vorhat. So brachte er seine Eltern zum König von Moab, und sie blieben bei ihm, solange David sich in den unzugänglichen Bergen aufhielt.

[1 Sam 22,3-4]

Als Simson* wieder heraufkam, teilte er es seinem Vater und seiner Mutter mit und sagte: Ich habe in Timna* eine junge Philisterin gesehen. Gebt sie mir doch zur Frau! Sein Vater und seine Mutter erwiderten ihm: Gibt es denn unter den Töchtern deiner Stammesbrüder und in meinem ganzen Volk keine Frau, sodass du fortgehen und eine Frau von diesen unbeschnittenen Philistern* heiraten musst? Simson antwortete seinem Vater: Gib mir diese, denn sie gefällt mir.

[Ri 14,2-3]

Wenn ein Mann einen störrischen und widerspenstigen Sohn hat, der nicht auf die Stimme seines Vaters und seiner Mutter hört, und wenn sie ihn züchtigen und er trotzdem nicht auf sie hört, dann sollen Vater und Mutter ihn packen, vor die Ältesten der Stadt und die Torversammlung des Ortes führen und zu den Ältesten der Stadt sagen: Unser Sohn hier ist störrisch und widerspenstig, er hört nicht auf unsere Stimme, er ist ein Verschwender und Trinker. Dann sollen alle Männer* der Stadt ihn steinigen, und er soll sterben.

[Dtn 21,18-21]

Was bedeutet

* „Ehren" der Eltern meint, sie mit Nahrung und Kleidung zu versorgen und sie nach ihrem Tod würdig zu begraben.

* Die **Philister** ließen ihren Knaben nicht beschneiden, d. h. die Penisvorhaut entfernen. Da die Beschneidung als religiöses Zeichen gesehen wird, galt eine Verbindung mit „Unbeschnittenen", also mit Angehörigen einer anderen Religion, als problematisch.

Gott hat gesagt: Ehre Vater und Mutter!, und: Wer Vater oder Mutter verflucht, soll mit dem Tod bestraft werden. Ihr aber lehrt: Wer zu Vater oder Mutter sagt: Was ich dir schulde, erkläre ich zur Opfergabe!, der braucht seinen Vater oder seine Mutter nicht mehr zu ehren. Damit habt ihr Gottes Wort um eurer Überlieferung willen außer Kraft gesetzt.

[Mt 15,4-5]

Zum Weiterlesen

Das sog. Elterngebot richtete sich an erwachsene Kinder:

– // Hört, ihr Söhne, was das Recht des Vaters ist, und handelt danach, damit es euch gut geht. Denn der Herr hat den Kindern befohlen, ihren Vater zu ehren, und die Söhne verpflichtet, das Recht ihrer Mutter zu achten. Wer den Vater ehrt, erlangt Verzeihung der Sünden, und wer seine Mutter achtet, gleicht einem Menschen, der Schätze sammelt. Wer den Vater ehrt, wird Freude haben an den eigenen Kindern, und wenn er betet, wird er Erhörung finden. Wer den Vater achtet, wird lange leben, und wer seiner Mutter Ehre erweist, der erweist sie dem Herrn. // [Sir 3,1-6]

Kurz erklärt

In biblischer Zeit lebten drei bis vier Generationen in einer Großfamilie. Die Beziehungen in dieser Familie waren durch Solidarität bestimmt. Zunächst sorgten die Eltern für das Wohl der Kleinkinder; bald erhielten auch die Kinder Aufgaben. Wurden die Eltern zu schwach, um ihren Beitrag zur Sicherung der Existenz der Familie zu leisten, waren die Kinder verpflichtet, für sie zu sorgen. Das sog. „Elterngebot" soll verhindern, dass alte Menschen als überflüssige Esser betrachtet oder gar aus der Familie ausgeschlossen werden. Sie sollen, auch wenn sie überhaupt nichts mehr leisten können, respektvoll behandelt und beschützt werden.
Von David wird erzählt, dass er – als er zeitweise nicht mehr in der Großfamilie lebte – seine alten Eltern dem König von Moab anvertraut, damit sie dort gut versorgt und in Sicherheit sind, bis er selbst wieder in der Lage ist, diese Pflicht zu übernehmen.
Die Eltern – insbesondere der Vater – bestimmten auch über die Verheiratung ihrer Kinder. Am Beispiel von Simson wird deutlich, dass die Heirat mit Fremden gar nicht gern gesehen wurde.
Hielten sich erwachsene Kinder nicht an das Elterngebot, konnten sie angeklagt und in seinem öffentlichen Prozess zum Tode verurteilt werden.

Notizen

Wenn Eltern alt werden, beginnt auch für die erwachsenen Kinder ein neuer Lebensabschnitt. Zwar sind ältere Menschen heute in der Regel finanziell unabhängig und medizinisch gut versorgt. Aber wenn ein älterer Mensch seine Fähigkeiten mehr und mehr einbüßt, erhalten die Kinder eine vollkommen neue Rolle. Eltern, die ihnen jahrzehntelang zur Seite standen, werden nun von ihnen abhängig.
Dies kann eine große Herausforderung werden, die mit der Klärung vieler Fragen verbunden ist: Wo sollen Vater oder Mutter wohnen? Können sie in die Wohnung oder das Haus der Kinder einziehen? Wer übernimmt die Pflege, wenn diese notwendig ist? Ist die Unterbringung in einem Pflegeheim gleichbedeutend mit dem Abschieben der Eltern?
Wie würdest du entscheiden? Was würdest du dir wünschen?

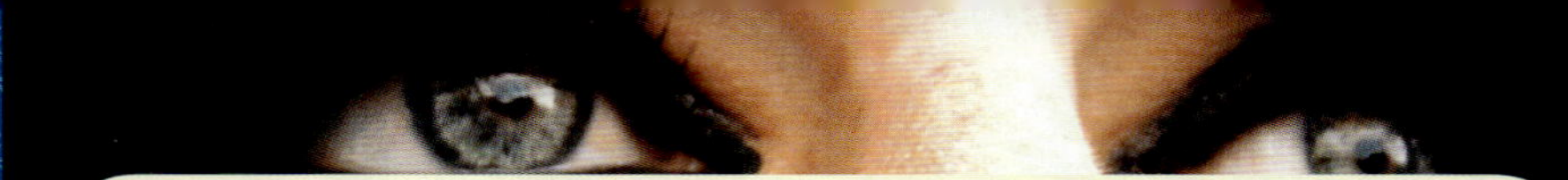

WENN ES GANZ ANDERS KOMMT

Laban hatte Jakob* versprochen, ihm nach sieben Jahren Arbeit seine Tochter Rahel* zur Frau zu geben. Nach dieser Zeit verheiratet er Jakob aber mit seiner ältesten* Tochter Lea*. Er begründet dies damit, dass es üblich sei, die jüngere nicht vor der älteren Tochter zu verheiraten. So verspricht Jakob nochmals sieben Jahre zu dienen, um auch Rahel heiraten* zu können.*

Jakob aber liebte Rahel mehr als Lea. Rahel aber blieb unfruchtbar. Lea wurde schwanger und gebar einen Sohn. Sie nannte ihn Ruben (Seht, ein Sohn!). *Sie gebiert noch drei weitere Söhne, Simeon, Levi und Juda.* Als Rahel sah, dass sie Jakob keine Kinder gebar, wurde sie eifersüchtig auf ihre Schwester.
Sie sagte zu Jakob:
Verschaff mir Söhne. Wenn nicht, sterbe ich.
Da wurde Jakob zornig auf Rahel und sagte:
Nehme ich etwa die Stelle Gottes ein,
der dir die Leibesfrucht versagt?
Nachdem Lea noch weitere Söhne und eine Tochter – Dina – zur Welt bringt, wird auch Rahel endlich schwanger.*

Kurz erklärt

Es war damals üblich, für die Frau einen „Brautpreis" zu zahlen. Es handelte sich jedoch nicht um einen „Kaufpreis", sondern um eine Gabe, die die Familie der Braut für den Verlust der Arbeitskraft – in der Regel in Form von Geld oder Naturalien – erhielt. Jakob, der wegen seines Betruges fliehen musste, hat jedoch kein Geld. Als Brautpreis bietet er daher sieben Jahre Arbeit an. Doch es stellt sich heraus, dass nicht nur Jakob ein Betrüger ist. Er wird von seinem Onkel und Schwiegervater betrogen. So weitet sich eine Familientragödie aus: Jakob verabscheut Lea – und Rahel ist seine Lieblingsfrau. Dadurch kommen auch die Schwestern in Konkurrenz und Streit – und es gibt einen handfesten Ehekrach. Jakob werden insgesamt zwölf Söhne geboren. Das „letzte" Kind ist eine Tochter: In der damaligen Gesellschaft zählen Mädchen nicht. So ist anzunehmen, dass Jakob auch mehrere Töchter hatte.

Da sagte sie:

Gott hat die Schande von mir genommen. Sie nannte ihn Josef* und sagte:

Der Herr gebe mir noch einen anderen Sohn dazu.

Nach der Geburt Josefs bittet Jakob seinen Onkel um die Entlassung. Sie einigen sich darauf, dass Jakob einen Teil der Jungtiere mitnehmen darf. Doch mit Hilfe eines Tricks schafft Jakob es, den Großteil der Herde zu erwerben. Als sehr reicher Mann kehrt er in die Heimat zurück und trifft dort nach langer Zeit wieder mit seinen Bruder zusammen.

Jakob blickte auf und sah Esau*. Er trat vor und warf sich siebenmal zur Erde nieder, bis er vor seinem Bruder stand. Esau lief ihm entgegen, umarmte ihn und fiel ihm um den Hals; er küsste ihn, und sie weinten.

[aus Gen 29–33]

Was bedeutet

* Da die Braut – wie damals üblich – ganz und gar verschleiert war, erkannte Jakob den Betrug erst, als die Hochzeit vorbei war.

* In alttestamentlicher Zeit wird die **Vielehe** als etwas Normales betrachtet. Allerdings wird ein Israelit in der Regel nicht mehr als zwei Frauen gehabt haben. Einen größeren Harem besaß nur der König; er gehört zur königlichen Lebensweise und gilt als Statussymbol.

Zum Weiterlesen

Das Erbrecht des erstgeborenen Sohnes wird so geregelt:

– // Wenn ein Mann zwei Frauen hat, eine, die er liebt, und eine, die er nicht liebt, und wenn der erstgeborene Sohn von der ungeliebten Frau stammt, dann darf er, wenn er sein Erbe unter seine Söhne verteilt, den Sohn der geliebten Frau nicht als Erstgeborenen behandeln und damit gegen das Recht des wirklichen Erstgeborenen, des Sohnes der ungeliebten Frau, verstoßen. Vielmehr soll er den Erstgeborenen, den Sohn der Ungeliebten, anerkennen, indem er ihm von allem, was er besitzt, den doppelten Anteil gibt. // [Dtn 21,15-17]

WENN DIE TOCHTER ERWACHSEN WIR

Als Jesus (ans andere Ufer) zurückkam, empfingen ihn viele Menschen; sie hatten alle schon auf ihn gewartet. Da kam ein Mann namens Jaïrus*, der Synagogenvorsteher* war. Er fiel Jesus zu Füßen und bat ihn, in sein Haus zu kommen. Denn sein einziges Kind, ein Mädchen von etwa zwölf Jahren*, lag im Sterben. Während Jesus auf dem Weg zu ihm war, drängten sich die Menschen um ihn und erdrückten ihn beinahe.

Darunter war eine Frau, die schon seit zwölf Jahren an Blutungen litt und bisher von niemand geheilt werden konnte. Sie drängte sich von hinten an ihn heran und berührte den Saum seines Gewandes. Im gleichen Augenblick kam die Blutung zum Stillstand.
Da fragte Jesus:
Wer hat mich berührt?
Als alle es abstritten, sagten Petrus und seine Gefährten:
Meister, die Leute drängen sich doch von allen Seiten um dich und erdrücken dich fast.
Jesus erwiderte:
Es hat mich jemand berührt; denn ich fühlte, wie eine Kraft von mir ausströmte.

Kurz erklärt

Jaïrus, ein angesehener Mann, ist um seine einzige Tochter besorgt. Diese – 12 Jahre alt und damit im Begriff, Frau zu werden – liegt im Sterben. Mit Jesus auf dem Weg in sein Haus muss Jaïrus erleben, wie in der Begegnung mit Jesus eine Frau ihr Leben als Frau neu leben kann. Auch seine Tochter findet in der Begegnung mit Jesus zum Leben zurück. Der Vater aber ist entsetzt. Er wird sich darüber bewusst, dass er sein „Töchterchen" verloren hat – sie ist kein Kind mehr und wird bald eigene Wege gehen.

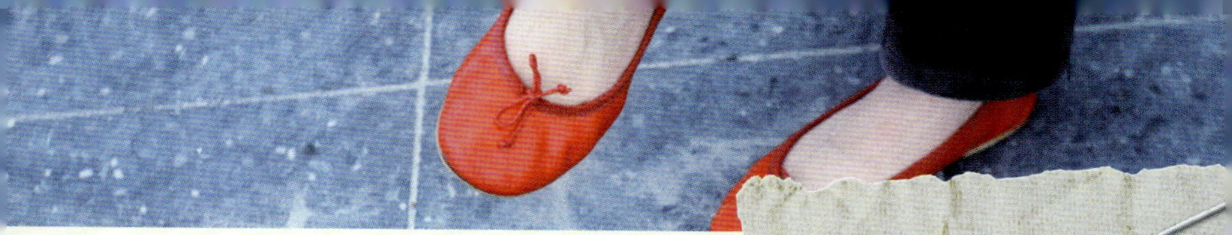

Als die Frau merkte, dass sie es nicht verheimlichen konnte, kam sie zitternd zu ihm, fiel vor ihm nieder und erzählte vor allen Leuten, warum sie ihn berührt hatte und wie sie durch die Berührung sofort gesund geworden war.
Da sagte er zu ihr:

Meine Tochter, dein Glaube hat
dir geholfen. Geh in Frieden!

Während Jesus noch redete, kam einer, der zum Haus des Synagogenvorstehers gehörte, und sagte (zu Jaïrus):

Deine Tochter ist gestorben.
Bemüh den Meister nicht länger!

Jesus hörte es und sagte zu Jaïrus:

Sei ohne Furcht; glaube nur,
dann wird sie gerettet.

Als er in das Haus ging, ließ er niemand mit hinein außer Petrus *, Johannes * und Jakobus * und die Eltern des Mädchens. Alle Leute weinten und klagten über ihren Tod.

Jesus aber sagte:

Weint nicht! Sie ist nicht gestorben, sie schläft * nur.

Da lachten sie ihn aus, weil sie wussten, dass sie tot war.
Er aber fasste sie an der Hand und rief:

Mädchen, steh auf!

Was bedeutet

* **Synagogenvorsteher** ist der Leiter des jüdischen Gebets- und Versammlungshauses.

* In der Antike galten Mädchen mit **12 Jahren** als heiratsfähig. Solange sie nicht verheiratet war, unterstand die Tochter dem Vater. Im Falle der Heirat erhielt er den Brautpreis. Der Tod kann auch im übertragenen Sinn verstanden werden als Verlust von Beziehungen: „Dieser mein Sohn war tot und lebt wieder." (Lk 15,24)

* Die Antike kennt das Bild vom **Todesschlaf**: Der Tote schläft nur.

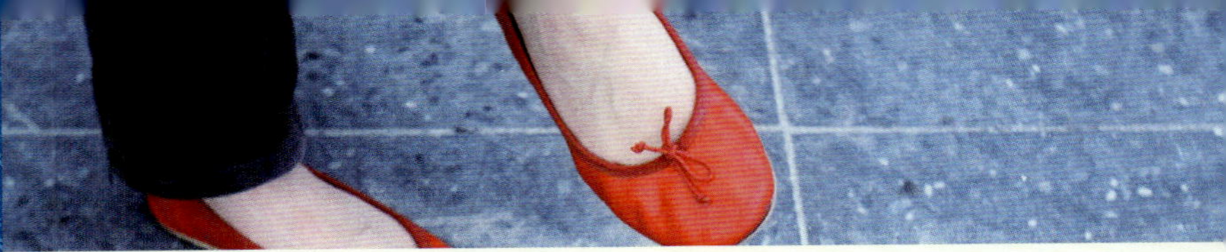

Da kehrte das Leben in sie zurück, und sie stand sofort auf. Und er sagte, man solle ihr etwas zu essen geben.

Ihre Eltern aber waren außer sich. Doch Jesus verbot ihnen, irgendjemand zu erzählen, was geschehen war.

[Lk 8,40-56]

Zum Weiterlesen

Familie ist nicht alles. Jesus selbst wird von seiner eigenen Familie auch kritisch gesehen:

– // Als seine Angehörigen davon hörten, machten sie sich auf den Weg, um ihn mit Gewalt zurückzuholen; denn sie sagten: Er ist von Sinnen. //
[Mk 3,21]

– // Jeder, der um meinetwillen und um des Evangeliums willen Haus oder Brüder, Schwestern, Mutter, Vater, Kinder oder Äcker verlassen hat, wird das Hundertfache dafür empfangen: Jetzt in dieser Zeit wird er Häuser, Brüder, Schwestern, Mütter, Kinder und Äcker erhalten und in der kommenden Welt das ewige Leben. //
[Mk 10,29-30]

Wenn junge Frauen sich zu Tode hungern:
dann werden Konflikte überdeckt,
dann stimmt etwas nicht in ihrem Leben.
Den anderen fällt es oft nicht auf,
sie ziehen sich aus der Affäre,
gehen darüber hinweg,
fühlen sich schuldig.

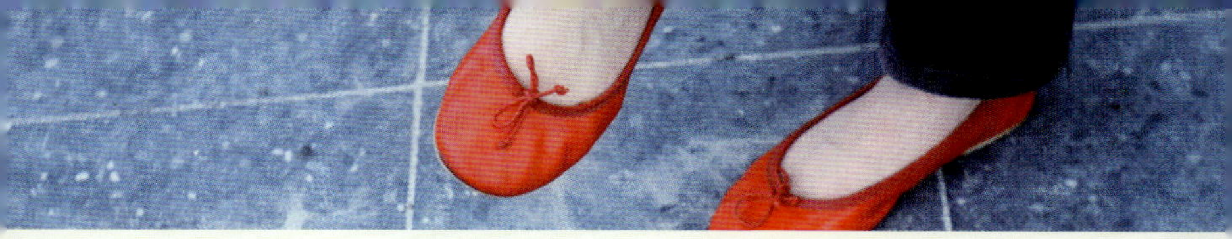

Notizen

WENN DER VATER MIT DEM SOHNE

Als sie zu den anderen Jüngern zurückkamen, sahen sie eine große Menschenmenge um sie versammelt und Schriftgelehrte*, die mit ihnen stritten.
Sobald die Leute Jesus sahen, liefen sie in großer Erregung auf ihn zu und begrüßten ihn.
Er fragte sie:
Warum streitet ihr mit ihnen?
Einer aus der Menge antwortete ihm:
Meister, ich habe meinen Sohn zu dir gebracht.
Er ist von einem stummen Geist* besessen;
immer wenn der Geist ihn überfällt, wirft er ihn zu Boden,
und meinem Sohn tritt Schaum vor den Mund,
er knirscht mit den Zähnen und wird starr.
Ich habe schon deine Jünger gebeten, den Geist auszutreiben, aber sie hatten nicht die Kraft dazu.
Da sagte er zu ihnen:
O du ungläubige Generation!
Wie lange muss ich noch bei euch sein? Wie lange muss ich euch noch ertragen? Bringt ihn zu mir!
Und man führte ihn herbei. Sobald der Geist Jesus sah,
zerrte er den Jungen hin und her, sodass er hinfiel
und sich mit Schaum vor dem Mund auf dem Boden wälzte.

Kurz erklärt

Beziehungen zwischen Vätern und ihren Söhnen sind oft spannungsgeladen. In biblischer Zeit hat der Vater eine umfassende Autorität, ist zu ehren und zu fürchten. Wenn auch der väterlichen Gewalt Grenzen gesetzt sind, beschäftigt die Bibel das Thema „widerspenstiger Sohn" seit alter Zeit. Auch diese Erzählung spiegelt eine solch schwierige Beziehung. Alles in diesem Sohn lehnt sich gegen den Vater auf. Um der Übermacht des Vaters zu entrinnen, entwickelt er selbstzerstörerische Kräfte. Weil der Vater seine eigene Ohnmacht und Hilflosigkeit eingesteht, kann auch seine Beziehung zu dem Sohn auf eine neue, gesunde Grundlage gestellt werden.

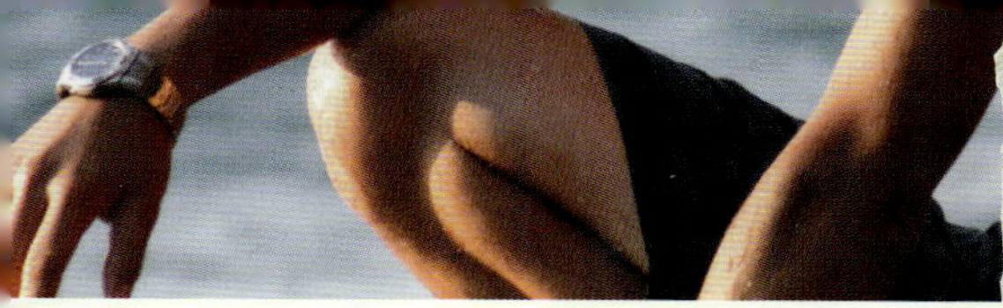

Was bedeutet

* Gestörte und krankmachende Beziehungen führt die Bibel oft auf unreine/ böse oder **stumme Geister** zurück.

Jesus fragte den Vater:
Wie lange hat er das schon?
Der Vater antwortete:
Von Kind auf;
oft hat er ihn sogar ins Feuer oder ins Wasser geworfen,
um ihn umzubringen.
Doch wenn du kannst, hilf uns; hab Mitleid mit uns!
Jesus sagte zu ihm:
Wenn du kannst? Alles kann, wer glaubt.
Da rief der Vater des Jungen:
Ich glaube; hilf meinem Unglauben!

Als Jesus sah, dass die Leute zusammenliefen, drohte er dem unreinen Geist und sagte:
Ich befehle dir, du stummer und tauber Geist:
Verlass ihn und kehr nicht mehr in ihn zurück!
Da zerrte der Geist den Jungen hin und her und verließ ihn mit lautem Geschrei. Der Junge lag da wie tot, sodass alle Leute sagten:
Er ist gestorben.
Jesus aber fasste ihn an der Hand und richtete ihn auf, und der Junge erhob sich.

[Mk 9,14-27]

Zum Weiterlesen

– // Erspar dem Knaben die Züchtigung nicht; wenn du ihn schlägst mit dem Stock, wird er nicht sterben. Du schlägst ihn mit dem Stock, bewahrst aber sein Leben vor der Unterwelt. // [Spr 23,13-14]

Gottes neue Familie: Jesus sagt:
– // Meine Mutter und meine Brüder sind die, die das Wort Gottes hören und danach handeln. // [Lk 8,21]

19-jähriger Schüler lief Amok. Zu Hause war er weitgehend sich selbst überlassen, beschäftigt nur mit sich selbst und seinem Computer. Seine Eltern wussten nicht, dass er von der Schule geflogen war.

MÜTTER UND TÖCHTER

Der Pharao hatte befohlen, dass alle neugeborenen Jungen der Hebräer* getötet werden sollten. Damit wollte er verhindern, dass das hebräische Volk zu stark wurde. Von einer Frau, der Mutter des Mose*, wird erzählt, dass sie gemeinsam mit ihrer Tochter den Sohn und Bruder vor dem Tod bewahrt.*

Sie wurde schwanger und gebar einen Sohn.
Weil sie sah, dass es ein schönes Kind war, verbarg sie es drei Monate lang.
Als sie es nicht mehr verborgen halten konnte, nahm sie ein Binsenkästchen, dichtete es mit Pech und Teer ab, legte den Knaben hinein und setzte ihn am Nilufer im Schilf aus.
Seine Schwester blieb in der Nähe stehen, um zu sehen, was mit ihm geschehen würde.
Die Tochter des Pharao kam herab, um im Nil zu baden.
Ihre Dienerinnen gingen unterdessen am Nilufer auf und ab.
Auf einmal sah sie im Schilf das Kästchen und ließ es durch ihre Magd holen.
Als sie es öffnete und hineinsah, lag ein weinendes Kind darin.
Sie bekam Mitleid mit ihm, und sie sagte:
Das ist ein Hebräerkind.

Kurz erklärt

Die Familie ist in biblischer Zeit vom Vater bestimmt; sowohl seine Frau als auch seine Töchter wurden über ihn definiert und waren von ihm abhängig. Dies erklärt, dass kaum etwas über Mütter und ihre Töchter berichtet wird. Die wenigen Belege zeigen jedoch, dass Mutter und Tochter eine sehr enge Beziehung hatten. Die Mutter des Mose plant gemeinsam und äußerst geschickt mit ihrer Tochter die Rettung des gefährdeten Säuglings. Nur in ihrem Zusammenspiel gelingt es ihnen, das Kind vor dem drohenden Tod zu bewahren. Schließlich erfahren wir, dass Töchter ihren Müttern von schönen und wichtigen Ereignissen erzählten: Rebekka läuft sofort zu ihrer Mutter, als sie den Heiratsantrag von Isaak und dazu viele schöne und wertvolle Geschenke erhält. Die verliebte junge Frau, von der das Hohelied berichtet, setzt alles daran, ihren Freund der Mutter vorzustellen und die Mutter in ihre Verliebtheit einzubeziehen.

Was bedeutet

* Konnte eine Frau ihr Kind – oder hier das Adoptivkind – nicht selbst stillen, wurde eine **„Amme“** eingestellt. Diese Frau hatte gerade selbst ein Kind geboren und ernährte das fremde Kind gemeinsam mit ihrem eigenen.

* In der Regel wird in biblischer Zeit vom „Haus des Vaters“ gesprochen. Wenn vom **„Haus der Mutter“** die Rede ist, zeugt dies auch von der engen Verbindung von Mutter und Tochter.

Da sagte seine Schwester zur Tochter des Pharao:
Soll ich zu den Hebräerinnen gehen
und dir eine Amme* rufen,
damit sie dir das Kind stillt?
Die Tochter des Pharao antwortete ihr:
Ja, geh!
Das Mädchen ging und rief die Mutter des Knaben herbei.
Die Tochter des Pharao sagte zu ihr:
Nimm das Kind mit und still es mir!
Ich werde dich dafür entlohnen.
Die Frau nahm das Kind zu sich und stillte es.
Als der Knabe größer geworden war, brachte sie ihn der Tochter des Pharao. [Ex 2,2-10]

Das Mädchen (Rebekka*) lief weg und erzählte im Haus seiner Mutter alles, was vorgefallen war. [Gen 24,28]

Kaum war ich an ihnen vorüber, fand ich ihn, den meine Seele liebt. Ich packte ihn, ließ ihn nicht mehr los, bis ich ihn ins Haus meiner Mutter* brachte, in die Kammer derer, die mich geboren hat. [Hld 3,4]

Zum Weiterlesen

Dass der Zusammenhalt von Müttern und Töchtern, Schwiegermüttern und Schwiegertöchtern ebenso fest war wie der zwischen Vätern und Söhnen, zeigen Aussagen, nach denen dieser Zusammenhalt zu zerbrechen droht:

– // Denn der Sohn verachtet den Vater, die Tochter stellt sich gegen die Mutter, die Schwiegertochter gegen die Schwiegermutter; jeder hat die eigenen Hausgenossen zum Feind. // [Mi 7,6]

– // Denn ich bin gekommen, um den Sohn mit seinem Vater zu entzweien und die Tochter mit ihrer Mutter und die Schwiegertochter mit ihrer Schwiegermutter. // [Mt 10,35]

Geschichten, die das Leben schreibt

Wer hätte gedacht, dass ein junger Mann, der eigentlich entlaufene Eselinnen sucht, ein Königreich findet? Was zunächst eine große Freude ist, entpuppt sich jedoch für Saul als große Last.

Rut, die bereits als junge Frau ihren Mann verliert, dagegen findet das Glück, als sie gegen alle Regeln ihrer Schwiegermutter in ein fremdes Land folgt.

Die Geschichte von Tobit erzählt, wie ein junger Mann – noch ganz abhängig von seinem Vater – in die Welt hinausgeschickt wird. Dort findet er die Frau seines Lebens. Am Ende kehrt er als selbstständiger junger Erwachsener nach Hause zurück.

Männer verlieren schnell den Verstand, wenn Frauen ihnen den Kopf verdrehen. Die Geschichte erzählt, wie Judit geschickt ihre Reize als Frau einsetzt und damit den mächtigsten Mann der Welt bezwingt.

VOM MÄRCHENPRINZEN ZUR GESCH

Damals lebte in Benjamin* ein Mann namens Kisch, ein Sohn Abiëls. Er hatte einen Sohn namens Saul*, der jung und schön war; kein anderer unter den Israeliten* war so schön wie er; er überragte alle um Haupteslänge.
Eines Tages verliefen sich die Eselinnen von Sauls Vater Kisch. Da sagte Kisch zu seinem Sohn Saul:

> Nimm einen von den Knechten, mach dich mit ihm auf den Weg und such die Eselinnen!

Sie durchquerten das Gebirge Efraim* und durchstreiften das Gebiet von Schalischa*, fanden sie aber nicht. Sie zogen durch das Gebiet von Schaalim* – ohne Erfolg; dann durchwanderten sie das Land Jemini*, fanden sie aber wieder nicht. Als sie in das Gebiet von Zuf* gekommen waren, sagte Saul zu seinem Knecht, der ihn begleitete:

> Komm, wir wollen umkehren, sonst macht sich mein Vater um uns noch mehr Sorgen als um die Eselinnen.

Der Knecht erwiderte ihm:

> In dieser Stadt wohnt ein Gottesmann. Er ist sehr angesehen; alles, was er sagt, trifft mit Sicherheit ein. Lasst uns jetzt zum ihm gehen; vielleicht kann er uns sagen, welchen Weg wir hätten gehen sollen.

Saul antwortete dem Knecht:

> Was sollen wir dem Mann mitbringen, wenn wir hingehen? Das Brot in unseren Taschen ist zu Ende. Wir haben nichts, was wir dem Gottesmann als Geschenk bringen könnten. Oder haben wir sonst etwas?

Darauf antwortete ihm der Knecht:

> Sieh her, ich habe noch einen Viertel-Silberschekel bei mir. Den will ich dem Gottesmann geben, damit er uns Auskunft über den Weg gibt.

Saul sagte zu seinem Knecht:

Dein Vorschlag ist gut. Komm, wir wollen hingehen.

Sie gingen also in die Stadt, wo der Gottesmann wohnte.

Einige Mädchen zeigen den beiden Männern den Weg; in der Stadtmitte kommt ihnen der Gesuchte entgegen. Der Gottesmann heißt Samuel. Er hatte am Tag zuvor eine Botschaft von Gott mit folgendem Inhalt erhalten:*

Morgen um diese Zeit schicke ich dir einen Mann
aus dem Gebiet Benjamins zu dir. Ihn sollst du zum Fürsten
meines Volkes Israel salben. Er wird mein Volk aus
der Gewalt der Philister* befreien.

Als Samuel Saul sah, sagte der Herr zu ihm:

Das ist der Mann, von dem ich dir gesagt habe:
Der wird über mein Volk herrschen.

Samuel nahm Saul und seinen Knecht mit, führte sie in das Haus und wies ihnen die Ehrenplätze unter den Eingeladenen zu. An jenem Tag aß Saul zusammen mit Samuel. Dann hatte Samuel mit Saul auf dem Flachdach eine Unterredung. Früh am Morgen, als die Dämmerung anbrach, gingen beide zusammen hinaus. An der Grenze des Stadtgebietes nahm Samuel den Ölkrug und goss Saul das Öl auf das Haupt, küsste ihn und sagte: Hiermit hat der Herr dich zum Fürsten über sein Erbe gesalbt.

[aus 1 Sam 9,1-8.10.15-17.22.24.26;10.1]

Samuel rief alle Stämme Israels zusammen und präsentierte ihnen Saul als ihren König.

Und Samuel sagte zum ganzen Volk: Habt ihr gesehen,
wen der Herr erwählt hat? Keiner ist ihm gleich im ganzen Volk.
Da jubelte das ganze Volk und sagte:
Es lebe der König!
Samuel machte dem Volk das Königsrecht bekannt, schrieb es
in ein Buch und legte das Buch vor dem Herrn nieder.
Dann entließ Samuel das ganze Volk. Auch Saul zog in sein Haus
nach Gibea*. Und mit ihm zog eine Schar von Männern.
Niederträchtige Menschen aber sagten:
Was kann uns der schon helfen?
Sie verachteten ihn und brachten ihm kein Geschenk.
Er aber tat, als merkte er es nicht.

[1 Sam 10,24-27]

Schon bald nach seiner Salbung zum König kann Saul sich dem Volk als erfolgreicher Heerführer präsentieren. Die Errichtung des Königtums wird feierlich bestätigt.

Samuel sagte zum Volk:
Kommt, wir wollen nach Gilgal* gehen und dort
das Königtum erneuern.
Da ging das ganze Volk nach Gilgal. Sie machten dort in Gilgal
Saul vor dem Herrn zum König, schlachteten dem Herrn
Heilsopfer, und Saul und alle Männer Israels waren voll Freude.
Samuel sagte zu ganz Israel:
Ihr wisst, ich habe in allem, was ihr mir gesagt habt,
auf euch gehört und einen König bei euch eingesetzt.

Seht, hier ist nun der König, der vor euch in den Krieg ziehen wird.
Nur fürchtet den Herrn und dient ihm treu
und von ganzem Herzen!
Denn ihr seht, welch große Dinge er an euch getan hat.
Wenn ihr aber wieder Böses tut, dann werdet sowohl ihr als auch euer König dahingerafft werden.

[1 Sam 11,14–12,2.24f.]

Was aber macht einen guten König aus? Für Saul war diese Frage nicht leicht zu beantworten: Er war der erste König über Israel geworden und hatte nur ausländische Vorbilder. Wenngleich Saul zunächst im Krieg gegen die Philister Erfolge verzeichnen kann, so scheitert er doch an den religiösen Regeln. Als er auf Drängen des Volks an Samuels Stelle das Opfer darbringt, kommt es zur ernsten Auseinandersetzung mit dem Gottesmann und Propheten:

Samuel erwiderte Saul:
Du hast töricht gehandelt: Hättest du den Befehl befolgt, den dir der Herr, dein Gott, gegeben hat, dann hätte er jetzt deine Herrschaft über Israel für immer gefestigt. Nun aber wird deine Herrschaft keinen Bestand haben. Der Herr hat sich einen Mann nach seinem Herzen gesucht und ihn zum Fürsten seines Volkes gemacht. Denn du hast nicht befolgt, was der Herr dir befohlen hat.

[1 Sam 13,13f.]

Nach weiteren Auseinandersetzungen mit Samuel wird Saul immer depressiver. Er hofft, durch einen Mann, der die Zither zu spielen versteht, seine Stimmung verbessern zu können.

So kam David* zu Saul und trat in seinen Dienst; Saul gewann ihn sehr lieb, und David wurde sein Waffenträger.

[1 Sam 16,21]

Aber nach und nach entsteht Eifersucht: David ist bei allen beliebt und genießt große Popularität.

David zog ins Feld, und überall, wohin Saul ihn schickte, hatte er Erfolg. Als sie nach Davids Sieg über die Philister heimkehrten, zogen die Frauen aus allen Städten Israels König Saul singend und tanzend mit Handpauken, Freudenrufen und Zimbeln entgegen. Die Frauen spielten und riefen voll Freude:

Saul hat Tausend erschlagen, David aber Zehntausend.

Saul wurde darüber sehr zornig. Das Lied missfiel ihm, und er sagte:

David geben sie Zehntausende, mir aber geben sie nur Tausend. Jetzt fehlt ihm nur noch die Königswürde.

Von diesem Tag an war Saul gegen David voll Argwohn.

[aus 1 Sam 18,5-9]

Saul fordert vor der Verheiratung Davids mit seiner Tochter Michal* den Brautpreis von 100 Vorhäuten von Philistern und hofft – vergeblich –, dass David auf diese Weise ums Leben kommt. In den letzten Jahren seines Lebens schwankt Saul ständig zwischen dem Versuch, David zu töten, und der Reue darüber.

Vom Unglück verfolgt, wendet er sich verzweifelt an die Frau von En-Dor. Aber sie muss ihm seine bevorstehende Niederlage gegen die Philister und seinen Tod wie den seiner Söhne voraussagen.*

Die Philister verfolgten Saul und seine Söhne und erschlugen Sauls Söhne Jonatan *, Abinadab * und Malkischua *.
Um Saul selbst entstand ein schwerer Kampf. Die Bogenschützen hatten ihn getroffen, und er war sehr schwer verwundet.
Da sagte Saul zu seinem Waffenträger:
> Zieh dein Schwert und durchbohre mich damit!
> Sonst kommen diese Unbeschnittenen und durchbohren mich und treiben ihren Mutwillen mit mir.

Der Waffenträger wollte es nicht tun; denn er hatte große Angst.
Da nahm Saul selbst das Schwert und stürzte sich hinein.
Als der Waffenträger sah, dass Saul tot war, stürzte auch er sich in sein Schwert und starb zusammen mit Saul.

[1 Sam 31,2-5]

Notizen

WOHIN DU GEHST, WILL AUCH IC

Zu der Zeit, als die Richter* regierten, kam eine Hungersnot über das Land. Da zog ein Mann mit seiner Frau und seinen beiden Söhnen aus Betlehem* in Juda* fort, um sich als Fremder im Grünland Moabs* niederzulassen. Der Mann hieß Elimelech, seine Frau Noomi, und seine Söhne hießen Machlon und Kiljon; sie waren Efratiter aus Betlehem in Juda. Als sie im Grünland Moabs ankamen, blieben sie dort. Elimelech, der Mann Noomis, starb, und sie blieb mit ihren beiden Söhnen zurück. Diese nahmen sich moabitische Frauen, Orpa und Rut, und so wohnten sie dort etwa zehn Jahre lang. Dann starben auch Machlon und Kiljon, und Noomi blieb allein, ohne ihren Mann und ohne ihre beiden Söhne.

[Rut 1,1-5]

Als Noomi vom Ende der Hungersnot in ihrer Heimat hört, beschließt sie, dorthin zurückzukehren. Gemeinsam mit ihren Schwiegertöchtern macht sie sich auf den Weg.

Als sie nun auf dem Heimweg in das Land Juda waren, sagte Noomi zu ihren Schwiegertöchtern:

> Kehrt doch beide heim zu euren Müttern!
> Der Herr erweise euch Liebe, wie ihr sie den Toten und mir erwiesen habt. Der Herr lasse jede von euch Geborgenheit finden bei einem Gatten.

Damit küsste sie beide zum Abschied; doch Orpa und Rut begannen laut zu weinen und sagten zu ihr:

> Nein, wir wollen mit dir zu deinem Volk gehen.

[Rut 1,7-10]

Noomi versucht, die beiden jungen Frauen von der Sinnlosigkeit dieses Wunsches zu überzeugen: Sie sei eine alte Frau, die nichts mehr zu geben habe.

Da weinten sie noch lauter. Doch dann gab Orpa ihrer Schwiegermutter den Abschiedskuss, während Rut nicht von ihr ließ.
Noomi sagte:

> Du siehst, deine Schwägerin kehrt heim zu ihrem Volk
> und zu ihrem Gott. Folge ihr doch!

Rut antwortete:

> Dränge mich nicht, dich zu verlassen und umzukehren.
> Wohin du gehst, dahin gehe auch ich, und wo du bleibst,
> da bleibe auch ich. Dein Volk ist mein Volk, und dein Gott
> ist mein Gott. Wo du stirbst, da will ich begraben sein.
> Der Herr soll mir dies und das antun –
> nur der Tod wird mich von dir scheiden.

Als sie sah, dass Rut darauf bestand, mit ihr zu gehen, redete sie nicht länger auf sie ein. So zogen sie miteinander bis Betlehem.
Als sie in Betlehem ankamen, geriet die ganze Stadt ihretwegen in Bewegung. Die Frauen sagten:

> Ist das nicht Noomi?

Doch sie erwiderte:

> Nennt mich nicht mehr Noomi (Liebliche), sondern
> Mara (Bittere), denn viel Bitteres hat der Allmächtige
> mir getan. Reich bin ich ausgezogen, aber mit leeren Händen
> hat der Herr mich heimkehren lassen.

So kehrte Noomi mit Rut, ihrer moabitischen Schwiegertochter, aus dem Grünland Moabs heim. Zu Beginn der Gerstenernte kamen sie in Betlehem an.

[Rut 1,14-22]

Rut kann bei Boas, einem wohlhabenden Grundbesitzer, als Erntearbeiterin den Lebensunterhalt verdienen. Boas ist von der jungen Frau und ihrer sorgfältigen Arbeit tief beeindruckt und macht ihr ein großzügiges Angebot:

> Höre wohl, meine Tochter, geh auf kein anderes Feld, um zu lesen; entfern dich nicht von hier, sondern halte dich an meine Mägde; behalte das Feld im Auge, wo sie ernten, und geh hinter ihnen her! Ich werde meinen Knechten befehlen, dich nicht anzurühren. Hast du Durst, so darfst du zu den Gefäßen gehen und von dem trinken, was die Knechte schöpfen.

Sie sagte:

> Du bist sehr gütig zu mir, Herr. Du hast mir Mut gemacht und so freundlich zu deiner Magd gesprochen, und ich bin nicht einmal eine deiner Mägde.

[Rut 2,8f.13]

Der soziale Unterschied und die Tatsache, dass Rut eine Moabiterin, eine Ausländerin, ist, spielt schnell keine Rolle mehr. Bald sitzen sie vertraut beim Essen, und Boas bedient Rut. Er befiehlt seinen Knechten, Ähren aus den Garben herauszuziehen, die Rut für den eigenen Bedarf mit nach Hause nehmen darf. Als Rut am Abend ein Maß Gerste und Reste der üppigen Mahlzeit mit nach Hause bringt, fragt Noomi, wer denn dieser großzügige Arbeitgeber sei. Als Noomi erfährt, dass es sich um Boas handelt, sieht sie darin eine Fügung Gottes. Sie erzählt der Schwiegertochter, dass Boas ein Verwandter sei und daher ein „Löser", also nach dem Sippenrecht Israels verpflichtet sei, an Stelle der verstorbenen Männer für Noomi und Rut zu sorgen. Und bis zum Ende der Erntezeit hat Noomi einen Plan, wie sie der Schwiegertochter ein angenehmes Leben verschaffen kann.

Ihre Schwiegermutter Noomi sagte zu ihr:

Heute Abend worfelt Boas Gerste auf der Tenne. Wasch dich, salbe dich und zieh dein (bestes) Obergewand an, dann geh zur Tenne! Zeig dich dem Mann nicht, bis er fertig gegessen und getrunken hat. Wenn er sich dann niederlegt, geh hin, deck den Platz zu seinen Füßen auf und leg dich dorthin! Er wird dir dann sagen, was du tun sollst.

Rut antwortete ihr:

Alles, was du sagst, will ich tun.

Sie ging zur Tenne und tat genauso, wie ihre Schwiegermutter ihr aufgetragen hatte. Als Boas gegessen und getrunken hatte und es ihm wohl zumute wurde, ging er hin, um sich neben dem Getreidehaufen schlafen zu legen. Nun trat sie leise heran, deckte den Platz zu seinen Füßen auf und legte sich nieder. Um Mitternacht schrak der Mann auf, beugte sich vor und fand eine Frau zu seinen Füßen. Er fragte:

Wer bist du?

Sie antwortete:

Ich bin Rut, deine Magd. Breite doch den Saum deines Gewandes über deine Magd; denn du bist Löser.

Da sagte er:

Gesegnet bist du vom Herrn, meine Tochter. So zeigst du deine Zuneigung noch schöner als zuvor; denn du bist nicht den jungen Männern, ob arm oder reich, nachgelaufen. Fürchte dich nicht, meine Tochter! Alles, was du sagst, will ich dir tun; denn jeder in diesen Mauern weiß, dass du eine tüchtige Frau bist.

[Rut 3,2-11]

Boas nimmt den Wunsch Ruts, sie zu heiraten, gerne auf. Er macht sie jedoch darauf aufmerksam, dass es noch einen anderen „Löser" gibt, der näher mit Noomi verwandt sei.
Am nächsten Morgen erzählte Rut ihrer Schwiegermutter, wie viel Gutes ihr der Mann erwiesen hatte, und sagte:

Diese sechs Maß Gerste hat er mir gegeben;
denn er meinte: Du sollst nicht mit leeren Händen
zu deiner Schwiegermutter kommen.

Noomi antwortete ihr:

Warte ab, meine Tochter, bis zu erfährst,
wie die Sache ausgeht; denn der Mann wird nicht ruhen,
ehe er noch heute die Sache erledigt hat.

[Rut 3,17f.]

Boas verhandelt in der Zwischenzeit mit dem anderen „Löser". Er bietet ihm vor zehn Zeugen an, Noomi ein Grundstück, das deren verstorbenen Mann Elimelech gehörte, abzukaufen und zugleich Rut zur Frau zu nehmen. Doch der (namenlose) Mann weigert sich – er sieht weder einen materiellen Anreiz noch hat er an Rut Interesse.

Boas sagte zu den Ältesten und zu allem Volk:

Ihr seid heute Zeugen, dass ich alles Eigentum Elimelechs
aus der Hand der Noomi erworben habe.
Auch Rut, die Moabiterin, die Frau (Witwe) Machlons,
habe ich mir zur Frau erworben, um den Namen des
Verstorbenen auf seinem Erbe wieder erstehen zu lassen,
damit sein Name unter seinen Verwandten
und innerhalb der Mauern der Stadt nicht erlischt.
Ihr seid heute Zeugen.

So nahm Boas Rut zur Frau und ging zu ihr. Der Herr ließ sie schwanger werden, und sie gebar einen Sohn. Da sagten die Frauen zu Noomi:

> Gepriesen sei der Herr, der es dir heute nicht an einem Löser hat fehlen lassen. Sein Name soll in Israel berühmt werden. Du wirst jemand haben, der dein Herz erfreut und dich im Alter versorgt; denn deine Schwiegertochter, die dich liebt, hat ihn geboren, sie, die mehr wert ist als sieben Söhne.

Noomi nahm das Kind, drückte es an ihre Brust und wurde seine Wärterin. Und sie gaben ihm den Namen Obed. Er ist der Vater Isais, des Vaters Davids.

[aus Rut 4,9f.13-17]

NOTIZEN

Tobit hat sein Leben lang Gottes Gebote beachtet. Nun ist er erblindet und leidet Not. Da ihm ein Verwandter noch Geld schuldet, entschließt er sich, seinen Sohn Tobias zu diesem zu schicken, um das Geld zu holen. Vorher aber belehrt er ihn ausführlich:

Tobit sagte:

Mein Sohn, wenn ich gestorben bin, begrab mich!
Lass deine Mutter nicht im Stich, sondern halte sie in Ehren, solange sie lebt.
Tu, was sie erfreut, und mach ihr keinen Kummer! ...

Denk alle Tage an den Herrn, unseren Gott, mein Sohn, und hüte dich davor, zu sündigen und seine Gebote zu übertreten.
Handle gerecht, solange du lebst; geh nicht auf den Wegen des Unrechts!

Mein Sohn, hüte dich vor jeder Art von Unzucht!
Vor allem: Nimm eine Frau aus dem Stamm deiner Väter!
Nimm keine fremde Frau, die nicht zum Volk deines Vaters gehört.

Wenn einer für dich gearbeitet hat, dann enthalt ihm seinen Lohn nicht vor bis zum nächsten Tag, sondern zahl ihn sofort aus! Wenn du Gott auf diese Weise dienst, wird man auch dir deinen Lohn auszahlen.
Gib Acht auf dich bei allem, was du tust, mein Sohn, und zeig durch dein Benehmen, dass du gut erzogen bist.

Denk also an meine Lehren, mein Sohn! Lass sie dir nie aus dem Herzen reißen!

Tobit erteilt ihm dann den Auftrag, das Geld zu holen. Aber er darf nicht allein reisen; er muss sich einem Reisebegleiter anvertrauen. Auf der Reise haben die beiden mancherlei Gefahren zu bewältigen. Von seinem Reisebegleiter lernt der junge Tobias viele wichtige Dinge und erhält nützliche Ratschläge.

Als der Sohn alles für die Reise vorbereitet hatte, sagte sein Vater zu ihm:

> Mach dich mit dem Mann auf den Weg!
> Gott, der im Himmel wohnt, wird euch auf eurer Reise behüten; sein Engel möge euch begleiten.

Da brachen die beiden auf.

Die beiden kamen auf ihrer Reise abends an den Tigris*, wo sie übernachteten. Als der junge Tobias im Fluss baden wollte, schoss ein Fisch aus dem Wasser hoch und wollte ihn verschlingen. Der Engel rief Tobias zu:

> Pack ihn!

Da packte der junge Mann zu und warf den Fisch ans Ufer. Und der Engel sagte zu Tobias:

> Schneide den Fisch auf, nimm Herz, Leber und Galle heraus und bewahre sie gut auf!

Der junge Tobias tat, was ihm der Engel sagte. Dann brieten sie den Fisch und aßen ihn.

Schließlich kommen sie nach Ekbatana, wo Verwandte des Tobias wohnen. Von seinem Begleiter erfährt Tobias, dass diese eine Tochter namens Sara haben, die in seinem Alter ist. Dort kehren sie ein.*

Als sie in Ekbatana beim Haus Raguëls angelangt waren, kam ihnen Sara entgegen und hieß sie willkommen. Sie erwiderten ihren Gruß, und Sara führte sie ins Haus. Da sagte Raguël zu seiner Frau Edna:

Wie sieht doch dieser junge Mann meinem Vetter Tobit ähnlich!

Man nahm die beiden Gäste herzlich auf. Man schlachtete einen Widder und setzte ihnen ein reiches Mahl vor.

Raguël sagte zu Tobias:
Iss und trink und lass es dir gut gehen!
Du hast einen Anspruch darauf, mein Kind zu heiraten.
Ich muss dir aber die Wahrheit sagen:
Ich habe meine Tochter schon sieben Männern zur Frau gegeben;
doch jeder, der zu ihr ins Brautgemach ging,
ist noch in derselben Nacht gestorben.
Aber lass es dir jetzt trotzdem gut gehen!
Tobias erwiderte:
Ich will nichts essen, ehe ihr sie mir nicht feierlich zur Frau gegeben habt.
Da sagte Raguël:
Du sollst sie bekommen, sie ist von jetzt an nach Recht und Gesetz deine Frau.
Du bist mit ihr verwandt; sie gehört dir.
Der barmherzige Gott schenke euch viel Glück.
Und er ließ seine Tochter Sara rufen, nahm sie bei der Hand und gab sie Tobias zur Frau; er sagte:
Hier, sie ist dein nach dem Gesetz des Mose.
Führ sie zu deinem Vater!

Und er segnete sie. Dann rief er seine Frau Edna herbei, nahm ein Blatt Papier, schrieb den Ehevertrag, und man setzte das Siegel darunter. Darauf begannen sie mit dem Mahl ...

Nach der Mahlzeit führten sie Tobias zu Sara. Als er hineinging, erinnerte er sich an die Worte Rafaels; er nahm etwas Glut aus dem Räucherbecken, legte das Herz und die Leber des Fisches darauf und ließ sie verbrennen. Sobald der Dämon den Geruch spürte, floh er in den hintersten Winkel Ägyptens; dort wurde er von dem Engel gefesselt.
Und beide schliefen die Nacht über miteinander.

Morgens stand Raguël auf, ging hinaus und hob ein Grab aus. Er dachte:
> Sicher ist auch dieser Mann gestorben.

Als er wieder ins Haus kam, sagte er zu seiner Frau Edna:
> Schick eine Magd hinauf; sie soll nachsehen, ob er noch lebt.
> Wenn er nicht mehr lebt, wollen wir ihn begraben,
> ohne dass es jemand merkt.

Die Magd öffnete die Tür, ging hinein und sah, dass die beiden schliefen. Sie ging wieder hinaus und berichtete ihnen, Tobias sei noch am Leben. Da pries Raguël Gott und betete:
> Sei gepriesen, Gott, mit reinem und heiligem Lobpreis.
> Deine Heiligen und alle deine Geschöpfe sollen dich preisen.
> Alle deine Engel und alle deine Auserwählten sollen dich preisen in alle Ewigkeit.

Er veranstaltete für das Paar ein Hochzeitsfest, das vierzehn Tage dauerte, und noch vor Beendigung der Hochzeitsfeier beschwor er Tobias, nicht abzureisen, ehe die vierzehn Tage des Festes zu Ende seien. Dann solle er die Hälfte seines Vermögens in Empfang nehmen und wohlbehalten zu seinem

Vater zurückkehren. Das Übrige, sagte er, wirst du erhalten, wenn ich und meine Frau tot sind.

Während die Hochzeit gefeiert wird, erledigt der Begleiter des Tobias den Auftrag, den Tobias von seinem Vater erhalten hat. Dann brechen die beiden zusammen mit Sara, die nun des Tobias Frau ist, auf, um zu Tobit zurückzukehren. Mit Hilfe der Galle des Fisches kann Tobias seinem Vater auch das Augenlicht wieder schenken.

Voll Freude ging der Sohn mit seinem Vater ins Haus und erzählte ihm, was für wunderbare Dinge er in Medien erlebt hatte. Dann ging Tobit seiner Schwiegertochter bis an das Tor von Ninive entgegen. Er war voll Freude und pries Gott, und alle, die ihn sahen, staunten, dass er wieder sehen konnte. Tobit aber bezeugte ihnen, dass Gott Erbarmen mit ihm gehabt hatte. Als Tobit seiner Schwiegertochter begegnete, segnete er sie und sagte:

> Sei willkommen, meine Tochter! Gepriesen sei Gott,
> der dich zu uns geführt hat,
> und gesegnet seien dein Vater und deine Mutter.

Am Ende offenbart sich auch der Begleiter des Tobias:

> Ich bin Rafael, einer von den sieben heiligen Engeln,
> die das Gebet der Heiligen emportragen
> und mit ihm vor die Majestät des heiligen Gottes treten.

[aus dem Buch Tobit]

Notizen

FRAUENPOWER

Der König von Assur ist der mächtigste Mann der Welt. Alle Völker will er sich unterwerfen. Seinem Oberbefehlshaber Holofernes* gibt er den Befehl, auch den letzten Winkel der Welt zu erobern. Alle ergeben sich, nur die Juden nicht. Sie besetzen die Pässe nach Jerusalem und leisten Widerstand. Die letzte Festung, Betulia, wird von Holofernes belagert.*

Nachdem die Belagerung vierunddreißig Tage gedauert hatte, ging in sämtlichen Behältern der Einwohner von Betulia das Wasser zur Neige. Ihre Kinder verschmachteten; die Frauen und jungen Männer wurden ohnmächtig vor Durst, sie fielen auf den Straßen der Stadt und in den Torwegen um, denn sie hatten keine Kraft mehr.

Da versammelte sich das ganze Volk bei den leitenden Männern der Stadt:

> Ihr habt ein schweres Unrecht an uns begangen, weil ihr mit den Assyrern* nicht friedlich verhandeln wolltet. Jetzt gibt es für uns keine Rettung mehr. Wir müssen verdursten und vor ihren Augen elend zugrunde gehen. Liefert die ganze Stadt den Soldaten des Holofernes und seinem Heer zur Plünderung aus! So bleiben wir doch wenigstens am Leben und brauchen nicht mit eigenen Augen den Tod unserer Säuglinge und das Dahinsterben unserer Frauen und Kinder mit anzusehen.

Die Ältesten versuchen die Übergabe der Stadt hinauszuzögern. Sie bitten, noch fünf Tage auszuhalten. Nur Judit, eine vermögende Witwe, widersetzt sich diesem Beschluss:*

> Hört mich an, ihr Vorsteher der Einwohner von Betulia!

Es war nicht recht, was ihr heute vor dem Volk gesagt habt. Durch diesen Eid, den ihr geschworen habt, habt ihr Gott und euch selbst festgelegt; denn ihr habt erklärt, dass ihr die Stadt unseren Feinden ausliefern wollt, wenn der Herr euch nicht inzwischen Hilfe schickt. Wer seid ihr denn, dass ihr Gott auf die Probe stellt und euch vor allen Leuten an die Stelle Gottes setzt? Versucht nicht, die Entscheidungen Gottes zu erzwingen; denn Gott ist nicht wie ein Mensch, dem man drohen kann. Er wird unser Flehen erhören, wenn es seinem Willen entspricht. Daher dürfen wir hoffen, dass er uns und unser Volk nicht im Stich lassen wird. Bevor die Frist abgelaufen ist, die ihr für die Übergabe der Stadt an unsere Feinde gesetzt habt, wird der Herr durch meine Hand Israel gnädig Hilfe bringen.

Bevor Judit zur Tat schreitet, betet sie zu Gott:

Sieh doch auf die Assyrer! Sie verfügen über ein gewaltiges Heer, brüsten sich mit ihren Rossen und Reitern, sind stolz auf die Schlagkraft ihres Fußvolkes, vertrauen auf ihre Schilde und Speere, ihre Bogen und Schleudern und wollen nicht einsehen, dass du der Herr bist, der den Kriegen ein Ende setzt. Schau dir ihren Übermut an und lass deinen Zorn auf ihr Haupt herabfahren! Schenke mir, der Witwe, die Kraft zu der Tat, die ich plane. Brich ihren Trotz durch die Hand einer Frau! Lass dein ganzes Volk und alle Stämme erkennen und wissen, dass du der wahre Gott bist.

Als sie ihr flehentliches Gebet zu dem Gott Israels beendet hatte, wusch sie ihren Körper mit Wasser und salbte sich mit einer

wohlriechenden Salbe. Hierauf ordnete sie ihre Haare, setzte ein Diadem auf und zog die Festkleider an. Auch zog sie Sandalen an, legte ihre Fußspangen, Armbänder, Fingerringe, Ohrgehänge und all ihren Schmuck an und machte sich schön, um die Blicke aller Männer, die sie sähen, auf sich zu ziehen. Darauf ging sie zum Stadttor von Betulia hinaus.

So gelangt sie in das Lager des Holofernes und macht diesem folgendes Angebot:

> Ich werde dich quer durch Judäa bis nach Jerusalem führen und dort mitten in der Stadt deinen Feldherrnstuhl aufrichten. Du wirst sie wegführen wie Schafe, die keinen Hirten haben, und kein Hund wird gegen dich bellen. Das wurde mir kraft meiner Sehergabe offenbart, und ich bin hergesandt worden, um es dir kundzutun.

Dieser ist von ihrem Plan begeistert und von ihrem Aussehen und ihrer Schönheit überwältigt. Unter dem Vorwand, dass sie ihren Auftrag nur erfüllen könne, wenn sie sich an die Vorschriften ihrer Religion halte, darf sie nachts zu den Wasserquellen ziehen, um dort zu beten. Am 4. Tag lädt Holofernes seine Generäle zu einem Fest ein. Auch Judit nimmt an dem Fest teil.

Holofernes aber war über sie ganz außer sich vor Entzücken. Seine Leidenschaft entbrannte, und er war begierig danach, mit ihr zusammen zu sein. Denn seit er sie gesehen hatte, lauerte er auf eine günstige Gelegenheit, um sie zu verführen. Als Holofernes sie aufforderte:

> Trink doch und sei vergnügt mit uns!,

erwiderte Judit:

> Gern will ich trinken, Herr, denn ich habe in meinem ganzen Leben noch keine solche Ehre erfahren wie heute.

Sie griff zu, aß und trank vor seinen Augen, was ihre Dienerin zubereitet hatte. Holofernes wurde ihretwegen immer fröhlicher und trank so viel Wein, wie er noch nie zuvor in seinem Leben an einem einzigen Tag getrunken hatte.
Als es dann Nacht geworden war, brachen seine Diener eilig auf. Bagoas* schloss von außen das Zelt und trennte so die Diener von seinem Herrn. Sie suchten ihr Nachtlager auf, denn sie waren alle von dem ausgedehnten Mahl ermüdet. Judit allein blieb in dem Zelt zurück, wo Holofernes, vom Wein übermannt, vornüber auf sein Lager gesunken war. Judit trat an das Lager des Holofernes und betete still:

> Herr, du Gott aller Macht, sieh in dieser Stunde gnädig auf das, was meine Hände zur Verherrlichung Jerusalems tun werden.

Dann ging sie zum Bettpfosten am Kopf des Holofernes und nahm von dort sein Schwert herab. Sie ging ganz nahe zu seinem Lager hin, ergriff sein Haar und schlug zweimal mit ihrer ganzen Kraft auf seinen Nacken und hieb ihm den Kopf ab.
Kurz danach ging sie hinaus und übergab den Kopf des Holofernes ihrer Dienerin, die ihn in einen Sack steckte. Sie machten sich dann beide wie gewöhnlich auf den Weg, als wollten sie zum Beten gehen. Sie gingen jedoch um die Schlucht herum, stiegen den Berg nach Betulia hinauf und gelangten vor das Stadttor. Sie zog den Kopf aus dem Sack und zeigte ihn den Männern mit den Worten:

> Seht, das ist der Kopf des Holofernes, des Oberbefehlshabers der assyrischen Truppen. Der Herr hat ihn durch die Hand einer Frau erschlagen.

Sobald der Morgen anbrach, hängte man den Kopf des Holofernes an der Mauer auf. Alle Männer griffen zu den Waffen und

zogen in Scharen zu den Wegen, die in das Gebirge hinaufführten.

Als die Männer in den Zelten hörten, was geschehen war, packte sie das Entsetzen. Sie stoben auseinander und liefen auf allen Wegen in der Ebene und im Gebirge davon. Nun aber machten sich die wehrfähigen Israeliten über sie her.
Alle Frauen in Israel eilten herbei. Judit aber stimmte das folgende Danklied an, und alles Volk sang den Lobpreis mit, im Wechsel mit ihr.
Judit sang:

> Stimmt ein Lied an für meinen Gott unter Paukenschall, singt für den Herrn unter Zimbelklang! Preist ihn und singt sein Lob, rühmt seinen Namen und ruft ihn an!
> Denn der Herr ist ein Gott, der den Kriegen ein Ende setzt; er führte mich heim in sein Lager inmitten des Volkes und rettete mich aus der Gewalt der Feinde.
> Ihr Held fiel nicht durch die Kraft junger Männer, nicht Söhne von Riesen erschlugen ihn, noch traten ihm hohe Recken entgegen. Nein, Judit bannte seine Macht mit dem Reiz ihrer Schönheit. Das Schwert traf seinen Nacken mit Wucht.
> Ich singe meinem Gott ein neues Lied; Herr, du bist groß und voll Herrlichkeit. Wunderbar bist du in deiner Stärke, keiner kann dich übertreffen.

Drei Monate lang feierte das Volk vor dem Heiligtum in Jerusalem ein Freudenfest, und Judit blieb bei ihnen. Sie erlebte ein sehr hohes Alter und wurde im Haus ihres Mannes hundertfünf Jahre alt. Ihrer Dienerin schenkte sie die Freiheit. Sie starb in

Betulia, und man bestattete sie in der Grabhöhle ihres Gatten. Das Haus Israel betrauerte sie sieben Tage lang.

[aus dem Buch Judit]

NOTIZEN

Streit

Es gibt immer jemanden, über den man sich ärgert. Mal ist es die Schwester mit ihrem überheblichen Gehabe oder der Bruder mit seiner Besserwisserei, mal der Freund/die Freundin oder die Mutter/der Vater. Irgendwann knallt es richtig. Die nachfolgenden Texte der Bibel erzählen von unterschiedlichen Streitfällen und eröffnen Möglichkeiten des Miteinanderstreitens.

GESCHWISTERSTREIT

Und das ist die Geschlechterfolge nach Isaak*, dem Sohn Abrahams: Abraham zeugte Isaak. Isaak war vierzig Jahre alt, als er Rebekka* zur Frau nahm. Sie war die Tochter des Aramäers Betuël aus Padan-Aram*, eine Schwester des Aramäers Laban*. Isaak betete zum Herrn für seine Frau, denn sie war kinderlos geblieben, und der Herr ließ sich von ihm erbitten. Als seine Frau Rebekka schwanger war, zeigte es sich, dass sie Zwillinge in ihrem Leib trug. Da stießen die Söhne einander im Mutterleib. Da befragte Rebekka den Herrn. Er gab diese Antwort:
Zwei Völker sind in deinem Leib, zwei Stämme trennen sich schon in deinem Schoß. Ein Stamm ist dem andern überlegen, der ältere muss dem jüngeren dienen. Der erste Sohn, der geboren wurde, war rötlich, über und über mit Haaren bedeckt wie mit einem Fell. Man nannte ihn Esau*. Darauf kam sein Bruder; seine Hand hielt die Ferse Esaus fest. Man nannte ihn Jakob*. Die Knaben wuchsen heran. Esau wurde ein Mann, der sich auf die Jagd verstand, ein Mann des freien Feldes. Jakob dagegen blieb bei den Zelten. Isaak hatte Esau lieber, denn er aß gern Wildbret; Rebekka aber hatte Jakob lieber.

Eines Tages verkauft Esau sein Erstgeburtsrecht für einen Teller Linsengemüse an seinen Bruder Jakob. Als Jakob dann mit Hilfe seiner Mutter auch den Erstgeburtssegen* des Vaters erschwindelt, verbindet die Brüder nur noch Feindschaft.*

Kurz erklärt

Nach damaligem Recht hatte das männliche Familienoberhaupt das Sagen in allen wichtigen Angelegenheiten. Es verheiratete auch die Kinder und machte auf diese Weise Heiratspolitik.
Wichtig war es vor allem, innerhalb des Stammes zu heiraten. So kam es oft vor, dass relativ nahe Verwandte einander heirateten. Nicht immer war Liebe im Spiel – das Wohl der Familie und Sippe stand über dem Glück der einzelnen Person. Jüngere Familienangehörige und vor allem Mädchen und Frauen mussten daher oft eine List anwenden, um ihr Ziel zu erreichen. Der Streit zwischen Jakob und Esau begleitete die beiden Brüder ein ganzes Leben lang. Der Erzählung nach ging Jakob – wenn auch über Betrug – als „Sieger" hervor; Esau hatte das Nachsehen.

Was bedeutet

* Der **erstgeborene** Sohn hatte besondere Rechte: Er erhielt einen großen Teil des väterlichen Vermögens, einen besonderen Segen und hatte eine besondere Autorität gegenüber seinen Brüdern und Schwestern.

* Es war damals durchaus üblich, die eigene **Cousine** oder den Cousin zu heiraten.

Und Esau sagte:

Es nähern sich die Tage der Trauer um meinen Vater; dann werde ich meinen Bruder Jakob umbringen.

Rebekka rät ihrem Lieblingssohn, zu ihren Verwandten zu reisen. Dort trifft er seine Cousine Rahel*, in die er sich sofort verliebt. Er hält bei seinem Onkel Laban* um Rahels Hand an.*

Rahel aber war schön von Gestalt und hatte ein schönes Gesicht. Jakob hatte Rahel lieb, und so sagte er:

Ich will dir um die jüngere Tochter Rahel sieben Jahre dienen.

Weil er sie liebte, kamen sie ihm wie wenige Tage vor.

[aus Gen 25–29]

Zum Weiterlesen

– // Zwischen den Hirten Abrams und den Hirten Lots kam es zum Streit; auch siedelten damals noch die Kanaaniter und die Perisiter im Land. Da sagte Abram zu Lot: Zwischen mir und dir, zwischen meinen und deinen Hirten soll es keinen Streit geben; wir sind doch Brüder. // [Gen 13,7-8]

Eine Frau aus Tekoa muss erfahren, dass einer ihrer Söhne seinen Bruder im Streit erschlagen hat. Ihre Verwandten wollen nun Blutrache üben. Sie bringt den Fall vor König David:

– // Deine Magd hatte zwei Söhne. Die beiden bekamen auf dem Feld Streit miteinander, und weil niemand da war, der sich zwischen die beiden gestellt hätte, schlug der eine den anderen tot. Da erhob sich die ganze Verwandtschaft gegen deine Magd. Sie sagten: Gib den, der seinen Bruder erschlagen hat, heraus, damit wir ihn töten, weil er seinen Bruder ums Leben gebracht hat. So wollten sie sogar den Erben vernichten. Sie wollten die Kohle, die mir geblieben ist, auslöschen, um meinem Mann weder Namen noch Nachkommen auf dem Erdboden zu lassen. Da sagte der König zu der Frau: Geh nach Hause! Ich werde deine Sache in Ordnung bringen. // [2 Sam 14,6-8]

VATERS LIEBLING

Jakob hatte 12 Söhne. Josef* war sein Lieblingssohn, und Jakob bevorzugte ihn gegenüber seinen Brüdern. Deshalb hassten diese Josef.*

Josef hatte einen Traum*. Er erzählte ihn seinen Brüdern und sagte:

Ich träumte noch einmal:

Die Sonne, der Mond und elf Sterne verneigten sich tief vor mir.

Als er davon seinem Vater und seinen Brüdern erzählte, schalt ihn sein Vater und sagte zu ihm:

Was soll das, was du da geträumt hast?

Sollen wir vielleicht, ich, deine Mutter und deine Brüder, kommen und uns vor dir zur Erde niederwerfen?

Seine Brüder waren eifersüchtig auf ihn, sein Vater aber vergaß die Sache nicht.

Als seine Brüder fortgezogen waren, um das Vieh ihres Vaters bei Sichem* zu weiden, sagte Jakob zu Josef:

Deine Brüder weiden bei Sichem das Vieh.

Geh, ich will dich zu ihnen schicken.

Er antwortete:

Ich bin bereit.

Da sagte der Vater zu ihm:

Geh doch hin und sieh, wie es deinen Brüdern und dem Vieh geht, und berichte mir!

So schickte er ihn aus dem Tal von Hebron* fort, und Josef kam nach Sichem.

Kurz erklärt

Der Konflikt zwischen Josef und seinen Brüdern ist offen ausgebrochen. Keine der beiden Parteien denkt daran, diesen gütlich beizulegen. Josef gießt noch Öl ins Feuer, indem er von seinen Träumen erzählt, in denen er seine bevorzugte Stellung auskostet. Aber auch die Brüder haben keine vernünftige Strategie, diesen Konflikt zu bearbeiten. Sie meinen, das Problem dadurch lösen zu können, dass sie Josef beseitigen. Der Konflikt wird so nur scheinbar gelöst. Er wird sie später wieder einholen.

Ein Mensch, der seinem Gegner unterliegt, kann wieder auf die Beine kommen; ein Mensch, der der Anpassung unterliegt, bleibt für immer am Boden.

T. Watson Jr.

Josefs Brüder hatten inzwischen den Plan gefasst, ihn zu beseitigen.

Als Josef bei seinen Brüdern angekommen war, zogen sie ihm sein Gewand aus, den Ärmelrock, den er anhatte, packten ihn und warfen ihn in die Zisterne*. Die Zisterne war leer; es war kein Wasser darin. Als sie dann beim Essen saßen und aufblickten, sahen sie, dass gerade eine Karawane von Ismaelitern* aus Gilead* kam. Ihre Kamele waren mit Tragakant*, Mastix* und Ladanum* beladen. Sie waren unterwegs nach Ägypten*.
Da schlug Juda* seinen Brüdern vor:

> Was haben wir davon, wenn wir unseren Bruder erschlagen und sein Blut zudecken? Kommt, verkaufen wir ihn den Ismaelitern. Wir wollen aber nicht Hand an ihn legen, denn er ist doch unser Bruder und unser Verwandter.

Seine Brüder waren einverstanden. Midianitische* Kaufleute kamen vorbei. Da zogen sie Josef aus der Zisterne heraus und verkauften ihn für zwanzig Silberstücke an die Ismaeliter. Diese brachten Josef nach Ägypten*.

[Gen 37,9-14.23-28]

Was bedeutet

* In der Bibel gehört der **Traum** zum Leben des Menschen. Er wird einerseits als allgemein menschliche Erfahrung betrachtet, andererseits auch als religiöses Phänomen erkannt.

* **Tragakant, Mastix und Ladanum** sind unterschiedliche Harze und dienten kosmetischen und medizinischen Zwecken; sie wurden vom Ostjordanland nach Ägypten exportiert.

* Eine **Zisterne** ist eine birnenförmige Grube, die in den Fels gehauen oder in den Boden gegraben und mit wasserundurchlässigem Verputz versehen wurde, um Regenwasser auffangen und speichern zu können.

Zum Weiterlesen

– // Hass weckt Streit, Liebe deckt alle Vergehen zu.// [Spr 10,12]

– // Wer Streit anfängt, entfesselt eine Wasserflut, drum halt ein, ehe der Zank ausbricht. // [Spr 17,14]

STREIT SCHLICHTEN

Aufgrund einer Hungersnot in Palästina waren die Brüder Josefs gezwungen, in Ägypten* Getreide zu kaufen. Josef* hatte es inzwischen in Ägypten bis zum Verwalter der königlichen Kornkammern gebracht. Als seine Brüder nun nach Ägypten kamen, erkannte Josef sie. Diese aber ahnten nicht, dass in der Gestalt des königlichen Verwalters ihr Bruder Josef vor ihnen stand.*

Als Josef ins Haus kam, warfen sie sich vor ihm auf die Erde nieder. Er erkundigte sich, wie es ihnen gehe, und fragte:

Geht es eurem alten Vater gut? Ist er noch am Leben?

Sie erwiderten:

Deinem Knecht*, unserem Vater, geht es gut; er lebt noch.

Dann verneigten sie sich und warfen sich nieder. Als er hinsah und seinen Bruder Benjamin* erblickte, fragte er:

Ist das euer jüngster Bruder?

Und weiter sagte er:

Gottes Gnade* sei mit dir, mein Sohn.

Dann befahl Josef seinem Hausverwalter, die Säcke mit so viel Brotgetreide, wie sie tragen können, und das Geld eines jeden oben in den Sack zu legen. In den Sack des Benjamin dazu noch den Silberbecher.
Als diese noch nicht weit von der Stadt entfernt waren, da schickte Josef seinen Hausverwalter hinter ihnen her. Dieser holte sie ein und fragte sie:

Warum habt ihr den Silberbecher meines Herrn gestohlen?

Kurz erklärt

Zunächst scheint Josef sein Spiel mit seinen Brüdern zu treiben. Einerseits bewirtet er sie fürstlich, erkundigt sich nach dem Befinden ihres Vaters und gibt ihnen ihr Geld zurück. Andererseits unterschiebt er ihnen einen Diebstahl und schmuggelt als Beweisstück seinen silbernen Becher ausgerechnet in den Sack seines jüngsten Bruders Benjamin. Um diesen vor einer harten Bestrafung zu retten, bietet sich Juda an dessen Stelle an. Auf diese Weise lernen Josefs Brüder Solidarität untereinander. Auftretende Konflikte und Streit müssen in gegenseitiger Achtung gelöst werden.

Was bedeutet

* Übliche Selbstbezeichnung einer niedriggestellten Person gegenüber einer höhergestellten.

* Alter Willkommensgruß; in biblischer Zeit ist die Begrüßung nicht nur eine Geste der Höflichkeit, sondern auch eine religiöse Handlung.

Die Brüder Josefs antworteten ihm:
Wie kann mein Herr so etwas sagen?
Niemals werden deine Knechte so etwas tun.
Wie könnten wir da aus dem Haus
deines Herrn Silber oder Gold stehlen?
Der von den Knechten, bei dem
sich der Becher findet, soll sterben,
und auch wir sollen dann unserem Herrn als Sklaven gehören.
Jeder stellte eiligst seinen Sack auf die Erde und öffnete ihn.
Er durchsuchte alles, beim Ältesten begann er, und beim
Jüngsten hörte er auf. Der Becher fand sich im Sack Benjamins.

In das Haus Josefs zurückgekehrt, setzt sich Juda für seinen jüngsten Bruder Benjamin ein. Er bietet sein Leben für das seines Bruders an:*

Dein Knecht hat sich für den Knaben beim Vater
mit den Worten verbürgt:
Wenn ich ihn nicht zu dir zurückbringe,
will ich alle Tage bei meinem Vater in Schuld stehen.
Darum soll jetzt dein Knecht an Stelle des Knaben dableiben
als Sklave für meinen Herrn; der Knabe aber soll
mit seinen Brüdern ziehen dürfen.
Ich könnte das Unglück nicht mit ansehen, das dann
meinen Vater träfe.

[aus Gen 43–44]

Zum Weiterlesen

– // Wenn du deine Opfergabe zum Altar bringst und dir dabei einfällt, dass dein Bruder etwas gegen dich hat, so lass deine Gabe dort vor dem Altar liegen; geh und versöhne dich zuerst mit deinem Bruder, dann komm und opfere deine Gabe. // [Mt 5,23-24]

Streiten und Versöhnen sind zwei Seiten einer Medaille.

ICH HABE HIER DAS SAGEN!

Sarai*, Abrams* Frau, hatte ihm keine Kinder* geboren.
Sie hatte aber eine ägyptische Magd namens Hagar*.
Sarai sagte zu Abraham:

Der Herr hat mir Kinder versagt. Geh zu meiner Magd*!
Vielleicht komme ich durch sie zu einem Sohn.

Abram hörte auf sie. Sarai, Abrams Frau, nahm also die Ägypterin Hagar, ihre Magd, und gab sie ihrem Mann Abram zur Frau. Er ging zu Hagar, und sie wurde schwanger.
Als sie merkte, dass sie schwanger war, verlor die Herrin bei ihr an Achtung. Da sagte Sarai zu Abram:

Das Unrecht, das ich erfahre, komme auf dich.
Ich habe dir meine Magd überlassen. Kaum merkt sie, dass sie schwanger ist, so verliere ich schon an Achtung bei ihr. Der Herr entscheide zwischen mir und ihr.

Abram entgegnete Sarai:

Hier ist deine Magd. Tu mit ihr, was du willst.

Da behandelte Sarai sie so hart, dass ihr Hagar davonlief.
Der Engel des Herrn fand Hagar an einer Quelle in der Wüste.
Er sprach:

Hagar, Magd Sarais, woher kommst du, wohin gehst du?

Kurz erklärt

Kinderlosigkeit stellt für Menschen, und vor allem für Frauen, in biblischer Zeit ein große Problem dar. Sie wird sowohl als persönliches Unglück als auch als gesellschaftlicher Makel betrachtet. Sarai, der kinderlos gebliebenen Frau, geht es daher um ein eigen Kind – für sich allein. So wählt sie den durchaus üblichen Weg der stellvertretenden Geburt durch die Sklavin. Aus heutiger Sicht stellt diese Regelung eine Ausbeutung da Hagar wird nicht gefragt – sie muss gehorchen: „Tu mit ihr, was du willst." Allerdings verändert sich Hagar mit ihrer Schwangerschaft. Sie will die soziale Ordnung Herrin – Sklavin nicht länger akzeptieren. Dies wiederum kann Sarai nicht zulassen. Sie misshandelt ihre Sklavin, die daraufhin den gefährlichen Weg in die Flucht wählt Zwar misslingt die Flucht Hagars, denn sie wird zu Sarai zurückgeschickt. Aber sie erhält die Zusage, dass sie zu einem späteren Zeitpunkt die Freiheit erhalten wird. Nach geltendem Recht ist dies dann der Fall, wenn die Hauptfrau (doch noch) ein Kind bekomm

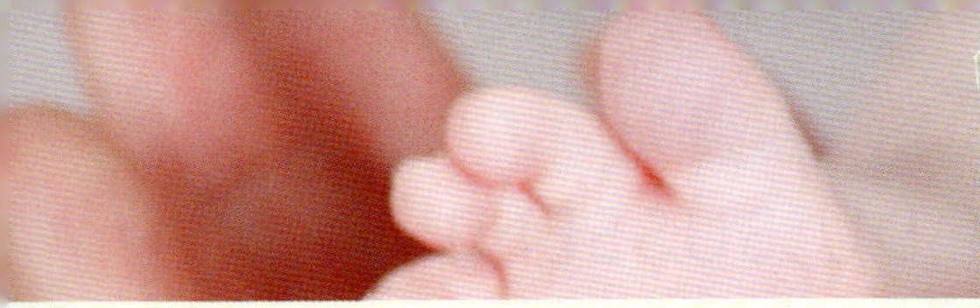

Sie antwortete:

Ich bin meiner Herrin Sarai davongelaufen.

Da sprach der Engel des Herrn zu ihr:

Geh zurück zu deiner Herrin*
und ertrag ihre harte Behandlung.

Weiter sprach der Engel des Herrn zu ihr:

Du bist schwanger, du wirst einen Sohn gebären und ihn Ismael* (Gott hört) nennen; denn Gott hat auf dich gehört in deinem Leid. Er wird ein Mensch sein wie ein Wildesel*.

Hagar gebar dem Abram einen Sohn, und Abram nannte den Sohn, den ihm Hagar gebar, Ismael.

[aus Gen 16,1-15]

Was bedeutet

* Nach altorientalischem Recht galt das **Kind**, das die Magd (Nebenfrau) mit dem Ehemann hatte, als leibliches Kind des Mannes und seiner Hauptfrau. Heute könnte die Magd als „Leihmutter" bezeichnet werden.

* Diese Aufforderung entspricht altorientalischem Sklavenrecht.

* Die Bezeichnung „**Wildesel**" umschreibt den Freiheitsdrang der Beduinen.

Zum Weiterlesen

Das Problem der Kinderlosigkeit und seine sozialen Auswirkungen beschäftigen auch Hanna (die dann doch Mutter des Propheten Samuel wird):

– // Elkana hatte zwei Frauen. Die eine hieß Hanna, die andere Peninna. Peninnna hatte Kinder, Hanna aber hatte keine Kinder. Dieser Mann zog Jahr für Jahr von seiner Stadt nach Schilo hinauf, um den Herrn der Heere anzubeten und ihm zu opfern. ... An dem Tag, an dem Elkana das Opfer darbrachte, gab er seiner Frau Peninna und all ihren Söhnen und Töchtern ihre Anteile. Hanna aber gab er einen doppelten Anteil; denn er hatte Hanna lieb, obwohl der Herr ihren Schoß verschlossen hatte. Ihre Rivalin aber kränkte und demütigte sie sehr, weil der Herr ihren Schoß verschlossen hatte.
So machte es Elkana Jahr für Jahr. Sooft sie zum Haus des Herrn hinaufzogen, kränkte Peninna sie; und Hanna weinte und aß nichts. // [1 Sam 1,2-7]

Auch die Stammmutter Lea bedient sich der Einrichtung der „Leihmutterschaft":

– // Als Lea sah, dass sie keine Kinder mehr bekam, nahm sie ihre Magd Silpa und gab sie Jakob zur Frau. Leas Magd Silpa gebar Jakob einen Sohn. Da sprach Lea: Glück auf! So nannte sie ihn Gad (Glück). Als Leas Magd Silpa Jakob einen zweiten Sohn gebar, sagte Lea: Mir zum Glück! Denn die Frauen werden mich beglückwünschen. So nannte sie ihn Ascher (Glückskind). // [Gen 30,9-13]

DAS SOLLST DU BÜSSEN!

Als sie in Hazerot* waren, redeten Mirjam* und Aaron* über Mose* wegen der kuschitischen* Frau, die er sich zur Frau genommen hatte. Sie sagten:

Hat etwa der Herr nur mit Mose gesprochen?
Hat er nicht auch mit uns gesprochen?

Das hörte der Herr. Er kam in der Wolkensäule* herab und rief Aaron und Mirjam und sprach:

Hört meine Worte! Mit Mose rede ich von Angesicht zu Angesicht. Er darf die Gestalt des Herrn sehen. Warum habt ihr es gewagt, über meinen Knecht Mose zu reden?

Der Herr wurde zornig auf sie und ging weg.
Kaum hatte die Wolke das Zelt verlassen, da war Mirjam weiß wie Schnee vor Aussatz*. Aaron wandte sich Mirjam zu und sah: Sie war aussätzig. Da sagte Aaron zu Mose:

Mein Herr, ich bitte dich, lass uns nicht die Folgen der Sünden tragen, die wir leichtfertig begangen haben. Mirjam soll nicht wie eine Totgeburt* sein, die schon halb verwest ist, wenn sie den Schoß der Mutter verlässt.

Kurz erklärt

Diese alte Erzählung berichtet von einer Auseinandersetzung darüber, wer in Israel (mehr) Autorität hat: Mose, Aaron oder Mirjam? Dies stellt das eigentliche Problem dar: „Hat der Herr nicht auch mit uns gesprochen?" Ist nicht auch Aaron ein Prophet und Mirjam eine Prophetin? Allerdings nehmen Mirjam und Aaron die Heirat des Mose mit einer ausländischen Frau zum Anlass, nach seiner Autorität zu fragen und seine Besonderheit in Frage zu stellen. Mirjam spielt in der Auseinandersetzung eine zentrale Rolle: Sie ist die Erste, die Mose kritisiert, sie wird zur Rede gestellt, sie reagiert mit Krankheit, Aaron und Mose setzen sich für sie ein und das Volk wartet so lange, bis Mirjam wieder gesund ist.
Der Erzähler ergreift aber dennoch Partei für Mose: Gegen ihn zu lästern, kommt der Kritik an Gott gleich. In der Gemeinschaft Israels darf solche Kritik nicht vorkommen.

Da schrie Mose zum Herrn:
Ach, heile sie doch!
Der Herr antwortete Mose:
Sie soll sieben Tage* aus dem Lager ausgesperrt sein; erst dann soll man sie wieder hereinlassen.
So wurde Mirjam sieben Tage aus dem Lager ausgesperrt. Das Volk brach nicht auf, bis man Mirjam wieder hereinließ.
Erst nachher brach das Volk von Hazerot* auf und schlug dann sein Lager in der Wüste Paran* auf.

[aus Num 12,1-16]

Was bedeutet

* Bei der **kuschitischen Frau** handelt es sich um eine Frau aus dem oberen Niltal, heute Nubien genannt.

* Die **Wolke** begleitet in der gesamten Religionsgeschichte das Erscheinen der Gottheit.

* **Aussätzige** galten als lebendige Tote.

* **Sieben** ist eine heilige Zahl, die Gott (drei) und die Welt (vier) vereint.

Zum Weiterlesen

Es wird noch von weiteren Frauen und Männern erzählt, die Kritik an Mose üben:

– // Korach, Datan und Abiram „erhoben sich gegen Mose, zusammen mit zweihundertfünfzig führenden Männern aus der Gemeinde. Sie rotteten sich gegen Mose und Aaron zusammen und sagten zu ihnen: Ihr nehmt euch zu viel heraus. Alle sind heilig, die ganze Gemeinde. Warum erhebt ihr euch über die Gemeinde des Herrn?
Der Herr sprach zu Mose und Aaron: Sondert euch von dieser Gemeinde ab! Ich will ihr auf einen Schlag ein Ende bereiten.
Kaum hatte er das gesagt, da spaltete sich der Boden unter ihnen, und die Erde verschlang sie ... // [vgl. Num 16]

Der Prophet Micha kennt eine Überlieferung, nach der nicht allein Mose bedeutend ist; er lässt Gott selbst sprechen:

– // Ich habe dich doch aus Ägypten heraufgeführt und dich freigekauft aus dem Sklavenhaus. Ich habe Mose vor dir hergesandt und Aaron und Mirjam. // [Mi 6,4]

MIT WELCHEM RECHT TUST DU DAS?

Sie kamen wieder nach Jerusalem. Als er im Tempel* umherging, kamen die Hohenpriester*, die Schriftgelehrten und die Ältesten* zu ihm und fragten ihn:

Mit welchem Recht tust du das alles?
Wer hat dir die Vollmacht gegeben, das zu tun?

Jesus sagte zu ihnen:

Zuerst will ich euch eine Frage vorlegen.
Antwortet mir, dann werde ich euch sagen,
mit welchem Recht ich das tue.
Stammte die Taufe des Johannes vom Himmel
oder von den Menschen?
Antwortet mir!

Da überlegten sie und sagten zueinander:

Wenn wir antworten:
Vom Himmel!,
so wird er sagen:
Warum habt ihr ihm dann nicht geglaubt?
Sollen wir also antworten:
Von den Menschen?

Kurz erklärt

Der Evangelist erzählt von einem „Streitgespräch". Dieses besteht aus Frage und Gegenfrage und hat in der Regel zum Ziel, dass die miteinander Streitenden zu einer übereinstimmenden Meinung gelangen. Es zeigt sich jedoch, dass hier echte Gegner mit unterschiedlichen Vorstellungen in einen Streit geraten. Mit Gegnern streiten heißt, eine Niederlage zu vermeiden, dem Gegner keine unnötigen Angriffsflächen zu bieten, aber auch dessen Schwächen aufzudecken. Die Hohenpriester sind über Jesu Handeln im Tempel verärgert. Sie wollen ihm das Handwerk legen. Deshalb fragen sie nach seiner Vollmacht. Jesus pariert diesen Vorstoß seiner Gegner mit einer Gegenfrage. Diese sehen sich nun selbst in einer Zwickmühle und müssen sich – zumindest vorerst – geschlagen geben.

Sie fürchteten sich aber vor den Leuten;
denn alle glaubten, dass Johannes*
wirklich ein Prophet* war.
Darum antworteten sie Jesus:
Wir wissen es nicht.
Jesus erwiderte:
Dann sage auch ich euch nicht,
mit welchem Recht* ich das alles tue.

[Mk 11,27-33]

Was bedeutet

* Der **Tempel in Jerusalem** hatte einen weitläufigen Vorhof, der mit Säulenhallen umgeben war. Hier wurde diskutiert und über religiöse und politische Fragen lautstark gestritten.

* Die **Hohenpriester** übten im Tempel das Hausrecht aus.

* **Johannes der Täufer** war als Mann Gottes im einfachen Volk beliebt. Weil er die Reichen wegen ihres luxuriösen Lebens heftig angriff, war er in diesen Kreisen nicht gut gelitten.

* Die Evangelien sind davon überzeugt, dass in Jesu Handeln Gottes Macht wirksam ist.

Zum Weiterlesen

Die Evangelien wissen immer wieder davon zu erzählen, dass Jesus in den Auseinandersetzungen mit seinen Gegnern diese mit ihren eigenen Waffen schlägt:

– Gegen den Vorwurf, er esse mit Zöllnern und Sündern, verteidigt sich Jesus mit den Worten: // Nicht die Gesunden brauchen den Arzt, sondern die Kranken.//

[Mk 2,17]

– Weil seine Gegner Jesus hindern wollen, am Sabbat einen Menschen zu heilen, fragt er sie: // Was ist am Sabbat erlaubt: Gutes zu tun oder Böses, ein Leben zu retten oder es zu vernichten?//

[Mk 3,4]

Regeln zum Streiten:

– Von der eigenen Sache innerlich überzeugt sein;
– die Einwände der Kritiker ernst nehmen;
– die Gründe für die eigene Überzeugung glaubhaft vortragen;
– durch Argumente überzeugen;
– den Gegner nicht diffamieren.

EIN LEIDENSCHAFTLICHER DRAUFGÄNGE

Paulus hatte sich mit der Gemeinde in Korinth * *heftig gestritten. Es kam zum Eklat. Paulus reiste Hals über Kopf aus Korinth ab und schrieb einen geharnischten Brief an die Gemeinde. Durch die Vermittlung des Titus* *, *der im Auftrag des Paulus nach Korinth reiste, kam es zur Versöhnung. Paulus antwortet den Korinthern u. a. mit folgenden Worten:*

Gebt uns doch Raum in eurem Herzen! Niemand haben wir geschädigt,
niemand zugrunde gerichtet, niemand übervorteilt.
Ich sage das nicht, um euch zu verurteilen;
denn eben habe ich gesagt, dass ihr in unserem Herzen wohnt*,
verbunden mit uns zum Leben und zum Sterben.
Ich habe großes Vertrauen zu euch; ich bin sehr stolz auf euch.
Trotz all unserer Not bin ich von Trost erfüllt und
ströme über von Freude.

Kurz erklärt

Mit „Eifer" ist hier ein leidenschaftlicher Einsatz für eine Sache gemeint, der bis zum Einsatz des eigenen Lebens führen kann. „Religiöser Eifer" meint den Einsatz für eine gute Sache, für die Sache Gottes. Paulus ist für diesen Eifer bekannt; als Seelsorger folgt er der Devise „alles oder nichts". Dies führt den Apostel des Öfteren in schwierige Situationen – sowohl im menschlichen Zusammenleben als auch vor dem Gesetz.
So entstand auch ein Konflikt mit den Menschen in Korinth. In seinem Versöhnungsbrief wirbt Paulus nun um das Vertrauen der Gemeinde. Einerseits steht er zu dem, was er glaubte kritisieren zu müssen. Er nimmt kein Wort davon zurück. Andererseits bietet er den Korinthern wieder die Hand und lobt sie wegen ihres großen Eifers für die Sache Gottes. Sowohl Paulus wie auch die Gemeinde können auf diese Weise ihr Gesicht wahren. Beide – Paulus und die Gemeinde – gehen wieder aufeinander zu. Möglich wurde dies, weil Titus, der das Vertrauen beider Seiten genoss, zwischen den Gegnern vermittelte.

Was bedeutet

* Das „im **Herzen Wohnen**“ drückt die enge freundschaftliche Verbundenheit aus.

* Ein Verlust oder Schmerz, der unvermeidbar war, dann aber positiv verarbeitet wird, wurde damals als **„gottgewollte Traurigkeit“** bezeichnet.

Dass ich euch aber mit meinem Brief
traurig gemacht habe, tut mir nicht leid.
Wenn es mir auch eine Weile leid tat –
ich sehe ja, dass dieser Brief euch,
wenn auch nur für kurze Zeit,
traurig gemacht hat –:
jetzt freue ich mich, nicht weil ihr
traurig geworden seid,
sondern weil die Traurigkeit euch
zur Sinnesänderung geführt hat.
Denn es war eine gottgewollte Traurigkeit*;
so ist euch durch uns kein Nachteil erwachsen.

Die gottgewollte Traurigkeit verursacht nämlich Sinnesänderung zum Heil, die nicht bereut zu werden braucht;
die weltliche Traurigkeit aber führt zum Tod.

Wie groß war doch der Eifer, zu dem euch diese gottgewollte Traurigkeit geführt hat,
wie aufrichtig eure Entschuldigung, euer Unwille,
eure Furcht, eure Sehnsucht,
wie wirksam eure Anstrengung und am Ende die Bestrafung!
In jeder Hinsicht hat es sich gezeigt,
dass ihr in dieser Sache unschuldig seid.

Ich freue mich, dass ich in jeder Hinsicht auf euch
vertrauen kann.

[2 Kor 7,2-4.8-11.16]

Zum Weiterlesen

Es ist ein Zeichen von mangelnder Reife, Menschen gegeneinander auszuspielen, nur um eigene Interessen durchzusetzen:

– // Was ist denn Apollos? Und was ist Paulus? Ihr seid durch sie zum Glauben gekommen. Sie sind also Diener, jeder, wie der Herr es ihm gegeben hat: Ich habe gepflanzt, Apollos hat begossen, Gott aber ließ wachsen. So ist weder der etwas, der pflanzt, noch der, der begießt, sondern nur Gott, der wachsen lässt. Wer pflanzt und wer begießt: Beide arbeiten am gleichen Werk, jeder aber erhält seinen besonderen Lohn, je nach der Mühe, die er aufgewendet hat. Denn wir sind Gottes Mitarbeiter; ihr seid Gottes Ackerfeld, Gottes Bau. //

[1 Kor 3,5-9]

Damals wie heute widmen sich Menschen einer guten Sache mit leidenschaftlichem Einsatz:

- für die Besserstellung von gesellschaftlichen Randgruppen
- für Gerechtigkeit und Frieden
- für die Bewahrung der Schöpfung
- gegen Ausbeutung und Unterdrückung von Mensch und Tier
- gegen die Vernichtung von Lebensmitteln
- gegen die Verschmutzung der Meere

Dieser Einsatz wird einerseits gewürdigt, andererseits ist er häufig Ursache für Konflikte und Auseinandersetzungen mit denen, die diesen Einsatz nicht nachvollziehen können.

Notizen

EIN KOMPROMISS

In diesen Tagen, als die Zahl der Jünger zunahm, begehrten die Hellenisten* gegen die Hebräer* auf, weil ihre Witwen bei der täglichen Versorgung übersehen wurden. Da riefen die Zwölf* die ganze Schar der Jünger zusammen und erklärten:

> Es ist nicht Recht, dass wir das Wort Gottes vernachlässigen
> und uns dem Dienst an den Tischen* widmen.
> Brüder, wählt aus eurer Mitte sieben Männer
> von gutem Ruf und voll Geist und Weisheit;
> ihnen werden wir diese Aufgabe übertragen.
> Wir aber wollen beim Gebet und beim Dienst
> am Wort bleiben.

Der Vorschlag fand den Beifall der ganzen Gemeinde, und sie wählten Stephanus*, einen Mann, erfüllt vom Glauben und vom Heiligen Geist, ferner Philippus* und Prochorus*, Nikanor* und Timon*, Parmenas und Nikolaus*, einen Proselyten* aus Antiochia*.

Kurz erklärt

Die Gemeinde in Jerusalem wird immer größer. Zu ihr gehören Menschen unterschiedlicher Herkunft. So kommt es auch zu Auseinandersetzung und Streit. Anlass ist eine Beschwerde der griechischen Gemeindemitglieder: Die hellenistischen – meist armen – Witwen werden vernachlässigt! D.h., sie werden bei der täglichen Versorgung mit Lebensmitteln übersehen, evtl. auch vom Gottesdienst ausgeschlossen. Der Streit beschäftigt die ganze Gemeinde. Eine Lösung findet sich in der Wahl von sieben Männern, die von nun an dafür Sorge tragen sollen, dass solche Ungerechtigkeit nicht mehr vorkommt.

Sie ließen sie vor die Apostel* hintreten, und diese beteten und legten ihnen die Hände auf. Und das Wort Gottes breitete sich aus und die Zahl der Jünger in Jerusalem* wurde immer größer; auch eine große Anzahl von Priestern* nahm gehorsam den Glauben an.

[Apg 6,1-7]

Zum Weiterlesen

Ein Streit in den christlichen Gemeinden ist der Anlass für das so genannte „Apostelkonzil“:

– // Es kamen einige Leute von Judäa herab und lehrten die Brüder: Wenn ihr euch nicht nach dem Brauch des Mose beschneiden lasst, könnt ihr nicht gerettet werden. Nach großer Aufregung und heftigen Auseinandersetzungen zwischen ihnen und Paulus und Barnabas beschloss man, Paulus und Barnabas und einige von ihnen sollten zu den Aposteln und den Ältesten nach Jerusalem hinaufgehen. //

[Apg 15,1f.]

– Als das Problem in Jerusalem vorgetragen wird, entsteht auch dort ein heftiger Streit. Er kann durch eine gute Diskussion und einen Kompromiss geschlichtet werden.

[siehe Apg 15]

Was bedeutet

* Griechisch sprechende Judenchristinnen und Judenchristen wurden „**Hellenisten**“ genannt.

* Judenchristinnen und -christen, die aramäisch sprachen, wurden als „**Hebräer**“ bezeichnet.

* „**Dienst an den Tischen**“ meint das Austeilen von Mahlzeiten für Arme und Bedürftige. Es kann damit aber auch das Verteilen von Brot und Wein im Gottesdienst gemeint sein.

* Es handelt sich hier um jüdische **Priester**.

Ein Kompromiss ist
nur dann gerecht,
brauchbar
und dauerhaft,
wenn beide Parteien
damit gleich
unzufrieden sind.

*Henry Kissinger, Friedensnobelpreisträger (*1923)*

Angst

Die sagen, sie hätten keine Angst, sind nicht ehrlich. In vielem, was wir denken und tun, lassen wir uns von unserer Angst leiten. Dies ist nicht einfach negativ zu sehen, sondern teilweise sogar lebensnotwendig. Unterschiedliche Ängste bestimmen unser Leben: Angst vor der Zukunft, vor dem Tod, Angst, von schrecklichen Ereignissen überrollt zu werden. Die nachfolgenden Texte der Bibel setzen sich mit solchen Ängsten auseinander.

ZUKUNFTSANGST

Samuel* war gestorben, und ganz Israel hatte die Totenklage für ihn gehalten und ihn in seiner Stadt Rama* begraben. Da versammelten sich die Philister zum Angriff und schlugen ihr Lager bei Schunem* auf. Saul versammelte das israelitische Heer, und sie schlugen ihr Lager im Bergland von Gilboa* auf. Als Saul das Lager der Philister sah, bekam er große Angst, und sein Herz begann zu zittern. Da befragte Saul den Herrn, aber er erhielt keine Antwort. Daher sagte Saul zu seinen Dienern:

Sucht mir eine Frau, die Gewalt über einen Totengeist* hat; ich will zu ihr gehen und sie befragen.

Seine Diener antworteten ihm:

In En-Dor* gibt es eine solche Frau.

Da machte sich Saul unkenntlich, zog andere Kleider an und ging mit zwei Männern zu der Frau. Sie kamen in der Nacht bei der Frau an, und er sagte zu ihr:

Wahrsage mir durch den Totengeist!
Lass für mich den heraufsteigen, den ich dir nenne.

Kurz erklärt

Obwohl König Saul offiziell Totenbeschwörerinnen und -beschwörer aus dem Land vertrieben hat, sucht er selbst heimlich eine dieser weisen Frauen auf. Dadurch macht er sich selbst strafbar und weckt das Misstrauen der Frau. Sie nimmt an, Saul habe ihr eine Falle gestellt.
Das große Heer der Philister hat den König in eine solche Angst versetzt, dass er sich nicht mehr zu helfen weiß. Weder das Gebet noch das Gespräch mit dem Priester im Tempel kann ihm die Angst nehmen. Daher geht er zu der Frau von En-Dor. Sie ist dafür bekannt, dass sie in schwierigen Situationen guten Rat gibt. Sie soll für ihn den Geist des erst kürzlich verstorbenen Samuel befragen.

Die Frau antwortete ihm:
Du weißt doch selbst, dass Saul
die Totenbeschwörer* und die
Wahrsager im Land ausgerottet hat.
Warum stellst du mir eine Falle,
um mich zu töten?
Saul aber schwor ihr beim Herrn:
So wahr der Herr lebt: Es soll dich
an dieser Sache keine Schuld treffen.
Die Frau sagte:
Wen soll ich für dich heraufsteigen lassen?
Er sagte:
Lass Samuel* für mich heraufsteigen!
Als die Frau Samuel erblickte, schrie sie laut auf und sagte zu Saul:
Warum hast du mich getäuscht?
Du bist ja Saul!

[nach 1 Sam 28,3-12]

Was bedeutet

* In der antiken Welt gibt es die Vorstellung, dass die Verstorbenen als Geist in der Unterwelt leben.

* **Totenbeschwörerinnen** haben Kontakt zu den okkulten Bereichen des Todes.

Zum Weiterlesen

In den biblischen Gesetzbüchern werden die Totenbeschwörung und die Wahrsagerei unter die Verbrechen gezählt, die mit der Todesstrafe geahndet werden. Hintergrund ist die Vorstellung, dass sich diese Praxis nicht mit dem Glauben an den Gott Israels vereinbaren lässt:

– // Gegen einen, der sich an Totenbeschwörer und Wahrsager wendet und sich mit ihnen abgibt, richte ich mein Angesicht und merze ihn aus seinem Volk aus. Ihr sollt euch heiligen, um heilig zu sein; denn ich bin der Herr, euer Gott. Männer oder Frauen, in denen ein Toten- oder ein Wahrsagegeist ist, sollen mit dem Tod bestraft werden. Man soll sie steinigen, ihr Blut soll auf sie kommen. //

[Lev 20,6f.27]

TODESANGST

Der König sagte zu ihr:

Hab keine Angst! Was siehst du denn?

Die Frau antwortete Saul*:

Ich sehe einen Geist aus der Erde heraufsteigen. Ein alter Mann steigt herauf; er ist in einen Mantel* gehüllt.

Da erkannte Saul, dass es Samuel* war. Er verneigte sich mit dem Gesicht zur Erde und warf sich zu Boden.

Und Samuel sagte zu Saul:

Warum hast du mich aufgestört und mich heraufsteigen lassen?

Saul antwortete:

Ich bin in großer Bedrängnis. Die Philister* führen Krieg gegen mich, und Gott ist von mir gewichen und hat mir keine Antwort mehr gegeben. Darum habe ich dich gerufen, damit du mir sagst, was ich tun soll.

Samuel erwiderte:

Warum fragst du mich? Der Herr ist doch von dir gewichen und ist dein Feind geworden. Der Herr wird auch Israel* zusammen mit dir in die Gewalt der Philister geben, und morgen wirst du samt deinen Söhnen bei mir sein.

Kurz erklärt

Nicht die Frau, sondern auch Saul selbst nimmt Kontakt zu Samuels Geist auf. Samuel beschwert sich über die Ruhestörung. Auch kann er den König nicht beruhigen. Das Schicksal des Königs ist doch schon längst besiegelt. Ohne Mitleid teilt Samuel dem König mit, dass er mit seinen Söhnen im Kampf fallen wird. Diese Todesbotschaft kann Saul nicht verkraften. Er wird ohnmächtig – hat er doch in seiner Angst nichts mehr gegessen. Im Gegensatz zu Samuel hat die Frau Mitleid mit Saul. Als kluge und praktische Frau erkennt sie, was zu tun ist. Sie kocht ein fürstliches Essen – praktisch die Henkersmahlzeit für den König.

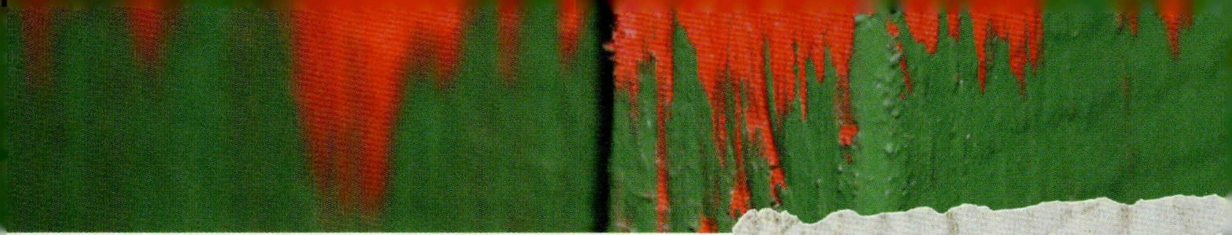

Da fiel Saul der Länge nach jäh zu Boden; so sehr war er über die Worte Samuels erschrocken.
Es war auch keine Kraft mehr in ihm, weil er den ganzen Tag und die ganze Nacht keinen Bissen gegessen hatte.
Die Frau ging zu Saul hin und sah, dass er ganz verstört war; sie sagte zu ihm:

> Jetzt aber höre auf die Stimme deiner Magd! Ich will dir ein Stück Brot zum Essen geben. Dann wirst du wieder zu Kräften kommen und kannst deines Weges gehen.

Er aber weigerte sich. Doch seine Diener und die Frau drängten ihn. Die Frau schlachtete in aller Eile ein Mastkalb* und backte ungesäuerte Brote. Das alles setzte sie Saul vor.

[aus 1 Sam 28,13-25]

Was bedeutet

* Saul erkennt Samuel an einem **Mantel,** den dieser zu seinen Lebzeiten getragen hat.

* Ein **Mastkalb** wurde nur bei festlichen Anlässen geschlachtet.

Zum Weiterlesen

Saul, der erste König in Israel, ist eine tragische Gestalt. Da er seine Truppe mit der Beute aus kriegerischen Unternehmungen (z. B. Vieh) finanziert hatte, wurde er bereits früher von Samuel kritisiert:

– // Da sagte Samuel zu Saul: Bist du nicht, obwohl du dir gering vorkommst, das Haupt der Stämme Israels? Der Herr hat dich zum König von Israel gesalbt. Warum hast du nicht auf die Stimme des Herrn gehört, sondern hast dich auf die Beute gestürzt und getan, das dem Herrn missfällt? Da sagte Saul zu Samuel: Ich habe gesündigt; denn ich habe mich über den Befehl des Herrn und deine Anweisungen hinweggesetzt, ich habe mich vor dem Volk gefürchtet und auf seine Stimme gehört. //

[1 Sam 15,17.19.24]

IM ANGESICHT DES TODES

Sie kamen zu einem Grundstück, das Getsemani* heißt,
und er sagte zu seinen Jüngern:
Setzt euch und wartet hier, während ich bete.
Und er nahm Petrus*, Jakobus* und Johannes* mit sich.
Da ergriff ihn Furcht und Angst,
und er sagte zu ihnen:
Meine Seele ist zu Tode betrübt. Bleibt hier und wacht.
Und er ging ein Stück weiter, warf sich auf die Erde nieder
und betete, dass die Stunde, wenn möglich, an ihm vorübergehe.

Er sprach:
Abba*, Vater, alles ist dir möglich.
Nimm diesen Kelch* von mir! Aber nicht, was ich will,
sondern was du willst (soll geschehen).
Und er ging zurück und fand sie schlafend. Da sagte er
zu Petrus:
Simon, du schläfst? Konntest du nicht einmal
eine Stunde wach bleiben?
Wacht und betet, damit ihr nicht in Versuchung geratet.
Der Geist ist willig, aber das Fleisch ist schwach.
Und er ging wieder weg und betete mit den gleichen Worten.

Kurz erklärt

Jesus stellt sich der unausweichlichen Tatsache, dass seine Gegner ihn vernichten werden. Die Anzeichen dafür sind unübersehbar geworden.
Der Verräter findet sich sogar in seinem Freundeskreis. In seiner Todesangst bleibt Jesus allein; selbst seine Jünger sind nicht in der Lage, ihm beizustehen.
Sein Ausspruch, mit dem er erklärt, dass sogar Petrus sich nicht in Jesu Situation einfühlen kann – „Der Geist ist willig, aber das Fleisch ist schwach" –, ist zu einer sprichwörtlichen Redensart geworden.
Gott scheint der Einzige, der Jesus noch helfen kann. An ihn, seinen Vater, wendet sich Jesus. Im verzweifelten Gebet findet er Kraft und gibt sein Leben vertrauensvoll in Gottes Hand. Dieses Gebet lässt Menschen aufhorchen, die in Leid und Angst leben oder sie auf sich zukommen sehen. Wie sollte Jesus hier nicht zum Vorbild werden?

Was bedeutet

* **Abba** (aramäisch) – vertraute Anrede des Vaters, vergleichbar dem deutschen Papa.

* Angesichts seines Todes bittet Jesus Gott, er möge ihn vor diesem Tod retten.

Als er zurückkam, fand er sie wieder schlafend, denn die Augen waren ihnen zugefallen; und sie wussten nicht, was sie ihm antworten sollten.

Und er kam zum dritten Mal und sagte zu ihnen:

Schlaft ihr immer noch und ruht euch aus?
Es ist genug. Die Stunde ist gekommen;
jetzt wird der Menschensohn
den Sündern ausgeliefert.
Steht auf, wir wollen gehen!
Seht, der Verräter, der mich ausliefert, ist da.

[Mk 14,32-42]

Zum Weiterlesen

Wie wichtig Freunde sind, auf die man sich in der Not verlassen kann, zeigt eine Bemerkung des Paulus im zweiten Brief an die Korinther:

– // Als wir nach Mazedonien gekommen waren, fanden wir in unsere Schwachheit keine Ruhe. Überall bedrängten uns Schwierigkeiten: von außen Widerspruch und Anfeindung, im Innern Angst und Furcht. Aber Gott, der die Niedergeschlagenen aufrichtet, hat auch uns aufgerichtet, und zwar durch die Ankunft des Titus – nicht nur durch seine Ankunft, sondern auch durch den Trost, den er bei euch erfahren hatte. // [2 Kor 7,5-7]

Die Jünger Jesu werden in der Bedrängnis nicht allein gelassen:

– // Wenn man euch vor Gericht stellt, macht euch keine Sorgen, wie und was ihr reden sollt; denn es wird euch in jener Stunde eingegeben werden, was ihr sagen sollt! // [Mt 10,19]

Auch dem Propheten Jeremia hatte Gott seinen Beistand zugesagt:

– // Mögen sie dich bekämpfen, sie werden dich nicht bezwingen; denn ich bin mit dir, um dich zu retten. // [Jer 1,19]

Eines Tages träumte ich, ich ginge mit dem lieben Gott am Strand entlang. Am Himmel blitzten Szenen aus meinem Leben auf. Und jedes Mal entdeckte ich gleichzeitig Fußabdrücke im Sand: Manchmal waren es zwei Paare, manchmal nur ein Paar. Während der schweren Zeiten in meinem Leben sah ich nur ein Paar Fußabdrücke. Deshalb sagte ich: „Herr, du hattest mir versprochen, mich stets zu begleiten, du warst aber nicht da, als ich dich am notwendigsten brauchte." Da antwortete Gott: „Mein Kind, wo du nur ein Paar Fußabdrücke gesehen hast, da habe ich dich getragen."

Peter Bechér

BILDER DES SCHRECKENS

Als einige darüber sprachen, dass der Tempel* mit schönen Steinen und Weihegeschenken geschmückt sei, sagte Jesus:

Es wird eine Zeit kommen, da wird von allem,
was ihr hier seht, kein Stein auf dem andern bleiben;
alles wird niedergerissen werden.

Sie fragten ihn:

Meister, wann wird das geschehen
und an welchem Zeichen wird man erkennen
dass es beginnt?

Er antwortete:

Wenn ihr von Kriegen und Unruhen hört,
lasst euch dadurch nicht erschrecken!
Ein Volk wird sich gegen das andere erheben und
ein Reich gegen das andere.
Es wird gewaltige Erdbeben und an vielen Orten
Seuchen und Hungersnöte geben;
schreckliche Dinge werden geschehen,
und am Himmel wird man gewaltige Zeichen sehen.
Wenn ihr aber seht, dass Jerusalem
von einem Heer eingeschlossen wird,

Kurz erklärt

Diejenigen, die sich an der Schönheit Jerusalems freuen, scheinen davon auszugehen, dass es kein Weltende gibt. Aber die alltäglichen Schreckensnachrichten stellen eine solche Vorstellung in Frage. Wie aber wird das Ende der Welt aussehen? Wird alles in einer totalen Zerstörung und Vernichtung enden?
Jesu Rede über den Untergang Jerusalems und das Ende der Welt will angesichts von Krieg, Katastrophen und Untergangsstimmung Mut machen. Kriege und Katastrophen, Seuchen und Hungersnot wird es immer wieder geben. Aber sie sind nicht das absolute Ende. Es gilt wachsam zu sein. Denn Gottes Kraft ist gerade dort zu spüren, wo die eigene Ohnmacht am tiefsten erfahren wird. Das Reich Gottes hat einen „neuen Himmel" und eine „neue Erde", auf der Gerechtigkeit herrscht.

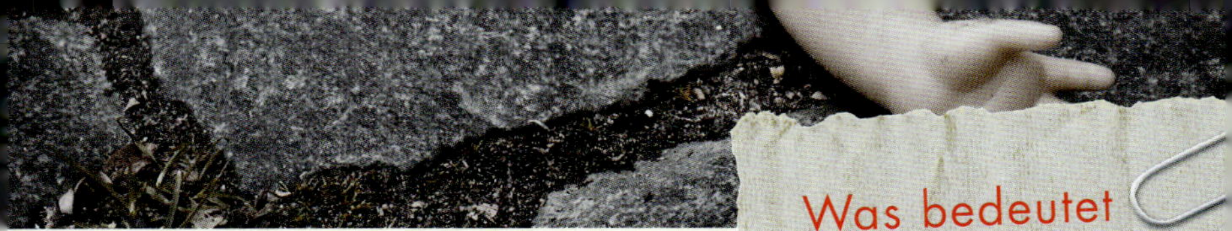

Was bedeutet

* Der **Tempel** in Jerusalem war zur Zeit Jesu ein imposantes Bauwerk: Die Mauern waren mit weißem Marmor verkleidet; Kunstwerke aus Gold und Silber verzierten ihn. Vieles war von großzügigen Gönnern gestiftet worden.

dann könnt ihr daran erkennen,
dass die Stadt bald verwüstet wird.
Dann sollen die Bewohner von
Judäa in die Berge fliehen;
wer in der Stadt ist, soll sie verlassen,
und wer auf dem Land ist,
soll nicht in die Stadt gehen.
Wehe den Frauen,
die in jenen Tagen schwanger sind
oder ein Kind stillen.
Denn eine große Not wird über das Land hereinbrechen:
Mit scharfem Schwert wird man sie erschlagen,
als Gefangene wird man sie in alle Länder verschleppen,
und Jerusalem wird von den Heiden zertreten werden.
Die Menschen werden vor Angst vergehen
in der Erwartung der Dinge, die über die Erde kommen;
denn die Kräfte des Himmels werden erschüttert werden.
Dann wird man den Menschensohn mit großer Macht
und Herrlichkeit auf einer Wolke kommen sehen.
Wenn (all) das beginnt, dann richtet euch auf
und erhebt eure Häupter;
denn eure Erlösung ist nahe.

Und er gebrauchte einen Vergleich und sagte:

Seht euch den Feigenbaum und die anderen Bäume an:
Sobald ihr merkt, dass sie Blätter treiben, wisst ihr,
dass der Sommer nahe ist.
Genauso sollt ihr erkennen,
wenn ihr (all) das geschehen seht,
dass das Reich Gottes nahe ist.

[aus Lk 21,5-31]

Zum Weiterlesen

Israels Klage über den Untergang Jerusalems:

– // Weh, wie einsam sitzt da die einst so volkreiche Stadt.
Keinen hat sie als Tröster von all ihren Geliebten.
Ihre Bedränger sind an der Macht.
Gewichen ist von der Tochter Zion all ihre Pracht. //

[Klgl 1,1.2.5.6]

Doch der Prophet Jesaja geht nicht von einem Ende der (damals bekannten) Welt aus, sondern von einer Welterneuerung:

– // Ja, vergessen sind die früheren Nöte, sie sind meinen Augen entschwunden. Denn schon erschaffe ich einen neuen Himmel und eine neue Erde. Man wird nicht mehr an das Frühere denken, es kommt niemand mehr in den Sinn. Nein, ihr sollt euch ohne Ende freuen und jubeln über das, was ich erschaffe. Denn ich mache aus Jerusalem Jubel und aus seinen Einwohnern Freude. Ich will über Jerusalem jubeln und mich freuen über mein Volk. Nie mehr hört man dort lautes Weinen und lautes Klagen. //

[Jes 65,17-19]

Notizen

Bilder von Katastrophen und Krieg werden uns heute via Fernsehen frei Haus ins Wohnzimmer geliefert. Wir sehen alles. Angesichts solcher Bilder verstummen wir und können eigentlich nur noch schweigen. Aber das Schweigen scheinen wir nicht auszuhalten. Deshalb reden wir. Warum sind wir unfähig zu klagen?

KAMPF DER MÄCHTIGEN

Dann sah ich:
Das Lamm* öffnete das erste der sieben Siegel;
und ich hörte das erste der vier Lebewesen* wie mit
Donnerstimme rufen:
Komm!
Da sah ich ein weißes Pferd*; und der, der auf ihm saß,
hatte einen Bogen. Ein Kranz wurde ihm gegeben, und als Sieger
zog er aus, um zu siegen.
Als das Lamm das zweite Siegel öffnete, hörte ich das zweite
Lebewesen rufen:
Komm!
Da erschien ein anderes Pferd; das war feuerrot*. Und der,
der auf ihm saß, wurde ermächtigt, der Erde den Frieden
zu nehmen, damit die Menschen sich gegenseitig abschlachteten.
Und es wurde ihm ein großes Schwert gegeben.
Als das Lamm das dritte Siegel öffnete, hörte ich das dritte
Lebewesen rufen:
Komm!
Da sah ich ein schwarzes Pferd*; und der, der auf ihm saß,
hielt in der Hand eine Waage. Inmitten der vier Lebewesen

Kurz erklärt

Dieser Text gehört zur sog. „Apokalyptik". Dem Verfasser – Johannes – geht es nicht nur darum, Schreckensbilder zu entwerfen. Sicherlich: Es ist nicht zu leugnen, dass in der Geschichte der Menschheit die Macht der Politik und Wirtschaft sowie Kräfte der Zerstörung und des Todes auf häufig erschreckende Weise wirken.
Aber die Geschichte wird auch von Gott bestimmt. Das ist die Überzeugung der Bibel und die Überzeugung des Autors. So will er die unter den Mächtigen der Welt Leidenden trösten und ihnen Mut machen: Auch Gottes Kräfte sind ständig am Wirken. Allerdings ist eine klare Abfolge nicht zu erkennen: Manchmal scheint die eine, manchmal die andere Kraft zu überwiegen. Letztlich bleibt Gott Herr der Geschichte. So gilt es, am Bekenntnis zu Christus und am Glauben festzuhalten.

hörte ich etwas wie eine Stimme sagen:
Ein Maß Weizen für einen Denar
und drei Maß Gerste für einen Denar.
Aber dem Öl und dem Wein füge
keinen Schaden zu!
Als das Lamm das vierte Siegel öffnete,
hörte ich die Stimme des vierten
Lebewesens rufen:
Komm!
Da sah ich ein fahles Pferd*; und der,
der auf ihm saß, heißt „der Tod“;
und die Unterwelt zog hinter ihm her.
Und ihnen wurde die Macht gegeben
über ein Viertel der Erde, Macht,
zu töten durch Schwert, Hunger und
Tod und durch die Tiere der Erde.

[Offb 6,1-8]

Was bedeutet

* Das **Lamm** ist Symbol für den gekreuzigten und erhöhten Christus.

* Die **vier Lebewesen** mit den sechs Flügeln, die voller Augen sind (vgl. Offb 4,8), stehen um den Thron Gottes. Ihre merkwürdige Gestalt weist auf ihre Kraft und ihre Stärke. In alter Zeit galten solche Lebewesen als mächtige Schutzgeister, von denen man Hilfe, Schutz und Glück erwartete – ähnlich einem Talisman heute.

* Das **weiße Pferd** mit dem Bogen und dem Siegerkranz symbolisiert Christus.

* Das **feuerrote Pferd** mit dem Schwert steht für die politische Macht.

* Das **schwarze Pferd** mit der Waage stellt die Macht der Wirtschaft dar.

* Das **fahle Pferd** weist auf Seuchen, Hungersnot und Tod.

Zum Weiterlesen

Gewalttaten prägen die Geschichte der Menschheit von Anfang an:

– // Die Erde aber war in Gottes Augen verdorben, sie war voller Gewalttat. // [Gen 6,11]
stellt Gott am Anfang der Bibel fest.

Erschütterungen und Krisen,
Tod und Vernichtung
durchziehen die Geschichte der Menschheit.
Sinn und Ziel der Geschichte bleibt jenen verborgen,
die nur das Vordergründige betrachten.

Gewalt

Der Stärkere hat immer Recht. Wer die Macht hat, setzt sich durch. Dies scheint das Prinzip, nach dem die Welt regiert wird. Es funktioniert in den alltäglichen, kleinen Rempeleien genauso wie in der großen Politik. Nur manchmal wagen es Menschen, dagegen aufzustehen und die Gewalt beim Namen zu nennen. Diese unsere Erfahrungen spiegeln sich auch in den Erzählungen der Bibel.

DIE MACHT DER MÄCHTIGEN?

Abimelech strebt für sich das Königtum in Israel an. Sein Vater Gideon*, an den die Israeliten die Königswürde herangetragen hatten, hatte diese abgelehnt, weil nur Gott über Israel herrschen sollte. Abimelech überredet die Bewohner von Sichem*, ihn zum König zu machen. Mit Geld heuert er eine Truppe an, um seine Brüder als mögliche Mitbewerber auszuschalten. Er lässt alle seine Brüder umbringen; nur der Jüngste, Jotam*, entkommt dem Gemetzel. Diesem wurde gemeldet, dass die Bewohner von Sichem seinen Bruder Abimelech zu ihrem König gemacht hatten.*

Als man dem Jotam meldete, dass die Bewohner von Sichem Abimelech zum König gemacht hatten, stellte er sich auf den Gipfel des Berges Garizim* und rief ihnen mit erhobener Stimme zu:

> Hört auf mich, ihr Bürger von Sichem,
> damit Gott auf euch hört.

Kurz erklärt

Die Bibel spricht vielfach in Bildern und Vergleichen, die häufig der realen Welt entnommen sind. Manches lässt sich auf diese Weise klarer verständlich machen. In der antiken Fabelwelt ist der Dornstrauch eine Kontrastfigur. Dornengewächse stehen für Schmerz, für Unangenehmes und Lästiges, gelten als minderwertig und schädlich und sind allenfalls als Brennmaterial nützlich. Ein Dornstrauch kann keinen Schatten als Schutz gegen die sengende Mittagssonne spenden. Sein Angebot kann nur in den Untergang führen. Die Fabel übt daher eine scharfe Kritik am Königtum und damit an jedem Anspruch auf Herrschaft und Macht über andere. Nur derjenige wird König, der nichts taugt und es zu nichts bringt. Zügelloses Streben nach Macht, das auch in unserer Gesellschaft anzutreffen ist, geht oft über Leichen und ruiniert den inneren Zusammenhalt jeder Gesellschaft. Letztlich bringt es den Menschen nur Elend und Not.

Einst machten sich die Bäume auf,
um sich einen König zu salben,
und sie sagten zum Ölbaum*:
    Sei du unser König!
Der Ölbaum sagte zu ihnen:
    Soll ich mein Fett aufgeben, mit dem
    man Götter und Menschen ehrt,
    und hingehen, um über den anderen
    Bäumen zu schwanken?
Da sagten die Bäume zum Feigen-
baum*:
    Komm, sei du unser König!
Der Feigenbaum sagte zu ihnen:
    Soll ich meine Süßigkeit aufgeben
    und meine guten Früchte
    und hingehen, um über den
    anderen Bäumen zu schwanken?
Da sagten die Bäume zum Weinstock*:
    Komm, sei du unser König!
Der Weinstock sagte zu ihnen:
    Soll ich meinen Most aufgeben,
    der Götter und Menschen erfreut, und hingehen,
    um über den anderen Bäumen zu schwanken?
Da sagten alle Bäume zum Dornenstrauch:
    Komm, sei du unser König!
Der Dornenstrauch sagte zu den Bäumen:
    Wollt ihr mich wirklich zu eurem König salben?
    Kommt, findet Schutz in meinem Schatten!
    Wenn aber nicht, dann soll vom Dornenstrauch
    Feuer ausgehen und die Zedern* des Libanon* fressen.

[nach Ri 9,7-15]

Was bedeutet

* Der **Ölbaum** ist Bild für den König; seine Zweige symbolisieren Frieden, neues Leben und Hoffnung.

* Der **Feigenbaum** wächst auch auf steinigem Boden. Wenn er gedeiht, bedeutet das Frieden und Glück.

* Wein und **Weinstock** stehen als Symbol für Sicherheit und Fruchtbarkeit. Wein fehlte bei keinem Festmahl; er hatte auch medizinische Bedeutung.

* Die **Zeder** ist ein Nadelbaum, der nach biblischen Erzählungen begehrtes Bauholz liefert. Mythos und Sage sprechen von einem „Gottesgarten" aus Zedern auf dem Libanon.

Zum Weiterlesen

Die Rechte des Königs sind:

– // Verpflichtung der Bewohner zum Militärdienst, Heranziehen zu Feld- und Hausarbeit, Auferlegung von Steuern und Abgaben, Ausbeutung und Versklavung von Menschen. //

[vgl. 1 Sam 8,10-18]

Wort Jesu:

– // Ihr wisst, die als Anführer der Völker gelten, herrschen auf sie herunter, und ihre Großen lassen sie ihre Vollmacht spüren. Bei euch aber ist es nicht so! Sondern: Wer ein Großer bei euch werden will, sei euer Diener. Und wer bei euch Erster sein will, sei aller Knecht. //

[Mk 10,42-44]*

* Übersetzung: Fridolin Stier

Politische Skandale sind auch in demokratischen Ländern nicht ausgeschlossen. Die Medien sprechen in diesem Zusammenhang oft von einer „Politikverdrossenheit“. Diese schlägt sich in einer sinkenden Wahlbeteiligung nieder. Auch die Bibel betrachtet menschliche Herrschaft kritisch und sieht sie weitgehend negativ.

Notizen

UND BIST DU NICHT WILLIG ...

Nabot* aus Jesreel* hatte einen Weinberg in Jesreel neben dem Palast Ahabs*, des Königs von Samarien*.
Ahab verhandelte mit Nabot und schlug ihm vor:
Gib mir deinen Weinberg! Er soll mir als Gemüsegarten dienen; denn er liegt nahe bei meinem Haus.
Ich will dir dafür einen besseren Weinberg geben.
Wenn es dir aber lieber ist, bezahle ich dir den Kaufpreis in Geld.
Doch Nabot erwiderte:
Der Herr bewahre mich davor, dass ich dir das Erbe* meiner Väter überlasse.

Darauf kehrte Ahab in sein Haus zurück. Er war missmutig und verdrossen, weil Nabot aus Jesreel zu ihm gesagt hatte:
Ich werde dir das Erbe meiner Väter nicht überlassen.
Er legte sich auf sein Bett, wandte das Gesicht zur Wand und wollte nicht essen.
Seine Frau Isebel* kam zu ihm herein und fragte:
Warum bist du missmutig und willst nicht essen?
Er erzählte ihr:
Ich habe mit Nabot aus Jesreel verhandelt und ihm gesagt:
Verkauf mir deinen Weinberg für Geld, oder
wenn es dir lieber ist, gebe ich dir einen anderen dafür.
Doch er hat geantwortet:
Ich werde dir meinen Weinberg nicht geben.
Da sagte seine Frau Isebel zu ihm:
Du bist doch jetzt König in Israel. Steh auf, iss und sei guter Dinge!
Ich werde dir den Weinberg Nabots aus Jesreel verschaffen.

Sie schrieb Briefe im Namen Ahabs,
versah sie mit seinem Siegel und
schickte sie an die Ältesten und Vornehmen, die mit Nabot zusammen
in der Stadt wohnten.
In den Briefen schrieb sie:

Ruft ein Fasten* aus und
lasst Nabot oben vor allem Volk
Platz nehmen!
Setzt ihm aber zwei nichtswürdige Männer gegenüber!
Sie sollen gegen ihn als Zeugen
auftreten und sagen:

Du hast Gott und
den König gelästert*.

Führt ihn dann hinaus und
steinigt ihn zu Tode!

Die Männer der Stadt, die Ältesten und Vornehmen,
die mit ihm zusammen in der Stadt wohnten, taten,
was Isebel ihnen geboten hatte, was in den Briefen stand,
die sie ihnen gesandt hatte.
Sie riefen ein Fasten aus und ließen Nabot oben vor allem
Volk Platz nehmen.
Es kamen aber auch die beiden nichtswürdigen Männer
und setzten sich ihm gegenüber.
Sie standen vor dem Volk als Zeugen gegen Nabot auf
und sagten:

Nabot hat Gott und den König gelästert.

Was bedeutet

* **„Erbe“** ist ein sog. Rechtstitel; dieser beinhaltet, dass ein Erbe in Form von Haus und Boden grundsätzlich nicht verkauft werden durfte. Nach religiöser Vorstellung ist YHWH alleiniger Eigentümer des Landes, das er seinem Volk nur zum Leben zur Verfügung stellt.

* Unter **Fasten** ist hier ein religiöses Fest zu verstehen, durch das Unheil abgewendet werden soll (wie etwa bei Missernten oder Krieg).

* Auf **Gotteslästerung** und Hochverrat stand die Todesstrafe.

Sogleich führte man ihn aus der Stadt hinaus und steinigte ihn zu Tode.
Darauf ließen sie Isebel melden:
Nabot wurde gesteinigt und ist tot.

Als Ahab hörte, dass Nabot tot war, stand er auf und ging zum Weinberg Nabots aus Jesreel hinab, um von ihm Besitz zu ergreifen.

[nach 1 Kön 21,1-16]

SCHLAGZEILEN:

„Spendenskandal weitet sich aus in Bestechungsaffäre"

„Rücktritt: Der Minister bezog doppeltes Gehalt"

Kurz erklärt

Einen eigenen Weinberg zu besitzen und vom eigenen Weinstock ernten zu können, gilt in biblischer Zeit als besonders erstrebenswert. Zugleich ist zu bedenken, dass der Erhalt und die Pflege eines Weinbergs bzw. Weingartens in regenarmen Gegenden mit hohem Aufwand verbunden waren. So ist es gut nachvollziehbar, dass Nabot auf keinen Fall seinen bereits ererbten Weinberg verkaufen oder auch nur tauschen will.
Aber Ahab, der König von Israel, will Nabots Grundstück um jeden Preis erwerben. Da Nabot das Grundstück aber nicht verkaufen will, werden Zeugen bestochen, wird ein Schauprozess inszeniert und Nabot wegen Hochverrats zum Tode verurteilt. Nach der Hinrichtung des Nabot nimmt der König das Grundstück in Besitz.

Zum Weiterlesen

Prinzip der zwei Zeugen:

– // Wenn es um ein Verbrechen oder ein Vergehen geht, darf ein einzelner Belastungszeuge nicht Recht bekommen, welches Vergehen auch immer der Angeklagte begangen hat. Erst auf die Aussage von zwei oder drei Zeugen darf eine Sache Recht bekommen. // [Dtn 19,15]

Falsche Anschuldigung vor Gericht ist strafbar:

– // Wenn jemand vor Gericht geht und als Zeuge einen andern zu Unrecht der Anstiftung zum Aufruhr bezichtigt, wenn die beiden Parteien mit ihrem Rechtsstreit vor den Herrn hintreten, vor die Priester und Richter, die dann amtieren, wenn die Richter eine genaue Ermittlung anstellen und sich zeigt: Der Mann ist ein falscher Zeuge, er hat seinen Bruder fälschlich bezichtigt, dann sollt ihr mit ihm so verfahren, wie er mit seinem Bruder verfahren wollte. //

[Dtn 19,16-19]

NOTIZEN

TOD DEM TYRANNEN!

Damals war Debora, eine Prophetin*, Richterin* in Israel. Auf die Bitte von Barak* hin zieht sie mit ihm gegen Sisera*, den Feldherrn des Königs von Hazor*, der ein riesiges Herr anführt, in den Kampf.*
Und der Herr brachte Sisera, alle seine Wagen und seine ganze Streitmacht vor den Augen Baraks in große Verwirrung.

Sisera war zu Fuß zum Zelt der Jaël*, der Frau des Keniters* Heber*, geflohen; denn zwischen dem König von Hazor und der Familie des Heber herrschte Frieden.

Jaël ging Sisera entgegen und sagte zu ihm:
Kehr ein, Herr, kehr ein bei mir, hab keine Angst!
Da begab er sich zu ihr ins Zelt, und sie deckte ihn mit einem Teppich zu.
Er sagte zu ihr:
Gib mir doch etwas Wasser zu trinken, ich habe Durst.
Sie öffnete einen Schlauch mit Milch* und gab ihm zu trinken; dann deckte sie ihn wieder zu.

Kurz erklärt

In der Regel sind Frauen, in biblischer Zeit wie heute, Opfer von Gewalt. Es kann jedoch nicht verschwiegen werden, dass Frauen ebenso wie Männer an Gewalttaten beteiligt sein können. In dieser Erzählung sind die Rollen von Männern und Frauen sogar vertauscht: General Barak weigert sich, ohne Debora in den Krieg zu ziehen, Sisera, der mächtige Feldherr, flieht feige zu Fuß, als sein Heer angegriffen wird. Demgegenüber stehen zwei Frauen: Debora und Jaël. Debora ist eine starke Frau, die klug das Land regiert und Männer in den Krieg schickt. Jaël erscheint zwar zunächst fürsorglich, entpuppt sich dann aber als Mörderin. Der Überlieferung nach wird diese Gewalttat als Befreiungstat Gottes gesehen; durch Jaëls Tat wird Israel von der Übermacht der Kanaanäer befreit.
Es stellt sich dennoch die Frage nach der Rechtfertigung dieses Mordes.
Krieg – auch wenn er als „gerechter Krieg" bezeichnet wird – ist ein gewaltsames Geschehen. Wo immer Gewalt geübt wird, kann sie Gegengewalt erzeugen.
Wer kann den Teufelskreis durchbrechen?

Er sagte zu ihr:

Stell dich an den Zelteingang, und
wenn einer kommt und dich fragt:
Ist jemand hier?,
dann antworte:
Nein.

Doch Jaël, die Frau Hebers, holte einen Zeltpflock, nahm einen Hammer in die Hand, ging leise zu Sisera hin und schlug ihm den Zeltpflock durch die Schläfe, sodass er noch in den Boden drang. So fand Sisera, der vor Erschöpfung eingeschlafen war, den Tod. Da erschien gerade Barak, der Sisera verfolgte. Jaël ging ihm entgegen und sagte:

Komm, ich zeige dir den Mann,
den du suchst.

Er ging mit ihr hinein; da sah er Sisera tot am Boden liegen, mit dem Pflock in seiner Schläfe. [nach Ri 4,4-9.17-22]

Zum Weiterlesen

Die Bibel erzählt noch von anderen Frauen, die sich in Kriegsgeschehen einmischen:

– // Dann zog Abimelech nach Tebez, belagerte die Stadt und nahm sie ein. Mitten in der Stadt aber war eine starke Burg. Dorthin flohen alle Männer und Frauen. ... Abimelech rückte an die Burg heran und eröffnete den Kampf gegen sie. Als er sich dem Burgtor näherte, um es in Brand zu stecken, warf eine Frau Abimelech einen Mühlstein auf den Kopf und zerschmetterte ihm den Schädel. Da rief er seinen Waffenträger und sagte zu ihm: Schnell, zieh dein Schwert und töte mich! Man soll nicht sagen: Eine Frau hat ihn umgebracht. Der junge Mann durchbohrte ihn, und er starb. // [Ri 9,50-54]

Was bedeutet

* In alttestamentlicher Zeit ist ein **Richter** oder eine Richterin eine Person, die über einen oder mehrere Volksstämme regiert.

* Ein Schlauch ist im alten Orient aus Ziegenhaut gefertigt, deren Öffnungen zugebunden waren. In ihm wurde Wasser, **Milch** oder Wein aufbewahrt.

In der Politik wird heute weniger vom „Gerechten Krieg" als von „Humanitären Interventionen" gesprochen. Als Beispiele können angeführt werden:

- 1992–94 UN-Soldaten in Somalia;
- 1992–95 NATO-Soldaten in Jugoslawien;
- 1999 NATO-Luftangriffe auf Serbien im Kosovokrieg;
- 2011 Internationaler Militäreinsatz in Libyen.

Mit dieser Sprachregelung soll zum Ausdruck gebracht werden, dass die jeweilige militärische Aktion eine Reaktion auf systematische Verletzungen von Grundrechten der BürgerInnen auf Leib und Leben in großem Ausmaß (z. B. in Gestalt von Massakern, Völkermord oder Vertreibung) darstellt und alle Versuche, diese weitreichenden Grundrechteverletzungen auf diplomatischem, friedlichen Wege zu beseitigen, fehlgeschlagen sind.

… DANN SCHLAG ICH DIR DEN SCH

Adam * erkannte Eva *, seine Frau; sie wurde schwanger und gebar Kain *. Da sagte sie:

Ich habe einen Mann vom Herrn erworben.

Sie gebar ein zweites Mal, nämlich Abel *, seinen Bruder.

Abel wurde Schafhirt und Kain Ackerbauer.

Nach einiger Zeit brachte Kain dem Herrn ein Opfer von den Früchten des Feldes dar; auch Abel brachte eines dar von den Erstlingen seiner Herde und von ihrem Fett. Der Herr schaute auf Abel und sein Opfer, aber auf Kain und sein Opfer schaute er nicht. Da überlief es Kain ganz heiß und sein Blick senkte sich.

Der Herr sprach zu Kain:

Warum überläuft es dich heiß … und warum senkt sich dein Blick?

Hirauf sagte Kain zu seinem Bruder Abel:

Gehen wir aufs Feld!

Als sie auf dem Feld waren, griff Kain seinen Bruder Abel an und erschlug ihn. Da sprach der Herr zu Kain:

Wo ist dein Bruder Abel?

Er entgegnete:

Ich weiß es nicht. Bin ich der Hüter meines Bruders?

Der Herr sprach:

Was hast du getan? Das Blut deines Bruders schreit zu mir vom Ackerboden.

Kurz erklärt

„Bruder" steht zum einen für den leiblichen Bruder, kann aber auch einen nahen Verwandten meinen und ebenso den Stammesangehörigen oder einen Freund. In den biblischen Gesetzen werden auch der Arme und der Hilfsbedürftige als „Bruder" bezeichnet. In jedem Fall drückt „Bruder" eine besondere Zusammengehörigkeit, Vertrautheit oder Nähe aus.

Das Bild der einander feindlich gesinnten Brüder ist in der alten Welt weit verbreitet. In der Bibel erhält es eine spezifische Gestalt und beschreibt einen Grundkonflikt zwischen „Brüdern" mit unterschiedlicher Lebensweise. Kain als Ackerbauer symbolisiert die Großgrundbesitzer und damit die soziale Oberschicht, Abel steht als Schafhirt für die Kleinbauern. In dieser Erzählung spiegelt sich somit der Kampf der Großen gegen die Kleinen, bei dem der Verlierer von vornherein feststeht. Gottes Zuwendung gilt den Schwachen. Die Sieger dagegen, die auf Kosten der kleinen Leute leben, werden von ihrer Schuld geplagt und finden keine Ruhe.

So bist du verflucht, verbannt vom
Ackerboden, der seinen Mund auf-
gesperrt hat, um aus deiner Hand
das Blut deines Bruders aufzunehmen.
Wenn du den Ackerboden bestellst,
wird er dir keinen Ertrag mehr bringen.
Rastlos und ruhelos wirst du auf der Erde sein.

Kain antwortete dem Herrn:

Zu groß ist meine Schuld, als dass ich sie tragen könnte.
Du hast mich heute vom Ackerland verjagt, und ich muss mich
vor deinem Angesicht verbergen; rastlos und ruhelos werde
ich auf der Erde sein, und wer mich findet, wird mich erschlagen.

Der Herr aber sprach zu ihm:

Darum soll jeder, der Kain erschlägt,
siebenfacher Rache verfallen.

Darauf machte der Herr dem Kain ein Zeichen,
damit ihn keiner erschlage, der ihn finde.
Dann ging Kain vom Herrn weg und ließ sich
im Land Nod* nieder, östlich von Eden*.

[Gen 4,1-16]

Zum Weiterlesen

Gott hilft den Armen und Schwachen.
Diese Überzeugung prägt weite Teile der Bibel:

– // Du entreißt den Schwachen dem, der stärker ist, den Schwachen und Armen dem, der ihn ausraubt. //

[Ps 35,10]

Diese Überzeugung ist grundlegend für die biblische Vorstellung von Gott:

– // ICH bin dein Gott, der ich dich führte aus dem Land Ägypten, aus dem Haus der Dienstbarkeit. //

[Ex 20,2]*

* Übersetzung: Martin Buber

Was bedeutet

* **Kain** bedeutet: der Erworbene.

* **Abel** bedeutet: Vergänglichkeit.

* **Nod** bedeutet: Ruhelos.

* **Eden** bedeutet: Garten der Wonne.

KAIN UND ABEL

Meine Familie ist angesehen,
nicht zuletzt dank mir.
Mein Bruder erfand
den Totschlag,
meine Eltern das Weinen,
ich das Schweigen.

Was nachher geschah,
daran erinnert sich jeder.
Unsere Erfindungen
wurden immer feiner,
eine folgte der andern,
man gab Befehle.

Manche mordeten auch
auf eigene Weise,
weinten auf eigene
Weise.

Dan Pagis

Autobiographie, in: ders., Erdichteter Mensch. Gedichte hebräisch – deutsch, aus dem Hebräischen von Tuvia Rübner, Frankfurt a. M. 1993, 6–7.

ÜBER LEICHEN GEHEN

Als David * einmal zur Abendzeit auf dem Flachdach des Königspalastes hin- und herging, sah er von dort aus eine Frau, die badete. Die Frau war sehr schön anzusehen. David schickte jemand hin und erkundigte sich nach ihr. Man sagte ihm:

Das ist Batseba *, die Frau des Hetiters * Urija *.

Darauf schickte David Boten zu ihr und ließ sie holen.
Sie kam zu ihm, und er schlief mit ihr. Dann kehrte sie in ihr Haus zurück.
Die Frau aber war schwanger geworden und schickte deshalb zu David und ließ ihm mitteilen:

Ich bin schwanger.

Daraufhin ließ David den Mann Batsebas, Urija, der sich gerade im Krieg befand, nach Jerusalem zurückholen. Er beschenkte Urija und gab ihm Urlaub, damit er zu seiner Batseba gehen und mit ihr schlafen konnte. Doch Urija nahm diese Möglichkeit nicht wahr.

Kurz erklärt

Nachdem David bereits mehrere Frauen hat (ein Harem gehörte zur königlichen Lebensweise), trifft er auf Batseba. Zu diesem Zeitpunkt ist David auf dem Höhepunkt seiner Macht angelangt. So kann er sich einfach das nehmen, was er will. Es wird erzählt, dass der König Batseba will und sie sich nimmt. Von Batsebas Gefühlen aber wird nichts erzählt. Eigentlich sollte es aus Sicht Davids nur ein Abenteuer sein. Als Batseba schwanger wird, versucht David zunächst, dem Ehemann das Kind unterzuschieben. Doch der schläft nicht mit seiner Frau – mit Rücksicht auf die anderen Soldaten, die im Krieg auf dem Feld lagern.
Diese Solidarität kostet ihn das Leben. Zu diesem Zeitpunkt ist David noch nicht klar, dass sein gewalttätiges Handeln auf ihn selbst zurückfallen wird.

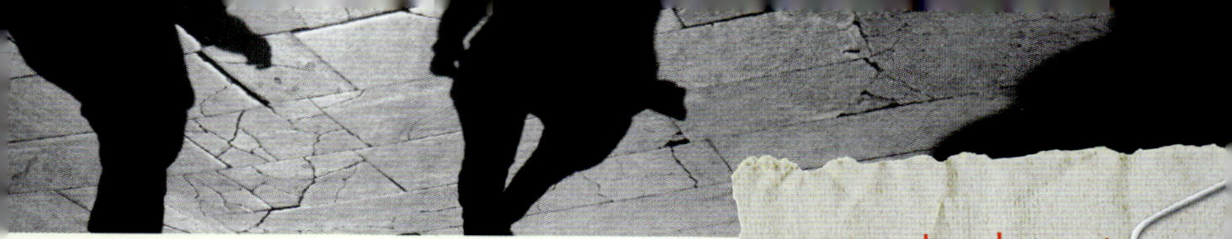

Am anderen Morgen schrieb David
einen Brief an (seinen Feldherrn) Joab*
und ließ ihn durch Urija überbringen.
Er schrieb in dem Brief:
Stellt Urija nach vorn,
wo der Kampf am heftigsten ist,
dann zieht euch von ihm zurück,
so dass er getroffen wird
und den Tod findet.
Als dann die Leute gegen Joab kämpften,
fielen einige von den Kriegern Davids;
auch der Hetiter Urija fand den Tod.

Als die Frau Urijas hörte, dass ihr Mann tot war,
hielt sie für ihren Gemahl die Totenklage.
Sobald die Trauerzeit* vorüber war, ließ David sie zu sich
in sein Haus holen. Sie wurde seine Frau und gebar ihm
einen Sohn.
Dem Herrn aber missfiel, was David getan hatte.

[aus 2 Sam 11,2-27]

Was bedeutet

* In biblischer Zeit dauerte die offizielle **Trauerzeit** in der Regel sieben Tage, manchmal ging die Trauer auch über 30 oder gar 70 Tage. In dieser Zeit trug man ein Trauergewand, löste das Haar, ging barfuß und verzichtete sogar auf Körperpflege. Zur Trauer gehörte auch das Fasten, zumindest der Verzicht auf Fleisch und Wein.

Zum Weiterlesen

Im Königshaus Davids muss die Machtfrage immer wieder geklärt werden. Meistens wird sie mit Gewalt gelöst: Abschalom, der Sohn Davids, probt den blutigen Aufstand gegen seinen Vater (2 Sam 15), Amnon vergewaltigt seine Halbschwester Tamar, Abschalom nimmt dafür blutige Rache an seinem Bruder:

– // Abschalom befahl seinen jungen Leuten: Gebt Acht: Wenn Amnon vom Wein guter Laune ist, werde ich zu euch sagen: Schlagt Amnon tot! Dann tötet ihn. Habt keine Angst! Ich selbst habe es euch ja befohlen. Seid mutig und tapfer! //

[2 Sam 13,28]

WAS KÜMMERT MICH DEIN SCHICKSAL

Es war einmal ein reicher Mann, der sich in Purpur* und feines Leinen kleidete und Tag für Tag herrlich und in Freuden lebte. Vor der Tür des Reichen aber lag ein armer Mann namens Lazarus*, dessen Leib voller Geschwüre war. Er hätte gern seinen Hunger mit dem gestillt, was vom Tisch des Reichen herunterfiel. Stattdessen kamen die Hunde und leckten an seinen Geschwüren. Als nun der Arme starb, wurde er von den Engeln in Abrahams Schoß* getragen. Auch der Reiche starb und wurde begraben.

In der Unterwelt*, wo er qualvolle Schmerzen litt, blickte er auf und sah von weitem Abraham*, und Lazarus in seinem Schoß. Da rief er:

> Vater Abraham, hab Erbarmen mit mir und schick
> Lazarus zu mir; er soll wenigstens die Spitze seines Fingers
> ins Wasser tauchen und mir die Zunge kühlen,
> denn ich leide große Qual in diesem Feuer.

Abraham erwiderte:

> Mein Kind, denk daran, dass du schon zu
> Lebzeiten deinen Anteil am Guten erhalten hast,
> Lazarus aber nur Schlechtes.
> Jetzt wird er dafür getröstet, du aber musst leiden.
> Außerdem ist zwischen uns und euch ein tiefer,
> unüberwindlicher Abgrund,

Kurz erklärt

Reichtum gilt in der Bibel zum einen als Gabe Gottes, wird aber andererseits mit negativen Vorzeichen versehen. Reiche horten ihr Vermögen, übersehen aber Arme und Bettler und beachten sie kaum. Sie verweigern Almosen, obwohl Mose und die Propheten die Armenfürsorge rechtlich einfordern. Die Erzählung vom armen Lazarus setzt diese Erfahrung voraus. Sie richtet den Blick jedoch auf die Folgen: Im Tod sind Arme und Reiche gleich; beide müssen sterben. Das Interesse des Gleichnisses gilt den Reichen. Die Armen sind in der Obhut Gottes. Dem Reichen dagegen mangelt es an Gespür für die Not des Armen. Erst das eigene Leid öffnet ihm dafür die Augen. Dann aber ist es zu spät: Wer den Armen vor seiner Tür nicht beachtet, riskiert sein Leben!

sodass niemand von hier zu euch
oder von dort zu uns kommen kann,
selbst wenn er wollte.
Da sagte der Reiche:
Dann bitte ich dich, Vater,
schick ihn in das Haus meines Vaters!
Denn ich habe noch fünf Brüder.
Er soll sie warnen, damit nicht auch
sie an diesen Ort der Qual kommen.
Abraham aber sagte:
Sie haben Mose* und die Propheten*,
auf die sollen sie hören.
Er erwiderte:
Nein, Vater Abraham, nur wenn einer von den Toten
zu ihnen kommt, werden sie umkehren.
Darauf sagte Abraham:
Wenn sie auf Mose und die Propheten nicht hören,
werden sie sich auch nicht überzeugen lassen,
wenn einer von den Toten aufersteht.

[Lk 16,19-31]

Was bedeutet

* **Purpur** bezeichnet besonders kostbare Stoffe; auch bei Leinen gibt es erhebliche Qualitätsunterschiede.

* Der Name **Lazarus** bedeutet übersetzt „dem Gott hilft".

* Das Totenreich befindet sich nach biblischer Vorstellung in der **Unterwelt**, dem Ort der Gottlosen.

* **„Abrahams Schoß"** ist ein Bild für das Leben bei Gott.

* **„Mose und die Propheten"** bezeichnet die biblische Überlieferung.

Zum Weiterlesen

– // Wie schwer ist es für Menschen, die viel besitzen, in das Reich Gottes zu kommen! ... Eher geht ein Kamel durch ein Nadelöhr, als dass ein Reicher in das Reich Gottes gelangt. //

[Mk 10,23.25]

– // Die Hälfte meines Vermögens will ich den Armen geben, und wenn ich von jemand zu viel gefordert habe, gebe ich ihm das Vierfache zurück. //

[Lk 19,8]

Eine reiche Dame kam
in den Himmel. Petrus
empfing sie und zeigte ihr
eine prächtige Villa:
„Das ist die Wohnung
Ihres Dienstmädchens."
Da dachte die Dame,
sie erhalte ein Schloss.
Dann zeigte ihr Petrus ein
kleines, armseliges Haus:
„Das ist Ihre Wohnung."
Die Dame empörte sich;
Petrus aber erwiderte:
„Tut mir leid, aber mit dem
Material, das Sie uns geliefert haben, konnten
wir nichts Besseres bauen."

Warum, Gott?

Warum gibt es so viel Leid auf der Welt? Warum gerade ich? Bei der Suche nach einer Antwort auf diese Frage wenden sich die Menschen in der Bibel an Gott. Sie stellen diese Frage klagend und anklagend, hoffend und zweifelnd: Warum lässt du das geschehen? Wo bist du?

Die Frage nach dem Leid verweist auf die dunkle Seite Gottes, lässt die Rede vom „lieben Gott“ fragwürdig werden. Sie zeigt uns, dass Gott der Unbegreifliche ist und bleibt, den der Mensch nicht versteht. Die Texte der Bibel ermutigen, den Glauben an diesen unbegreifbaren Gott nicht aufzugeben.

EIN KIND OPFERN

Da kam der Geist des Herrn über Jiftach*, und Jiftach zog durch Gilead* und Manasse* nach Mizpa* in Gilead, und von Mizpa in Gilead zog er gegen die Ammoniter*. Jiftach legte dem Herrn ein Gelübde* ab und sagte:

> Wenn du die Ammoniter wirklich in meine Gewalt gibst und wenn ich wohlbehalten von den Ammonitern zurückkehre, dann soll, was immer mir (als Erstes) aus der Tür meines Hauses entgegenkommt, dem Herrn gehören, und ich will es ihm als Brandopfer darbringen.

Darauf zog Jiftach gegen die Ammoniter in den Kampf, und der Herr gab sie in seine Gewalt. Er schlug sie im ganzen Gebiet zwischen Aroër* und Minnit* bis hin nach Abel-Keramim* vernichtend (und nahm) zwanzig Städte (ein). So wurden die Ammoniter vor den Augen der Israeliten gedemütigt. Als Jiftach nun nach Mizpa zu seinem Haus zurückkehrte, da kam ihm seine Tochter entgegen; sie tanzte zur Pauke. Sie war sein einziges Kind; er hatte weder einen Sohn noch eine andere Tochter.

Als er sie sah, zerriss* er seine Kleider und sagte:

> Weh, meine Tochter! Du machst mich niedergeschlagen und stürzt mich ins Unglück. Ich habe dem Herrn mit eigenem Mund etwas versprochen und kann nun nicht mehr zurück.

Kurz erklärt

Jiftach, ein Richter (vergleichbar einem Ministerpräsidenten in heutiger Zeit) in Israel, ist gezwungen, einen Krieg gegen die Ammoniter zu führen. Er legt, letztlich recht leichtsinnig und unüberlegt, vor Beginn des Krieges ein Gelübde ab, das seiner Tochter zum Verhängnis werden sollte. Als der strahlende Sieger nach gewonnenem Krieg nach Hause zurückkehrt, wird aus ihm der unglücklichste Mensch der Welt: Seinem Gelübde folgend, sieht er sich genötigt, die eigene Tochter im wahrsten Sinn des Wortes zu „opfern".

Sie ist das schwächste Glied in der Kette der Gewalt; ihr Schicksal ist es, als Brandopfer zu sterben. Als solches bleibt sie namenlos; weil sie als junge und kinderlose Frau stirbt, bedeutet ihr Tod das totale Ausgelöschtsein. Bleibt nur die alljährliche Klagefeier, in der die „Töchter Israels" ein totales Vergessen verhindern.

Sie erwiderte ihm:

Mein Vater, wenn du dem Herrn mit eigenem Mund etwas versprochen hast, dann tu mit mir, was du versprochen hast, nachdem dir der Herr Rache an deinen Feinden, den Ammonitern, verschafft hat.

Und sie sagte zu ihrem Vater:

Nur das eine möge mir gewährt werden:
Lass mir noch zwei Monate Zeit, damit ich in die Berge gehe und zusammen mit meinen Freundinnen meine Jugend beweine.

Er entgegnete:

Geh nur!

und ließ sie für zwei Monate fort. Sie aber ging mit ihren Freundinnen hin und beweinte ihre Jugend in den Bergen. Als zwei Monate zu Ende waren, kehrte sie zu ihrem Vater zurück, und er tat mit ihr, was er gelobt hatte; sie aber hatte noch mit keinem Mann Verkehr gehabt. So wurde es Brauch in Israel, dass Jahr für Jahr die Töchter Israels (in die Berge) gehen und die Tochter des Gileaditers Jiftach beklagen, vier Tage lang, jedes Jahr. [Ri 11,29–12,1]

Was bedeutet

* Ein **Gelübde** wird in biblischer Zeit häufig abgelegt; es handelt sich um eine gebräuchliche religiöse Praxis, nach der sich ein Mensch in großer Not Gott gegenüber zu einem besonderen Tun verpflichtet, wenn Gott in dieser Not helfend eingreift.

* Das **Zerreißen** der Kleider gilt als Zeichen der Trauer oder der Buße.

Zum Weiterlesen

Die Erzählung ist eine Antierzählung zur Erzählung von „Isaaks Opferung“, in der Abraham seinen Sohn nicht zu opfern bereit ist und dies auch nicht tun muss:

– // Abraham entgegnete: Gott wird sich das Opferlamm aussuchen, mein Sohn. Und beide gingen miteinander weiter. Als sie an den Ort kamen, den ihm Gott genannt hatte, baute Abraham den Altar, schichtete das Holz auf, fesselte seinen Sohn Isaak und legte ihn auf den Altar, oben auf das Holz. Schon streckte Abraham seine Hand aus und nahm das Messer, um seinen Sohn zu schlachten. Da rief ihm der Engel des Herrn vom Himmel her zu: Abraham, Abraham! Er antwortete: Hier bin ich. Jener sprach: Streck deine Hand nicht gegen den Knaben aus und tu ihm nichts zuleide! Denn jetzt weiß ich, dass du Gott fürchtest; du hast mir deinen einzigen Sohn nicht vorenthalten. // [Gen 22,8-12]

MIT GOTT STREITEN?

Ijob ist ein gerechter Mann, der sich nichts zu Schulden kommen lässt. Dennoch muss er leiden. Seine Freunde wollen ihn trösten, meinen, irgendwie müsse er vor Gott gefehlt haben – nicht offen, aber vielleicht im Verborgenen. Ijob weist solche Vorwürfe energisch zurück. Zum Schluss wendet er sich an Gott selbst. Ijob kann und will nicht akzeptieren, dass er unschuldig leiden muss, und klagt deshalb Gott an:

Ich schreie zu dir, und du erwiderst mir nicht;
ich stehe da, doch du achtest nicht auf mich.
Du wandelst dich zum grausamen Feind gegen mich,
mit deiner starken Hand befehdest du mich.
Du hebst mich in den Wind, fährst mich dahin,
lässt mich zergehen im Sturmgebraus.
Ja, ich weiß, du führst mich zum Tod,
zur Sammelstätte aller Lebenden.

Gott aber scheint Ijob verlassen zu haben:
Ja, ich hoffte auf Gutes, doch Böses kam,
ich harrte auf Licht, doch Finsternis kam.
Mein Inneres kocht und kommt nicht zur Ruhe.

Kurz erklärt

Ijob ist Held des nach ihm benannten biblischen Buchs. Sein Name kann mit „Wo ist mein Vater?" übersetzt werden und verweist so auf das Schicksal dieses Menschen. So steht der Name generell für Menschen, die schweres Leid erfahren. Wir verstehen oft nicht, warum unschuldige Menschen so viel leiden. Meist folgern wir daraus, dass es keinen gerechten Gott gibt, oder nehmen diese Erfahrung zum Anlass, generell an der Existenz Gottes zu zweifeln.
Ijob macht die Erfahrung, dass Unschuldige leiden müssen. Aber er zieht sich nicht von Gott zurück, sondern wirft ihm diese Ungerechtigkeit vor. Er macht Gott deutlich, dass er diese Welt nicht versteht und auch nicht bereit ist, eine Welt zu akzeptieren, in der unschuldige Menschen leiden. Ijob streitet mit Gott und fordert ihn heraus, Rede und Antwort zu geben.
Das Ijob-Buch erzählt von einem guten Ausgang; weil sich dieser Mann auch im Unglück nicht von Gott abwandte, gilt er als „leidender Gerechter". Er kann auch im Leiden mit Gottes Hilfe rechnen.

Was bedeutet

* Die Vorstellung, dass Gott die guten und die schlechten Taten der Menschen gegeneinander wie auf einer **Waage** aufwiege, war damals weit verbreitet.

Ja, wenn er nur etwas Ungerechtes getan hätte, dann könnte er sein Leiden verstehen und vielleicht auch annehmen:
Sieht er denn meine Wege nicht,
zählt er nicht alle meine Schritte?
Wenn ich in Falschheit einherging,
wenn zum Betrug mein Fuß eilte,
dann wäge Gott mich auf gerechter Waage*,
so wird er meine Unschuld anerkennen.
Wenn mein Schritt vom Wege wich,
mein Herz meinen Augen folgte,
an meinen Händen Makel klebte,
dann esse ein anderer, was ich säe,
entwurzelt werde, was mir sprosst.

Am Ende ist Ijob der Verzweiflung nahe.
Er will nicht viel, aber doch wenigstens eines:
Gott möge ihn hören und antworten:
Gäbe es doch einen, der mich hört.
Das ist mein Begehr, dass der Allmächtige mir Antwort gibt:
Hier ist das Schriftstück, das mein Gegner geschrieben.

[aus Ijob 30–31]

- Wie reagieren wir, wenn uns unverhofft Leid trifft?
- Wie gehen wir mit dem Leiden unschuldiger Menschen um?
- Klammern wir die Erfahrung von Leid aus unserer Gottesbeziehung aus oder sind wir fähig, mit Gott zu streiten, wenn wir nicht mehr verstehen, was um uns herum geschieht?

Zum Weiterlesen

Erfahrung von Leid und Tod ist für den biblischen Menschen immer wieder Anlass, zu Gott zu rufen und mit ihm zu streiten:

– // Ich rufe zu Gott, ich schreie, ich rufe zu Gott, bis er mich hört! // [Ps 77,2]

– // Warum, o Herr, verwirfst du mich, warum verbirgst du dein Gesicht vor mir? // [Ps 88,15]

Ein solches Wort überliefern die Evangelisten Matthäus und Markus auch als letztes Wort Jesu am Kreuz:

– // Um die neunte Stunde rief Jesus laut: Mein Gott, mein Gott, warum hast du mich verlassen? // [Mt 27,46]

ICH KANN NICHT MEHR: AUSGEBRA

Du hast mich betört, o Herr, und ich ließ mich betören;
du hast mich gepackt und überwältigt.
Zum Gespött bin ich geworden den ganzen Tag,
ein jeder verhöhnt mich.
Ja, sooft ich rede, muss ich schreien,
„Gewalt und Unterdrückung!“ muss ich rufen.
Denn das Wort des Herrn bringt mir den ganzen Tag
nur Spott und Hohn.
Sagte ich aber:
    Ich will nicht mehr an ihn denken
    und nicht mehr in seinem Namen sprechen!,
so war es mir, als brenne in meinem Herzen ein Feuer,
eingeschlossen in meinem Innern.
Ich quälte mich, es auszuhalten, und konnte nicht;
hörte ich doch das Flüstern der Vielen:
    Grauen ringsum! Zeigt ihn an! Wir wollen ihn anzeigen.
Meine nächsten Bekannten warten alle darauf, dass ich stürze:
    Vielleicht lässt er sich betören, dass wir ihm
    beikommen können und uns an ihm rächen.

Doch der Herr steht mir bei wie ein gewaltiger Held.
Darum straucheln meine Verfolger und kommen nicht auf.
Sie werden schmählich zuschanden, da sie nichts erreichen,
in ewiger, unvergesslicher Schmach.

Kurz erklärt

Ein Mensch fühlt sich bedrängt, verspottet und von denen verfolgt, denen er die Wahrheit unverblümt vor Augen hielt, indem er ihre Verbrechen anklagte. Er fühlt sich ausgebrannt, ist am Ende seiner Kräfte. Das ist die Situation des Propheten Jeremia. In seiner Not wendet er sich an Gott; von ihm erwartet er, dass er die Gegner vernichtet. Schließlich hat Gott ihn zu diesem Auftrag überredet. Aber Gott scheint ihn nicht zu hören. Manchmal ist es nicht einfach in der Beziehung zwischen Gott und Mensch. Jeremia möchte seine Berufung loswerden. Aber er kommt davon nicht los. Bleibt ihm als Ausweg nur der Tod?

Was bedeutet

* **Herr der Heere** (hebräisch YHWH Zebaoth) ist ein Name Gottes, der im Kult von Jerusalem gebraucht wurde und in dem Gottes Macht bekannt wird.

* Wer den Tag seiner Geburt **verflucht**, wünscht, nie geboren zu sein.

Aber der Herr der Heere* prüft den Gerechten, er sieht Herz und Nieren.
Ich werde deine Rache an ihnen erleben;
denn dir habe ich meine Sache anvertraut.
Singt dem Herrn, rühmt den Herrn;
denn er rettet das Leben des Armen aus der Hand der Übeltäter. –

Verflucht* der Tag, an dem ich geboren wurde;
der Tag, an dem meine Mutter mich gebar, sei nicht gesegnet.
Verflucht der Mann, der meinem Vater die frohe Kunde brachte:
Ein Kind, ein Knabe ist dir geboren!,
und ihn damit hoch erfreute.
Jener Tag gleiche den Städten, die der Herr ohne Erbarmen zerstört hat.
Er höre Wehgeschrei am Morgen und Kriegslärm um die Mittagszeit,
weil er mich nicht sterben ließ im Mutterleib.
So wäre meine Mutter mir zum Grab geworden,
ihr Schoß auf ewig schwanger geblieben.
Warum denn kam ich hervor aus dem Mutterschoß,
um nur Mühsal und Kummer zu erleben und
meine Tage in Schande zu beenden? [Jer 20,7-18]

Die Klage ist aus dem Gebet der Christinnen und Christen weitgehend verschwunden. Wo Klage als Teil des Gebetes abgelehnt wird, wird ein Teil unserer Wirklichkeit – das persönlich Belastende, das Schreckliche und Unbegreifliche des Lebens – aus unserer Beziehung zu Gott herausgenommen. Folge ist, dass Menschen angesichts schweren Schicksals oder furchtbarer Katastrophen sagen: An einen Gott, der so etwas zulässt, kann ich nicht glauben. Die Bibel weiß um eine andere Möglichkeit: die Klage vor Gott angesichts solch schrecklicher Geschehen.

Zum Weiterlesen

An anderer Stelle klagt Jeremia:
– // Weh mir Mutter, dass du mich geboren hast,
einen Mann, der mit aller Welt in Zank und Streit liegt.// [Jer 15,10]

Auch Ijob verflucht in seinen Leiden den Tag seiner Geburt:
– // Ausgelöscht sei der Tag, an dem ich geboren bin,
die Nacht, die sprach: Ein Mann ist empfangen.// [Ijob 3,3]

Der Beter erwartet, dass Gott sich für ihn einsetzt:
– // Streite, Herr, gegen alle, die gegen mich streiten,
bekämpfe alle, die mich bekämpfen! // [Ps 35,1]

und seine Gegner vernichtet:
– // Du aber, Gott, wirst sie hinabstürzen in die tiefste Grube …
Ich aber setze mein Vertrauen auf dich. // [Ps 55,24]

KLAGEN DÜRFEN

Wie lange noch, Herr, vergisst du mich ganz?
Wie lange noch verbirgst du dein Gesicht vor mir?
Wie lange noch muss ich Schmerzen ertragen in meiner Seele,
in meinem Herzen Kummer Tag für Tag?
Wie lange noch darf mein Feind über mich triumphieren?
Blick doch her, erhöre mich, Herr, mein Gott,
erleuchte meine Augen,
damit ich nicht entschlafe und sterbe,
damit mein Feind nicht sagen kann: „Ich habe ihn überwältigt“,
damit meine Gegner nicht jubeln, weil ich ihnen erlegen bin.
Ich aber baue auf deine Huld, mein Herz soll über
deine Hilfe frohlocken.
Singen will ich dem Herrn, weil er mir Gutes getan hat.

[Ps 13,2-6]

Kurz erklärt

Der Beter blickt auf ein lang andauerndes Leid zurück. Dieses hat eine doppelte Ursache: Da ist zum einen das höhnische Lachen seiner Gegner über seinen beklagenswerten Zustand. Schlimmer aber wiegt, dass Gott selbst ihn scheinbar vergessen hat. Dies trifft den Beter in seinem Innersten und zerstört sein Selbstbewusstsein.
Mit seiner Klage protestiert der Beter gegen eine Gottesvorstellung, die das Leiden der Menschen als schicksalhaft oder gottgewollt hinstellt. Die Klage verwirft ein Gottesbild, in dem der Mensch über Gott verfügt und ihn zum Opfer eines Systems macht.

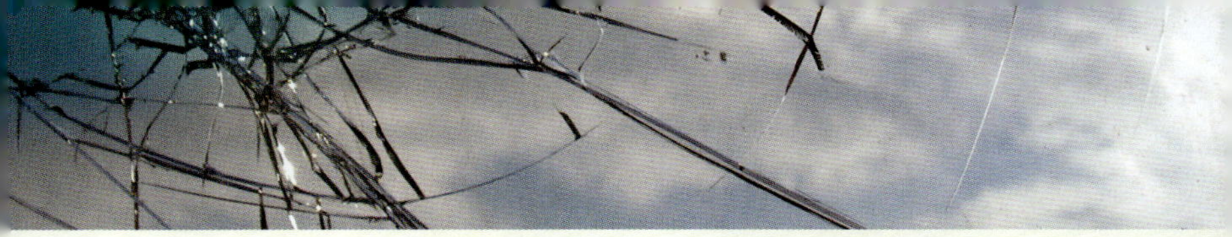

Zum Weiterlesen

Unter den Psalmen finden sich viele Klagepsalmen:
– // Ich rufe zu Gott, ich schreie, ich rufe zu Gott, bis er mich hört. Am Tag meiner Not suche ich den Herrn; / unablässig erhebe ich nachts meine Hände, meine Seele lässt sich nicht trösten. // [Ps 77,2-3]

– // Aus der Tiefe rufe ich, Herr, zu dir: Herr, höre meine Stimme! Wende dein Ohr mir zu, achte auf mein lautes Flehen! // [Ps 130,1-2]

Zwei Evangelien überliefern als letztes Wort Jesu am Kreuz den Anfang eines Klagepsalms:
– // Mein Gott, mein Gott, warum hast du mich verlassen? //
[Ps 22,2 = Mk 15,34; Mt 27,46]

Auch der Prophet Jeremia klagte vor Gott:
– // Warum dauert mein Leiden ewig und ist meine Wunde so bösartig, dass sie nicht heilen will? Wie ein versiegender Bach bist du mir geworden, ein unzuverlässiges Wasser. // [Jer 15,18]

In den Basisgemeinden Lateinamerikas wurde die Klage aufgegriffen und mit der eigenen Situation verknüpft:
Wir leben in Hütten aus Lehm und Brettern.
Wenn es regnet, fließen Tränen aus den Augen unserer Kinder.
Wenn es kalt ist, zittern unsere Glieder.
Als Ruhestatt haben wir drei Stühle.
Und das Heim besteht aus einem Raum.
Unsere Kinder wachsen nackt auf, nicht allein äußerlich.
Sie sind es, die an den Markttagen auf den Märkten stehlen.
Alle verurteilen und verachten uns.
Wir müssen den tiefen Hass in uns hineinfressen, um nicht zu explodieren.
Alle Tage essen wir Reis und schwarze Bohnen,
essen alle von einem Teller, bis er leer ist.
Unser Arbeitsplatz liegt zwei Stunden weit entfernt.
Darum stehen wir um 4 Uhr früh auf.
Sie beuten uns aus wie hungrige Hunde.
Unseren vollgefressenen Herren gelten wir nicht als Menschen.
Schon denken wir über uns wie sie,
sodass wir jede Hoffnung zu verlieren beginnen.

Psalm aus den Basisgemeinden Lateinamerikas

Schuld

Schuld sind immer die anderen. Sie haben etwas übersehen, haben sich nicht an Vorschriften gehalten, haben nur an sich gedacht.
Das Gefühl, schuldig geworden zu sein, kann krank machen. Dann tut es gut, über die Schuld zu reden, um Entschuldigung zu bitten und zu erfahren, dass die Schuld vergeben wird.
In der Bibel ist sehr oft von Schuld die Rede – wohl deshalb, weil es uns Menschen unmöglich ist, nicht schuldig zu werden.

DIE SCHLANGE HAT MICH VERFÜHRT

Die Schlange* war schlauer als alle Tiere des Feldes, die Gott, der Herr, gemacht hatte. Sie sagte zu der Frau*:

Hat Gott wirklich gesagt: Ihr dürft von keinem Baum* des Gartens* essen?

Die Frau entgegnete der Schlange:

Von den Früchten der Bäume im Garten dürfen wir essen; nur von den Früchten des Baumes, der in der Mitte des Gartens steht, hat Gott gesagt: Davon dürft ihr nicht essen, und daran dürft ihr nicht rühren, sonst werdet ihr sterben.

Darauf sagte die Schlange zur Frau:

Nein, ihr werdet nicht sterben. Gott weiß vielmehr: Sobald ihr davon esst, gehen euch die Augen auf; ihr werdet wie Gott und erkennt Gut und Böse.

Da sah die Frau, dass es köstlich wäre, von dem Baum zu essen, dass der Baum eine Augenweide war und dazu verlockte, klug zu werden.
Sie nahm von seinen Früchten und aß; sie gab auch ihrem Mann, der bei ihr war, und auch er aß.
Da gingen beiden die Augen auf, und sie erkannten, dass sie nackt* waren.

Kurz erklärt

Wann schämen sich Menschen voreinander und vor Gott? Diese Erzählung, die eng zur Schöpfungserzählung gehört, ist keine historische Aussage. Sie zeigt die Verhältnisse, wie sie sind: Menschen machen Fehler, setzen sich über das hinweg, was sie eigentlich wissen (sollten). Ich weiß, dass etwas nicht gut für mich ist, und tue es trotzdem. Ich weiß, dass ich andere verletze, wenn ich mich so oder so verhalte, und tue es trotzdem. Aber damit noch nicht genug: Ich stehe nicht zu meinen Fehlern, ich verstecke mich hinter Ausreden und Ausflüchten, verdrehe Aussagen, schiebe die Schuld auf andere. Der Erzähler dieser Paradieserzählung kennt dieses Verhalten und hält seinen Leserinnen und Lesern einen Spiegel vor.

Sie hefteten Feigenblätter zusammen
und machten sich einen Schurz.
Als sie Gott, den Herrn, im Garten gegen den Tagwind einherschreiten hörten, versteckten sich Adam und seine Frau vor Gott, dem Herrn, unter den Bäumen des Gartens.

[Gen 3,1-8]

Was bedeutet

* Die **Schlange** gilt im Alten Orient als Symbol der Weisheit. Hier wird sie als Geschöpf Gottes beschrieben.

* Der **Frau** wird in dieser Erzählung eine Rolle zugewiesen, die ihr bis heute anhaftet: Sie wird als die Verführte und die Verführerin betrachtet. Dabei wird übersehen, dass auch der Mann fraglos das Gebot Gottes übertritt – also beide Menschen schuldig werden.

* Auch der **Baum** ist ein altorientalisches Symbol: Er steht – mit seinen Früchten – für Nahrung, die die Gottheit schenkt.

* Ein **Garten** ist im Alten Orient etwas sehr Erstrebenswertes. Er wird als Ort, an dem Menschen der Gottheit begegnen können, verstanden.

* **Nackt-Sein** ist hier im übertragenen Sinn zu versehen: Ich sehe mich so, wie ich wirklich bin.

Zum Weiterlesen

– // Ich fürchte aber, wie die Schlange einst durch ihre Falschheit Eva täuschte, könntet auch ihr in euren Gedanken von der aufrichtigen Hingabe an Christus abkommen. //

[2 Kor 11,3]

– // Meide das Böse und tu das Gute, suche Frieden und jage ihm nach! // [Ps 34,15]

– // Vertrau auf den Herrn und tu das Gute, bleib wohnen im Land und bewahre Treue! //

[Ps 37,3]

Gott, der Herr, rief* Adam* zu und sprach:
Wo bist du?
Er antwortete:
Ich habe dich im Garten kommen hören; da geriet ich in Furcht, weil ich nackt bin, und versteckte mich.
Darauf fragte Gott:
Wer hat dir gesagt, dass du nackt bist? Hast du von dem Baum gegessen, von dem zu essen ich dir verboten habe?
Adam antwortete:
Die Frau, die du mir beigesellt hast, sie hat mir von dem Baum gegeben, und so habe ich gegessen.
Gott, der Herr, sprach zu der Frau:
Was hast du da getan?
Die Frau antwortete:
Die Schlange hat mich verführt, und so habe ich gegessen.
Da sprach Gott, der Herr, zur Schlange:
Weil du das getan hast, bist zu verflucht unter allem Vieh und allen Tieren des Feldes. ...

Kurz erklärt

Warum ist das Leben oftmals so beschwerlich? Warum kann Arbeit schwer und sogar vergeblich sein? Warum klappt es oftmals nicht in der Beziehung von Mann und Frau? Warum ist das Vertrauen zerstört?
Diese Fragen beschäftigen den Erzähler der Paradiesgeschichte – kann er doch tagtäglich beobachten, dass das Leben mühselig ist. Er ist aber fest davon überzeugt, dass diese Erfahrungen nicht gottgewollt sind. Er erzählt, dass der sog. Sündenfall darin besteht, dass Mann und Frau die ihnen gesetzte Grenze des Menschseins nicht akzeptieren wollen. Zugleich geht er davon aus, dass es eine böse Macht gibt, der Menschen verfallen können. Bereits die ersten Menschen sind dieser Macht begegnet und konnten sich ihr nicht entziehen.

Zur Frau sprach er:
Viel Mühsal bereite ich dir,
sooft du schwanger bist. Unter Beschwerden gebierst du Kinder.
Du hast Verlangen nach deinem Mann;
er aber wird über dich herrschen.
Zu Adam sprach er:
Weil du auf deine Frau gehört hast
und von dem Baum gegessen hast,
von dem zu essen ich dir verboten hatte: So ist verflucht der
Ackerboden deinetwegen.
Im Schweiße deines Angesichtes
sollst du dein Brot essen,
bis du zurückkehrst zum Ackerboden,
von ihm bist du ja genommen.
Denn Staub bist du, zum Staub musst du zurück.
Adam nannte seine Frau Eva* (Leben),
denn sie wurde die Mutter aller Lebendigen.
Gott, der Herr, schickte den Menschen aus dem Garten von Eden weg, damit er den Ackerboden bestellte.

[Gen 3,9-14.16f.19f.23]

Was bedeutet

* Der biblische Erzähler hat die Vorstellung, dass Gott in der Urzeit bei den Menschen auf der Erde, im Paradies, wohnte. So hat er auch keine Bedenken, von einer face-to-face-Begegnung und einem Gespräch zwischen Gott und den Menschen zu erzählen.

* Der Name **„Eva"** wird nur hier erwähnt; er kommt sonst nirgends in der hebräischen Bibel vor. Die jüdische Tradition sieht die erste Frau sehr positiv, als „Mutter aller Lebendigen".

Zum Weiterlesen

Auch Paulus denkt über das Böse – die Sünde – in der Welt nach. Für ihn steht „Adam" für den Menschen, der für das Böse anfällig ist und Böses tut. Jesus Christus dagegen ist der Mensch, der sich gegen das Böse gewandt hat:

– // Adam ist die Gestalt, die auf den Kommenden hinweist. //
[vgl. Röm 5,14]

VERRATEN VON EINER FRAU

Simson war ein starker junger Mann, der allen Gefahren trotzte. Er erlegte einen Löwen mit bloßen Händen und im Kampf schien er unbesiegbar. Als man ihn einmal fesseln wollte, zerriss er selbst die stärksten Stricke. Den Philistern*, die damals gegen die Israeliten Krieg führten, fügte er großen Schaden zu. Deshalb wollten diese Simson töten.*

Danach verliebte sich Simson in eine Frau im Tal Sorek; sie hieß Delila*.*

Die Fürsten der Philister kamen zu ihr und sagten zu ihr:
Versuch, ihn zu betören und herauszufinden,
wodurch er so große Kraft besitzt und wie wir ihn überwältigen und fesseln können, um ihn zu bezwingen.
Jeder von uns gibt dir dann elfhundert Silberstücke.

Dreimal versucht Delila dem Simson das Geheimnis seiner Kraft zu entlocken – doch ohne Erfolg.

Darauf sagte sie zu ihm:
Wie kannst du sagen: Ich liebe dich!, wenn mir dein Herz nicht gehört?
Jetzt hast du mich dreimal belogen und mir nicht gesagt,
wodurch du so große Kraft besitzt.

Kurz erklärt

Simson ist ein kraftstrotzender Held, von dem eine Reihe von Abenteuergeschichten erzählt wird. So wird er als Löwenbändiger, als Ratespieler, Untergrundkämpfer oder Entfesselungskünstler dargestellt (Ri 14 und 15). Die sich um ihn rankenden Anekdoten bilden den Stoff für Heldensagen. Doch auch Simson hat eine Schwachstelle: Er vertraut Delila, obwohl diese aus dem Lager der Gegner kommt.
Raffiniert nutzt Delila Simsons Zuneigung zu ihr aus. Weil er ihr das Geheimnis seiner Kraft nicht nennen will, stellt sie seine Liebe zu ihr in Frage. So bedrängt, gibt Simson sein Geheimnis Delila preis. Diese aber verrät ihn an die Philister, die Simson nun überwältigen und gefangen nehmen.

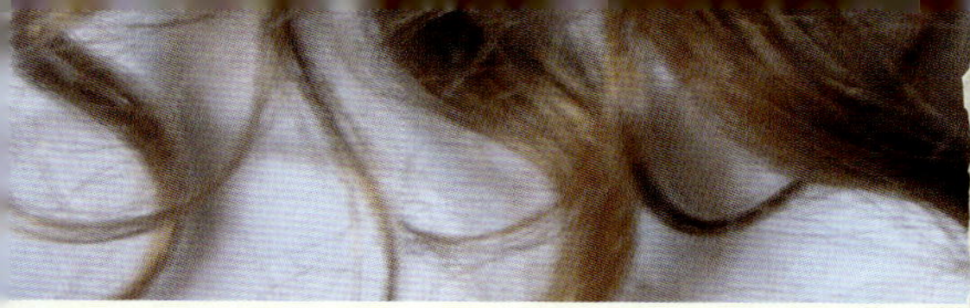

Als sie ihm mit ihrem Gerede jeden Tag zusetzte und ihn (immer mehr) bedrängte, sagte er zu ihr:

Ein Schermesser ist mir noch nicht
an die Haare* gekommen.
Würden mir die Haare geschoren,
dann würde meine Kraft mich verlassen;
ich würde schwach und wäre wie
jeder andere Mensch.

Nun merkte Delila, dass er ihr alles gesagt hatte. Sie schickte jemand zu den Philisterfürsten, um sie zu rufen und ihnen sagen zu lassen:

Kommt her! Diesmal hat er mir alles gesagt.

Die Philisterfürsten kamen zu ihr herauf und brachten das Geld mit.
Delila ließ Simson auf ihren Knien einschlafen und schnitt dann die sieben Locken auf seinem Kopf ab. So begann sie ihn zu schwächen, und seine Kraft wich von ihm.
Dann rief sie:

Simson, die Philister kommen!

Er erwachte aus seinem Schlaf und dachte: Ich werde auch diesmal wie bisher entkommen und die Fesseln abschütteln.
Denn er wusste nicht, dass der Herr ihn verlassen hatte.
Da packten ihn die Philister und stachen ihm die Augen aus.
Sie führten ihn nach Gaza* hinab und fesselten ihn mit Bronzeketten, und er musste im Gefängnis die Mühle* drehen.

[nach Ri 16,4-21]

Was bedeutet

* Langes, wallendes **Haar** war damals der Stolz des Mannes; es wurde als Symbol der Lebenskraft gesehen. Eine große Rolle spielte auch die Vorstellung vom sechs-, sieben- oder achtlockigen Helden, der nicht zu bezwingen ist.

* Die Arbeit in der **Mühle** war eine schwere körperliche Arbeit und galt als Sklavenarbeit.

Zum Weiterlesen

– // Judas, mit einem Kuss verrätst du den Menschensohn? // [Lk 22,48]

WIDER BESSERES WISSEN

Nach der Verhaftung führte man Jesus zum Hohenpriester* Kajaphas, bei dem sich die Schriftgelehrten und die Ältesten versammelt hatten. Petrus* folgte Jesus von Weitem bis zum Hof des hohepriesterlichen Palastes; er ging in den Hof hinein und setzte sich zu den Dienern, um zu sehen, wie alles ausgehen würde.

Da trat eine Magd zu ihm und sagte:

Auch du warst mit diesem Jesus aus Galiläa* zusammen.

Doch er leugnete es vor allen Leuten und sagte:

Ich weiß nicht, wovon du redest.

Und als er zum Tor hinausgehen wollte, sah ihn eine andere Magd und sagte zu denen, die dort standen:

Der war mit Jesus aus Nazaret zusammen.

Wieder leugnete er und schwor:

Ich kenne den Menschen nicht.

Kurz darauf kamen die Leute, die dort standen, zu Petrus und sagten:

Wirklich, auch du gehörst zu ihnen,
deine Mundart verrät dich.

Da fing er an, sich zu verfluchen*, und schwor:

Ich kenne den Menschen nicht.

Kurz erklärt

Während Jesus im Haus des Hohenpriesters verhört wird, führen die beiden Mägde und einige Leute, die sich ebenfalls im Hof befinden, ein Verhör mit Petrus. Petrus möchte zwar einerseits erfahren, wie es mit Jesus weitergehen wird, will aber andererseits mit dieser Sache nichts zu tun haben. Er ahnt, dass es gefährlich werden wird. Er tritt den Rückzug an, will wieder zum Tor hinaus. Aber er wird von denen, die ihn als einen, der zu Jesus gehört, erkannt haben, in die Enge getrieben: Gehörst du nun zu Jesus – oder nicht? Petrus sagt sich – voller Angst – von Jesus los. Als der Hahn kräht, wird ihm bewusst, was er getan hat. Und er weint – aus Angst, Scham und Reue.

Gleich darauf krähte ein Hahn,
und Petrus erinnerte sich an das,
was Jesus gesagt hatte:
Ehe der Hahn kräht, wirst du
mich dreimal verleugnen.
Und er ging hinaus und weinte bitterlich.

[Mt 26,57-58.69-75]

Was bedeutet

* Der **Hohepriester** war der Vorsitzende des Hohen Rates. Er leitete – unter der Aufsicht der Römer – die höchste Verwaltungs- und Gerichtsbehörde in Palästina.

* Von der Herkunft Jesu aus **Galiläa** wird hier sehr verächtlich gesprochen: Kann denn aus Nazaret etwas Gutes kommen?

* Indem sich Petrus selbst **verflucht**, sagt er sich mit Nachdruck von Jesus los.

Zum Weiterlesen

– // Schwer ist das Joch meiner Sünden, von seiner Hand aufgelegt. Sie stiegen mir über den Hals, da brach meine Kraft. Darüber muss ich weinen, von Tränen fließt mein Auge. //

[Klgl 1,14.16]

– // Wohl dem Menschen, dem der Herr die Schuld nicht zur Last legt und dessen Herz keine Falschheit kennt. Solang ich es verschwieg, waren meine Glieder matt, den ganzen Tag musste ich stöhnen. Denn deine Hand lag schwer auf mir bei Tag und bei Nacht; meine Lebenskraft war verdorrt wie durch die Glut des Sommers. Da bekannte ich meine Sünde und du hast mir die Schuld vergeben. //

[Ps 32,2-5]

Ich habe sie verraten. Verraten!
Und ich hatte ihr versprochen:
Niemals, niemals werde ich dich verraten!

Und nun ist es doch passiert.
War das wirklich ich?
Wie konnte ich nur so gemein sein?

Ich möchte es rückgängig machen.
Meine Worte zurückholen.
So, als hätte ich sie nie ausgesprochen.

Aber es ist passiert.
Ich schäme mich.
Ob du mir verzeihen kannst?

AW

WIE OFT SOLL ICH VERGEBEN?

Da trat Petrus* zu Jesus und fragte:
Herr, wie oft muss ich meinem Bruder vergeben,
wenn er sich gegen mich versündigt? Siebenmal?
Jesus sagte zu ihm:
Nicht siebenmal, sondern siebenundsiebzigmal*.

Mit dem Himmelreich ist es deshalb wie mit einem König,
der beschloss, von seinen Dienern Rechenschaft zu verlangen.
Als er nun mit der Abrechnung begann, brachte man
einen zu ihm, der ihm zehntausend Talente* schuldig war.
Weil er aber das Geld nicht zurückzahlen konnte,
befahl der Herr, ihn mit Frau und Kindern und allem,
was er besaß, zu verkaufen und so die Schuld zu begleichen.
Da fiel der Diener vor ihm auf die Knie und bat:
Hab Geduld mit mir! Ich werde dir alles zurückzahlen.
Der Herr hatte Mitleid mit dem Diener, ließ ihn gehen
und schenkte ihm die Schuld.

Als nun der Diener hinausging, traf er einen anderen Diener
seines Herrn, der ihm hundert Denare* schuldig war.
Er packte ihn, würgte ihn und rief:
Bezahl, was du mir schuldig bist!

Kurz erklärt

Petrus hat gelernt, dass das Vergeben an die Stelle der Vergeltung treten muss. Aber muss es nicht doch eine Grenze geben – muss man immer und immer wieder vergeben? Petrus möchte auf seine Frage eine konkrete Zahl hören. Ist die Grenze der Großzügigkeit nicht gegeben, wenn ich siebenmal vergeben habe? In seiner Antwort hebt Jesus alle Grenzen auf: Du sollst immer vergeben! Und er erzählt ein Gleichnis. Die Frage, wie oft wir einander vergeben sollen, ist keine Frage unserer Großherzigkeit oder des Aufrechnens. Einander vergeben ist die Grundlage unseres Zusammenlebens. Wer nicht bereit ist, anderen zu vergeben, kann auch selbst keine Vergebung erlangen. Dies verdeutlicht Jesus mit seiner Geschichte.

Was bedeutet

* **Siebenundsiebzigmal** heißt: immer.

* **Talent** ist die größte griechische Münzeinheit; das Jahreseinkommen von König Herodes betrug ca. 900 Talente.

* **Denar** ist eine römische Silbermünze und entspricht dem Tageseinkommen eines Arbeiters oder einer Arbeiterin; ein Talent hat einen Wert von 6.000 bis 10.000 Denaren.

Da fiel der andere vor ihm nieder
und flehte:
Hab Geduld mit mir!
Ich werde es dir zurückzahlen.
Er aber wollte nicht, sondern ging weg
und ließ ihn ins Gefängnis werfen,
bis er die Schuld bezahlt habe.

Als die übrigen Diener das sahen,
waren sie sehr betrübt; sie gingen zu
ihrem Herrn und berichteten ihm alles, was geschehen war.
Da ließ ihn sein Herr rufen und sagte zu ihm:
Du elender Diener!
Deine ganze Schuld habe ich dir erlassen,
weil du mich so angefleht hast.
Hättest nicht auch du mit jenem, der gemeinsam mit dir
in meinem Dienst steht, Erbarmen haben müssen,
so wie ich mit dir Erbarmen hatte?
Und in seinem Zorn übergab ihn
der Herr den Folterknechten,
bis er die ganze Schuld bezahlt habe.

Ebenso wird mein himmlischer Vater
jeden von euch behandeln, der seinem
Bruder nicht von ganzem Herzen vergibt.

[Mt 18,21-35]

Zum Weiterlesen

– // Vergib deinem Nächsten das Unrecht, dann werden dir, wenn du betest, auch deine Sünden vergeben. // [Sir 28,2]

Im „Vaterunser“ beten wir: Vergib uns unsere Schuld, wie auch wir vergeben unsern Schuldigern.

Petrus und Judas,
schuldig sind beide geworden.
Der eine verleugnet,
der andere verrät.
Wer will die Schuld bemessen?
Der eine weint und
findet sich wieder.
Der andere verzweifelt und
erhängt sich selbst.
Der eine stirbt als Papst,
der andere als Verräter.
Zwei Menschen, zwei Apostel,
zwei Erwählte.
Der gleiche Gott für Judas
und Petrus.
Wer kann mich daran hindern,
auch für Judas noch
zu hoffen?

Martin Gutl

WAS IST LEICHTER?

Als Jesus einige Tage später nach Kafarnaum* zurückkam, wurde bekannt, dass er (wieder) zu Hause war. Und es versammelten sich so viele Menschen, dass nicht einmal mehr Platz vor der Tür war; und er verkündete ihnen das Wort. Da brachte man einen Gelähmten zu ihm; er wurde von vier Männern getragen. Weil sie ihn wegen der vielen Leute nicht bis zu Jesus bringen konnten, deckten sie dort, wo Jesus war, das Dach ab, schlugen (die Decke) durch und ließen den Gelähmten auf seiner Tragbahre durch die Öffnung hinab. Als Jesus ihren Glauben sah, sagte er zu dem Gelähmten:

Mein Sohn, deine Sünden* sind dir vergeben!

Einige Schriftgelehrte* aber, die dort saßen, dachten im Stillen:

Wie kann dieser Mensch so reden? Er lästert Gott.
Wer kann Sünden vergeben außer dem einen Gott?

Jesus erkannte sofort, was sie dachten, und sagte zu ihnen*:

Was für Gedanken habt ihr im Herzen?
Ist es leichter, zu dem Gelähmten zu sagen:
Deine Sünden sind dir vergeben!,
oder zu sagen:
Steh auf, nimm deine Tragbahre und geh umher?
Ihr sollt aber erkennen, dass der Menschensohn die Vollmacht hat, hier auf der Erde Sünden zu vergeben.

Kurz erklärt

Während die Volksmenge – und vor allem Kranke – sich immer mehr für Jesus begeistert, verwickeln die religiösen Führer Jesus immer wieder in Streitgespräche.
Hier wird von einem Kranken und seinen Helfern erzählt, die sich voll Vertrauen an Jesus wenden. Für sie ist Jesus einer, der helfen kann: sowohl seelisch als auch körperlich. Sie glauben fest daran, dass Jesus Menschen aus ihrem Gelähmtsein befreien kann.
Die Schriftgelehrten dagegen haben nur eines im Sinn: Wie lässt sich dieser lästige Mensch beseitigen?

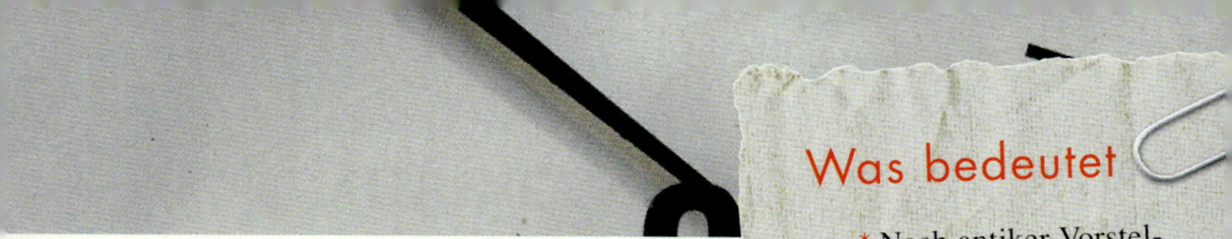

Und er sagte zu dem Gelähmten:
Ich sage dir: Steh auf, nimm deine Tragbahre und geh nach Hause!
Der Mann stand sofort auf, nahm seine Tragbahre und ging vor aller Augen weg. Da gerieten alle außer sich*; sie priesen Gott und sagten:
So etwas haben wir noch nie gesehen.

[Mk 2,1-12]

Was bedeutet

* Nach antiker Vorstellung besteht ein Zusammenhang zwischen Krankheit und **Sünde**: Menschen werden krank, weil sie Schuld auf sich geladen haben.

* **Schriftgelehrte** beschäftigten sich berufsmäßig mit dem Gesetz. Sie lehrten in den Synagogen und hatten großen Einfluss. Sie wurden mit „Rabbi" angesprochen.

* Wer ist Jesus? Ist er nur ein ganz normaler Mensch? Oder wird in ihm Gott sichtbar? Wer ist Jesus für dich?

* Dass die Leute **außer sich geraten**, ist typisch für alle Heilungsgeschichten.

Zum Weiterlesen

– // Jesus sagte zu den Schriftgelehrten und Pharisäern: Nicht die Gesunden brauchen den Arzt, sondern die Kranken. Ich bin gekommen, um die Sünder zu rufen, nicht die Gerechten. //

[Mk 2,17]

Jesus musste sich in Sicherheit bringen,
– // damit er von der Menge nicht erdrückt werde. Denn er heilte viele, sodass alle, die ein Leiden hatten, sich an ihn herandrängten, um ihn zu berühren. //

[Mk 3,9f.]

– // Kommt alle zu mir, die ihr euch plagt und schwere Lasten zu tragen habt. Ich werde euch Ruhe verschaffen. //

[Mt 11,28]

WER IST OHNE SCHULD?

Am frühen Morgen begab sich Jesus in den Tempel.
Alles Volk kam zu ihm. Er setzte sich und lehrte es. Da brachten die Schriftgelehrten* und die Pharisäer* eine Frau, die beim Ehebruch* ertappt worden war. Sie stellten sie in die Mitte und sagten zu ihm:

> Meister, diese Frau wurde beim Ehebruch auf frischer Tat ertappt. Mose hat uns im Gesetz vorgeschrieben, solche Frauen zu steinigen*. Nun, was sagst du?

Mit dieser Frage wollten sie ihn auf die Probe stellen, um einen Grund zu haben, ihn zu verklagen.
Jesus aber bückte sich und schrieb mit dem Finger auf die Erde.
Als sie hartnäckig weiterfragten, richtete er sich auf und sagte zu ihnen:

> Wer von euch ohne Sünde ist, werfe als Erster* einen Stein auf sie.

Und er bückte sich wieder und schrieb auf die Erde.
Als sie seine Antwort gehört hatten, ging einer nach dem anderen fort, zuerst die Ältesten. Jesus blieb allein zurück mit der Frau, die noch in der Mitte stand. Er richtete sich auf

Kurz erklärt

In dieser Erzählung wird unter Schuld eine Straftat im Sinne des Gesetzes verstanden. Gegenstand der Anklage ist Ehebruch. Wer mit der Verlobten eines anderen oder dessen Ehefrau schläft, verletzt das Besitzrecht des Ehemannes und verdient zusammen mit der Frau die Todesstrafe. Im Verdachtsfall muss die Frau ihre Unschuld beweisen.
Die Erzählung zeigt, dass nicht selten geltendes Recht einseitig gegen Frauen verwandt wird. Nach dem Gesetz hätte der Ehebrecher ebenfalls angeklagt werden müssen. Jesus weigert sich, ein Urteil zu fällen. Er stellt sich vor die Frau und lässt sich nicht unter Druck setzen. Damit verhindert er die Hinrichtung der Frau.
Auch heute noch werden – etwa in iranischen Ländern – Frauen wegen sexueller Vergehen gesteinigt, z. B. wenn sie ein uneheliches Kind bekommen.

und sagte zu ihr:
Frau, wo sind sie geblieben?
Hat dich keiner verurteilt?
Sie antwortete:
Keiner, Herr.
Da sagte Jesus zu ihr:
Auch ich verurteile dich nicht.
Geh jetzt und sündige von jetzt an
nicht mehr!

[Joh 8,2-11]

Was bedeutet

* **Steinigung** war eine Todesstrafe, die gemeinschaftlich ausgeführt wurde.

* Die Steinigung wurde von der Person eröffnet, die den größten Schaden erlitten hatte.

Zum Weiterlesen

So steht es im Gesetz:

– // Wenn ein Mann dabei ertappt wird, wie er bei einer verheirateten Frau liegt, dann sollen beide sterben, der Mann, der bei der Frau gelegen hat, und die Frau. // [Dtn 22,22]

– // Wenn es um ein Verbrechen oder ein Vergehen geht, darf ein einzelner Belastungszeuge nicht Recht bekommen, welches Verbrechen auch immer der Angeklagte begangen hat. Erst auf die Aussage von zwei oder drei Zeugen darf eine Sache Recht bekommen. // [Dtn 19,15]

– // ... dann sollst du diesen Mann oder diese Frau, die den Frevel begangen haben, zu einem der Stadttore führen und steinigen, und sie sollen sterben. // [Dtn 17,5]

WER KANN SÜNDEN VERGEBEN?

Als eine Sünderin* erfuhr, dass Jesus im Haus eines Pharisäers bei Tisch war, kam sie mit einem Alabastergefäß* voll wohlriechendem Öl und trat von hinten an ihn heran. Dabei weinte sie, und ihre Tränen fielen auf seine Füße. Sie trocknete seine Füße mit ihrem Haar, küsste sie und salbte sie mit Öl.
Als der Pharisäer, der ihn eingeladen hatte, das sah, dachte er:

Wenn er wirklich ein Prophet* wäre, müsste er wissen, was das für eine Frau ist, von der er sich berühren lässt.

Da wandte sich Jesus an ihn und sagte:

Simon, ich möchte dir etwas sagen.

Er erwiderte:

Sprich, Meister!

(Jesus sagte:)

Ein Geldverleiher hatte zwei Schuldner, der eine war ihm fünfhundert Denare* schuldig, der andere fünfzig.
Als sie ihre Schulden nicht bezahlen konnten, erließ er sie beiden. Wer von ihnen wird ihn nun mehr lieben?

Simon antwortete:

Ich nehme an, der, dem er mehr erlassen hat.

Jesus sagte zu ihm:

Du hast recht.

Dann wandte er sich der Frau zu und sagte zu Simon:

Siehst du diese Frau? Als ich in dein Haus kam, hast du mir

Kurz erklärt

Jesus meidet in seinem Umgang weder unreine noch verrufene Frauen. Wir können daher davon ausgehen, dass auch Prostituierte zu den Jüngerinnen Jesu zählten.
Es muss allerdings bedacht werden, dass Prostitution von jüdischen Frauen ein soziale Problem war. Die Mädchen und Frauen gelangten in der Regel nicht aus freien Stücken in die Prostitution, sondern mussten diese Tätigkeit ausüben, weil sie nur auf diese Weise zum Lebensunterhalt der Familie beitragen konnten. Es kam sogar vor dass Eltern aus finanzieller Not ihre Mädchen in ein Bordell verkauften.
Jesus kennt dieses Problem. Für ihn gehören diese Mädchen und Frauen zu den Kleinen und Schwachen, denen besondere Achtung und Sorge zusteht. Die Pharisäe können diese Einstellung nur schwer nachvollziehen.

ALLES

Alles was sie hat
wertvolles duftendes Lavendelöl
gibt eine Frau wortlos
Die Gäste verschwenden aufgebracht
dreihundert gesalbte Schlagwörter
Das ist alles
Jesus sagt
Diese Frau tat alles
was sie konnte

Kurt Wolff

kein Wasser zum Waschen der Füße* gegeben; sie aber hat ihre Tränen über meinen Füßen vergossen und sie mit mit ihrem Haar abgetrocknet. Du hast mir keinen Kuss* gegeben, sie aber hat mir, seit ich hier bin, unaufhörlich die Füße geküsst. Du hast mir nicht das Haar mit Öl* gesalbt, sie aber hat mir mit ihrem wohlriechenden Öl die Füße gesalbt. Deshalb sage ich dir: Ihr sind viele Sünden vergeben, weil sie (mir) so viel Liebe geschenkt hat.

Dann sagte er zu ihr:

Deine Sünden sind dir vergeben.

Da dachten die anderen Gäste:

Wer ist das, dass er sogar Sünden vergibt?

Er aber sagte zu der Frau:

Dein Glaube hat dir geholfen.
Geh in Frieden!

[Lk 7,36-50]

Zum Weiterlesen

Immer wieder zeigen sich Pharisäer und Schriftgelehrte entrüstet, wenn Jesus mit Prostituierten Umgang hat.
– // Und als Jesus in seinem Haus beim Essen war, kamen viele Zöllner, Sünderinnen und Sünder und aßen zusammen mit ihm und seinen Jüngern. Als die Pharisäer das sahen, sagten sie zu seinen Jüngern: Wie kann euer Meister zusammen mit Zöllnern, Sünderinnen und Sündern essen? Jesus hörte es und sagte: Nicht die Gesunden brauchen den Arzt, sondern die Kranken. // [Mt 9,10-12]

Jesusu selbst versichert den Hohenpriestern und Ältesten:
– // Amen, das sage ich euch: Zöllner und Prostituierte gelangen eher in das Reich Gottes als ihr. // [Mt 21,31]

Was bedeutet

* Es handelt sich um eine Prostituierte, die nach dem jüdischen Gesetz als „**Sünderin**" betrachtet wurde.

* Ein „**Albastron**" war ein kostbares Gefäß, zumeist aus Alabasterglas gefertigt.

* Ein **Denar** ist eine römische Silbermünze.

* Da die Menschen damals barfuß oder in Sandalen gingen, gehörte das Waschen der **Füße** zur Gastfreundschaft.

* Ein **Kuss** gehörte zum üblichen Begrüßungsritual.

* An festlichen Tagen war es üblich, das Haupt der Gäste mit duftendem **Öl** zu salben.

IM TOD VERGEBEN

Sie kamen zur Schädelhöhe*. Dort kreuzigten* sie Jesus und die Verbrecher, den einen rechts von ihm, den anderen links. Jesus aber betete:

Vater, vergib ihnen, denn sie wissen nicht, was sie tun.

[Lk 23,33-34]

Sie trieben Stephanus* zur Stadt hinaus und steinigten* ihn. Die Zeugen legten ihre Kleider zu Füßen eines jungen Mannes nieder, der Saulus hieß. So steinigten sie Stephanus; er aber betete und rief:

Herr Jesus, nimm meinen Geist auf!

Dann sank er in die Knie und schrie laut:

Herr, rechne ihnen diese Sünde nicht an!

Nach diesen Worten starb er.

[Apg 7,58-60]

Kurz erklärt

Wer selbst seinen Mördern vergibt, praktiziert die vollendete Form der Vergebung. Indem Jesus denen vergibt, die ihn ungerechterweise kreuzigen, wird er zum Vorbild für Christinnen und Christen. Deshalb erzählt der Evangelist Lukas, dass auch Stephanus – dem Vorbild Jesu folgend – denen vergibt, die ihn zu Tode steinigen.

Zum Weiterlesen

– // Es gibt keine größere Liebe, als wenn einer sein Leben für seine Freunde hingibt. //

[Joh 15,13]

– // Der Menschensohn ist nicht gekommen, um sich dienen zu lassen, sondern um zu dienen und sein Leben hinzugeben als Lösegeld für viele. //

[Mk 10,45]

Was bedeutet

* Die Todesstrafe wurde in der Antike allgemein praktiziert und nicht in Zweifel gezogen.

* Verurteilte wurden auf einem Hügel vor den Toren Jerusalems hingerichtet. Wegen seiner eigentümlichen Form hieß dieser Hügel im Volksmund Golgota (= **Schädelhöhe**).

* **Kreuzigung** ist eine grausame und entwürdigende Hinrichtungsart der Römer, die nur bei Sklaven und nichtrömischen Bürgern angewandt wurde.

* **Steinigung** ist eine jüdische Praxis der Todesstrafe. Die Steinigung des Stephanus war ein Akt der Lynchjustiz.

Der Kern der Botschaft Jesu ist sein Gebot:
„Liebet eure Feinde;
tut Gutes denen, die euch hassen.
Betet für die, die euch verfluchen."
Er hebt hervor, dass es leicht ist,
die Menschen zu lieben, die auch uns lieben;
dazu brauchen wir keine besondere Kraft oder Liebe.
Aber unsere Feinde aus eigener Kraft zu lieben,
das ist unmöglich.
Unser natürlicher Instinkt sagt uns,
dass wir uns wehren sollen:
entweder zum Angriff übergehen oder weglaufen.
Aber mit der Gabe seines Geistes
führt uns Jesus auf den Weg der Friedensstifter.

Mit Jesus wird das Unmögliche möglich.

Tod und neues Leben

Der Tod ist in unserer Welt allgegenwärtig. Alles Leben ist immer auch dem Vergehen unterworfen. Trotzdem sind wir oft überrascht und ratlos, wenn wir dem Tod unmittelbar begegnen. Er wird von uns als eine Grenze erfahren, die wir nicht zu überschreiten vermögen. Es ist deshalb notwendig, sich mit dem Tod auseinanderzusetzen und Riten der Trauer zu entwickeln. Im Glauben an die Auferstehung enthält die Bibel darüber hinaus eine Hoffnung, die über die Grenze des Todes hinausreicht.

LEBENDIG TOT

Ein Aussätziger* kam zu Jesus und bat ihn um Hilfe;
er fiel vor ihm auf die Knie und sagte:
Wenn du willst, kannst du machen, dass ich rein werde.
Jesus hatte Mitleid mit ihm; er streckte die Hand aus,
berührte* ihn und sagte:
Ich will es – werde rein!
Im gleichen Augenblick verschwand der Aussatz, und der Mann
war rein. Jesus schickte ihn weg und schärfte ihm ein:
Nimm dich in Acht! Erzähl niemand etwas davon,
sondern geh, zeig dich dem Priester* und bring
das Reinigungsopfer dar, das Mose* angeordnet hat.
Das soll für sie ein Beweis (meiner Gesetzestreue) sein.
Der Mann aber ging weg und erzählte bei jeder Gelegenheit,
was ihm geschehen war; er verbreitete die ganze Geschichte,
sodass sich Jesus in keiner Stadt mehr zeigen konnte; er hielt
sich nur noch außerhalb der Städte an einsamen Orten auf.
Dennoch kamen die Leute von überall her zu ihm.

[Mk 1,40-45]

Kurz erklärt

Mit Aussatz werden alle Hauterkrankungen bezeichnet, von der Warze über die Brandnarbe bis zur Hautflechte und zu ansteckenden Erkrankungen, die eine Quarantänemaßnahme erforderlich machen. Der Aussatz wird im Judentum als Schlimmstes gesehen, was einen Menschen treffen kann. Ein aussätziger Mensch galt – solange das Symptom sichtbar war – als lebender Toter.
Jesus hat Mitleid mit dem Aussätzigen, der außerhalb der Stadtmauer leben musste und die Stadt nicht betreten durfte. Er überträgt seine heilende Kraft, indem er den Kranken berührt. Dieser setzt sein ganzes Vertrauen und seinen Glauben auf Jesus. Und er wird nicht enttäuscht. Der Geheilte ist so glücklich, dass er wieder als lebendiger Mensch gilt, dass er sich nicht an das Schweigegebot Jesu hält. So wird er zum Verkünder der Frohen Botschaft.

Zum Weiterlesen

Das mosaische Gesetz regelt das Verhalten bei Aussatz:

– // Wenn sich auf der Haut eines Menschen eine Schwellung, ein Ausschlag oder ein heller Fleck bildet, liegt Verdacht auf Hautaussatz vor. Der Priester soll das Übel auf der Haut untersuchen. Wenn das Haar an der kranken Stelle weiß wurde und die Stelle tiefer als die übrige Haut liegt, soll er den Erkrankten für unrein erklären. Der Aussätzige, der von diesem Übel betroffen ist, soll eingerissene Kleider tragen und das Kopfhaar ungepflegt lassen; er soll den Schnurrbart verhüllen und ausrufen: Unrein! Unrein! Solange das Übel besteht, bleibt er unrein. Er soll abgesondert wohnen. //

[Lev 13,2f.45f.]

Was bedeutet

* Wenn die Bibel von **Aussatz** spricht, versteht sie darunter Hautkrankheiten; diese verstand man als „Schlag Gottes“.

* Die **Berührung** einer aussätzigen Person macht unrein. Deshalb werden Aussätzige aus der Gemeinschaft ausgestoßen.

* Ob eine Person aussätzig war, wurde durch einen **Priester** festgestellt. Auch die Heilung musste ein Priester bezeugen.

ich träume, dass

… sich geballte hände öffnen,
berühren, aneinander festklammern
und zusammenhalten;

… blicke sich nicht mehr ausweichen,
nicht mehr stechen,
nicht mehr töten;

… hände nicht mehr erpressen,
fesseln erdrücken, die luft abschnüren,
sondern tragen, auffangen, halten und
schützen;

… füße nicht mehr treten,
zermahlen, vernichten, zertreten,
sondern schritte zum anderen suchen;

… lippen nicht mehr messerscharfe worte
formen, verletzen, schweißnähte werden,
sondern sich öffnen, berühren,
eine zeit der zärtlichkeit ausrufen;

… und ich,
mein körper und meine seele,
ein ausdruck des lebens werden
mit herzen, mund und händen.

ute

IM TOD (NICHT) ALLEIN

Als die sechste Stunde* kam, brach über das ganze Land eine Finsternis* herein. Sie dauerte bis zur neunten Stunde. Und in der neunten Stunde rief Jesus mit lauter Stimme:
Eloï, Eloï, lema sabachtani?,
das heißt übersetzt: Mein Gott, mein Gott,
warum hast du mich verlassen?

Einige von denen, die dabeistanden und es hörten, sagten:
Hört, er ruft* nach Elija*!
Einer lief hin, tauchte einen Schwamm in Essig, steckte ihn auf einen Stock und gab Jesus zu trinken. Dabei sagte er:
Lasst uns doch sehen, ob Elija kommt und
ihn herabnimmt.

Jesus aber schrie laut auf. Dann hauchte er den Geist aus.

Da riss der Vorhang im Tempel* von oben bis unten entzwei.

Als der Hauptmann, der Jesus gegenüberstand, ihn auf diese Weise sterben sah, sagte er:
Wahrhaftig, dieser Mensch war Gottes Sohn.

Kurz erklärt

Jesus wird von den Römern als Aufrührer hingerichtet. Die letzten Worte Jesu, die Markus überliefert, zeigen, dass Jesus im Tod all seine Hoffnung auf Gott setzt. Gottes Antwort folgt nicht unmittelbar, sondern in der Auferweckung Jesu. Die Evangelien deuten Jesu Tod unter Verwendung alttestamentlicher Motive aus christlicher Perspektive. Wenn der Vorhang im Tempel von unten bis oben entzweireißt, so ist dies ein Hinweis, dass mit Jesu Tod allen Menschen der Zugang zu Gott offen ist.

Auch einige Frauen sahen von Weitem zu, darunter Maria aus Magdala*, Maria*, die Mutter von Jakobus dem Kleinen und Joses, sowie Salome*; sie waren Jesus schon in Galiläa* nachgefolgt und hatten ihm gedient. Noch viele andere Frauen waren dabei, die mit ihm nach Jerusalem* hinaufgezogen waren.

[Mk 15,33-41]

Was bedeutet

* Die **6. Stunde** ist 12.00 Uhr mittags.

* Die **Finsternis** repräsentiert in der Bibel die Mächte des Chaos und des Todes.

* Jesu aramäische Worte werden als **Rufen** nach Elija, der als Helfer in der Not galt, missverstanden.

* Ein Vorhang im Innern des **Tempels** trennte das Heiligtum vom Allerheiligsten. Dieses durfte nur einmal im Jahr am großen Versöhnungstag vom Hohepriester betreten werden.

Zum Weiterlesen

– // Mein Gott, mein Gott, warum hast du mich verlassen?//

[Ps 22,2]

Jesus sagt über seinen Tod:

– // Der Menschensohn ist nicht gekommen, um sich dienen zu lassen, sondern um zu dienen und sein Leben zu geben als Lösepreis für viele. //

[Mk 10,45]*

* Übersetzung: Friolin Stier

das könnte den herren so passen
wenn mit dem tode alles beglichen wäre
die herrschaft der herren
die knechtschaft der knechte
bestätigt wäre für immer
das könnte manchen herren so passen
wenn sie in ewigkeit
herren blieben im teuren privatgrab
und ihre knechte
knechte in billigen reihengräbern

aber es kommt eine auferstehung
die anders
ganz anders wird
als wir dachten
es kommt eine auferstehung
die ist
der aufstand gottes gegen die herren
und gegen den herrn aller herren:
den tod

Kurt Marti

WEINEN UND KLAGEN

Sara* starb in Kirjat-Arba*, das jetzt Hebron* heißt, in Kanaan*. Abraham* kam, um die Totenklage* über sie zu halten und sie zu beweinen.
Danach stand Abraham auf, ging von seiner Toten weg und redete mit den Hetitern*. Er sagte:

> Fremder und Halbbürger bin ich unter euch.
> Gebt mir ein Grab bei euch als Eigentum,
> damit ich meine Tote hinausbringen und begraben kann.

Die Hetiter antworteten Abraham:

> Hör uns an, Herr! Du bist ein Gottesfürst in unserer Mitte.
> In der vornehmsten unserer Grabstätten darfst du deine Tote begraben.
> Keiner von uns wird dir seine Grabstätte versagen und deiner Toten das Begräbnis verweigern.

Abraham aber stand auf, verhandelte mit den Bürgern des Landes und sagte:

> Wenn ihr damit einverstanden seid, dass ich meine Tote hinausbringe und begrabe, dann setzt euch für mich ein bei Efron*, dem Sohn Zohars*!

Kurz erklärt

Das Begräbnis ist zum einen ein Gebot der Achtung vor dem oder der Toten. Es entspricht auch der Erwartung, selbst nach dem eigenen Tod begraben zu werden. Das Begräbnis ist aber nicht nur Teil eines Rituals. Es ermöglicht dem Menschen, im Kreis von Verwandten und Bekannten Abschied zu nehmen von einem Menschen, dem er im Leben eng verbunden war. Das Begräbnis ist Teil des Trauerns. Die Begräbnissitten haben sich im Laufe der Zeit verändert und unterscheiden sich in den unterschiedlichen Kulturen. Allen gemeinsam ist der Wunsch nach einem würdigen Begräbnis.
Im Alten Orient ist die Totenklage ein wichtiger Teil des Trauerrituals. Abraham hält Totenklage für seine Frau Sara, die im hohen Alter stirbt. Zugleich sucht er einen Ort, wo er sie würdig bestatten kann. Er findet diesen Ort in der Höhle von Machpela.
Die Erzählung ist darüber hinaus ein schönes Beispiel orientalischen Handelns und Feilschens.

Er soll mir die Höhle von Machpela* überlassen, die ihm gehört,
am Rand seines Grundstücks.
Zum vollen Geldwert soll er sie
mir überlassen als eigene Grabstätte
mitten unter euch.

Efron antwortete Abraham:
Das Grundstück überlasse ich dir,
und die Höhle darauf überlasse
ich dir; in Gegenwart der Söhne
meines Volkes überlasse ich sie dir.
Begrab deine Tote!

Da sagte Abraham zu Efron:
Ich zahle das Geld für das Grundstück.
Nimm es von mir an, damit ich
dort meine Tote begrabe.

Efron antwortete Abraham:
Land im Wert von vierhundert
Silberstücken, was bedeutet das
schon unter uns?
Begrab nur deine Tote!

Abraham hörte auf Efron und wog* ihm den Geldbetrag ab, den er in Gegenwart* der Hetiter genannt hatte, vierhundert Silberstücke zum üblichen Handelswert.

Dann begrub Abraham seine Frau Sara in der Höhle des Grundstücks von Machpela bei Mamre, das jetzt Hebron heißt, in Kanaan.

Das Grundstück samt der Höhle darauf war also von den Hetitern als Grabstätte in den Besitz Abrahams übergegangen.

[aus Gen 23,2-20]

Was bedeutet

* Wenn ein Mensch stirbt, drücken die Verwandten ihren Schmerz über den Verlust dieses Menschen in lauter Klage aus. Wer es sich leisten konnte, engagierte sog. Klageweiber. Diese sollten die anwesenden Trauergäste zu Tränen rühren. Die **Totenklage** fand im Haus der Verstorbenen statt, aber auch auf dem Weg zum Begräbnis. Sie dauerte in der Regel sieben Tage.

* In alter Zeit wurde der Geldwert in Silber ab**gewogen**. Münzen gibt es erst seit dem 7. Jahrhundert v. Chr. In Palästina sind Münzen erst seit dem 6. Jahrhundert v. Chr. belegt.

* Ein Kaufvertrag wurde öffentlich vor Zeugen abgeschlossen.

Zum Weiterlesen

Das Leben ist vergänglich:

– // Der Mensch bleibt nicht in seiner Pracht; er gleicht dem Vieh, das verstummt. //

[Ps 49,13]

Ein Totenlied:

– // Ach, die Helden sind gefallen mitten im Kampf.
Jonatan liegt erschlagen auf deinen Höhen.
Weh ist mir um dich, mein Bruder Jonatan.
Du warst mir sehr lieb.
Wunderbarer war deine Liebe für mich als die Liebe der Frauen.
Ach, die Helden sind gefallen,
die Waffen des Kampfes verloren. //

[2 Sam 1,25-27]

Abschied nehmen gehört zum Leben.
Abschied von Eltern, von Freunden,
von vertrauter Umgebung.
Immer ist Abschied so etwas wie sterben.
Das Wissen um den Tod macht die Zeit
des Lebens wertvoll. Der Tod mahnt uns,
das Leben nicht aufzuschieben.

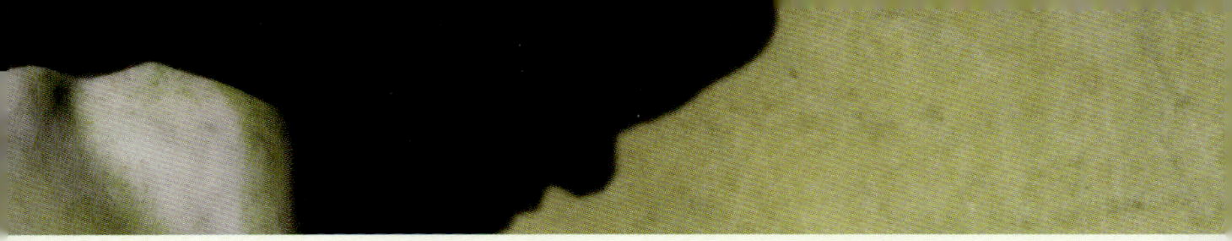

Notizen

SICH TRÖSTEN

Mein Sohn*, um den Toten lass Tränen fließen, trauere und stimm das Klagelied* an! Bestatte seinen Leib, wie es ihm zusteht, verbirg dich nicht bei seinem Hinscheiden!
Sei betrübt, mein Sohn, und überlass dich heftiger Klage*, halte die Trauer ein, wie es ihm gebührt, einen Tag oder zwei, der (üblen) Nachrede wegen; dann tröste dich über den Kummer hinweg!
Aus Kummer entsteht Unheil; denn ein trauriges Herz bricht die Kraft. Schlimmer als der Tod ist dauernder Kummer, ein leidvolles Leben ist ein Fluch für das Herz.
Lenke deinen Sinn nicht mehr auf den Toten, lass von der Erinnerung an ihn ab und denk an die Zukunft!
Denk nicht mehr an ihn; denn es gibt für ihn keine Hoffnung* mehr. Was kannst du ihm nützen? Dir aber schadest du.
Denk daran, dass seine Bestimmung auch deine Bestimmung ist: Gestern er und heute du.

Wie der Tote ruht, ruhe auch die Erinnerung an ihn, tröste dich, wenn sein Leben erloschen ist.

[Sir 38,16-23]

Kurz erklärt

Der Tod gehört zum Leben – sowohl der Tod anderer als auch der eigene Tod. Es stellt sich daher die Frage nach dem richtigen Umgang mit Sterben und Tod. Ben Sira ermutigt seine Schüler, sich angemessen zu verhalten. Dies bedeutet, klug zu handeln: Niemand soll den Eindruck gewinnen, der Tod eines Menschen lasse einen gleichgültig. Dies bedeutet aber auch, die Trauerrituale zu nutzen. Sie erlauben zu weinen und zu klagen, sich gehen zu lassen. Aber: Das Leben geht weiter. Daher soll die Trauer nicht endlos gepflegt werden. Schließlich hilft sie weder den Verstorbenen noch den Lebenden.

Was bedeutet

* Das Buch des Weisheitslehrers Ben Sira richtet sich an Männer der oberen Mittelschicht. Der Lehrer redet seinen Schüler mit „**Sohn**“ an.

* Trauerbräuche in Vorderasien umfassten das Zerreißen der Kleidung, Vernachlässigung der Körperpflege und den Verzicht auf gutes Essen.

* Ben Sira kennt noch keinen Glauben an die Auferstehung. Er betrachtet den Tod als biologisches Geschehen.

Zum Weiterlesen

Vielfach ist die Rede von der Trauer um Verstorbene:

– // Jakob zerriss seine Kleider, legte Trauerkleider an und trauerte um seinen Sohn (Josef) viele Tage. Alle seine Söhne und Töchter machten sich auf, um ihn zu trösten. Er aber ließ sich nicht trösten und sagte: Ich will trauernd zu meinem Sohn in die Unterwelt hinabsteigen (d. h. bis zu meinem eigenen Tod trauern). So beweinte ihn sein Vater. // [Gen 37,34f.]

David trauert um seinen Freund Jonatan.

Der Prophet Jeremia klagt angesichts des Krieges:

– // Ach wäre mein Haupt doch Wasser, mein Auge ein Tränenquell: Tag und Nacht beweinte ich die Erschlagenen der Tochter, meines Volkes. // [Jer 8,23]

WARUM GERADE ER?

Wenn jemand, den ich gut kenne oder den ich total gern habe, krank wird, richtig schlimm krank, dann denke ich stundenlang darüber nach. Ich finde es irgendwie unfair. Warum gerade er oder sie oder ich? Man weiß, dass man sterben muss, aber das ist doch der absolute Horror. Ich hatte einen Cousin, mit dem habe ich als Kind viel zusammen gespielt. Später haben wir uns kaum noch gesehen. Dann hatte er einen Tumor. Er tat mir so Leid, als ich ihn einmal im Krankenhaus besucht habe. Er war so dünn geworden. Ich musste weinen.
Zwei Jahre lang hat er sich gequält, dann ist er ausgerechnet am Muttertag gestorben. Nachts um zwölf hatte das Telefon bei uns geklingelt, und sie haben uns Bescheid gegeben, dass er tot ist. Ich habe die ganze Zeit geweint. Warum gerade er?

Nicole, 14

DEM TOD INS AUGE SEHEN

Ein andermal geschah es, dass man sieben Brüder mit ihrer Mutter festnahm. Der König wollte sie zwingen, entgegen dem göttlichen Gesetz Schweinefleisch zu essen, und ließ sie darum mit Geißeln und Riemen peitschen.

Einer von ihnen ergriff für die andern das Wort und sagte:

> Eher sterben wir, als dass wir die Gesetze unserer Väter übertreten.

Da wurde der König zornig und befahl, Pfannen und Kessel heißzumachen. Kaum waren sie heiß geworden, ließ er ihrem Sprecher die Zunge abschneiden, ihm nach Skythenart* die Kopfhaut abziehen und Nase, Ohren, Hände und Füße stückweise abhacken. Dabei mussten die anderen Brüder und die Mutter zuschauen. Den grässlich Verstümmelten, der noch atmete, ließ er ans Feuer bringen und in der Pfanne braten.

Während sich der Dunst aus der Pfanne nach allen Seiten verbreitete, sprachen sie und ihre Mutter einander Mut zu, in edler Haltung zu sterben. Sie sagten:

> Gott der Herr schaut auf uns, und gewiss hat er Erbarmen mit uns.

Als der erste der Brüder auf diese Weise gestorben war, führten sie den zweiten zur Folterung.

... Alle Brüder, einer nach dem anderen, werden auf ähnlich grausame Weise gefoltert; alle drücken ihre Hoffnung aus, dass Gott sie zum Leben erwecken wird.

Was bedeutet

* Die Mutter hofft, ihren Sohn bei Gott wiederzusehen.

Nun war nur noch der Jüngste übrig.
Der König rief die Mutter und
redete ihr zu, sie solle dem Knaben
doch raten, sich zu retten.
Sie beugte sich zu ihm nieder und – den grausamen Tyrannen verspottend – , sagte sie:

> Ich bitte dich, mein Kind, schau dir den Himmel
> und die Erde an;
> sieh alles, was es da gibt, und erkenne:
> Gott hat das aus dem Nichts erschaffen,
> und so entstehen auch die Menschen.
> Hab keine Angst vor diesem Henker,
> sei deiner Brüder würdig und nimm den Tod an!
> Dann werde ich dich zur Zeit der Gnade*
> mit deinen Brüdern wiederbekommen.

Kaum hatte sie aufgehört, da sagte der Junge:

> Auf wen wartet ihr? Dem Befehl des Königs
> gehorche ich nicht;
> ich höre auf den Befehl des Gesetzes,
> das unseren Vätern durch Mose gegeben wurde.
> Unsere Brüder sind nach kurzem Leiden
> mit der göttlichen Zusicherung ewigen Lebens gestorben.

Auch der Jüngste starb also mit reinem Herzen und vollendetem Gottvertrauen. Zuletzt starb nach ihren Söhnen die Mutter.

[aus 2 Makk 7]

Zum Weiterlesen

Das Judentum erwartete die Auferstehung der Toten am Ende der Zeiten:

– // Von denen, die im Land des Staubes schlafen, werden viele erwachen, die einen zum ewigen Leben, die anderen zur ewigen Schmach. //

[Dan 12,2]

In der Nazizeit sind viele Menschen für ihre Überzeugung ins KZ gegangen; manche von ihnen wurden umgebracht. Nach seiner Verurteilung schrieb Alfred Delp am 14. Januar 1945 an Freunde in München:
Nicht traurig sein. Gott hilft so wunderbar und spürbar bis jetzt. Ich bin noch gar nicht erschrocken. Das kommt wohl noch. Vielleicht will Gott diesen Wartezustand als äußerste Erprobung des Vertrauens.

Kurz erklärt

Die Erzählung stammt aus einer erst im 2. Jahrhundert v. Chr. entstandenen Schriftensammlung und spiegelt eine schwierige politische und religiöse Situation des antiken Judentums. Es stellt sich die Frage, wie sich Gegenwart und Tradition miteinander verbinden lassen. Wie lässt sich die Tora, das Gesetz, in einer veränderten Situation leben? Ist Gott den Menschen immer noch so nah wie in alter Zeit? Muss es Widerstand gegen die Fremdherrschaft und ihre Vorstellungen und Forderungen geben?
Die Geschichte erzählt von einer Mutter und ihren sieben Söhnen, die zum Widerstand bereit sind, die sich entscheiden, für ihre religiöse Überzeugung Verfolgung und Folter zu ertragen und letztlich auch den Tod auf sich zu nehmen. Die Hoffnung auf die Treue Gottes, die auch den Tod überdauert und ein Leben jenseits der Grenze des Todes eröffnet, gibt diesen sieben Brüdern und ihrer Mutter den Mut, für ihre Überzeugung einzustehen – trotz Folter und Tod.

Notizen

ER IST AUFERSTANDEN!

Am ersten Tag der Woche* gingen die Frauen mit den wohlriechenden Salben, die sie zubereitet hatten, in aller Frühe zum Grab. Da sahen sie, dass der Stein vom Grab* weggewälzt war; sie gingen hinein, aber den Leichnam Jesu, des Herrn, fanden sie nicht.

Während sie ratlos dastanden, traten zwei Männer*
in leuchtenden Gewändern zu ihnen.
Die Frauen erschraken und blickten zu Boden.
Die Männer aber sagten zu ihnen:
Was sucht ihr den Lebenden bei den Toten?
Er ist nicht hier, sondern er ist auferstanden.
Erinnert euch an das, was er euch gesagt hat,
als er noch in Galiläa* war:
Der Menschensohn muss den Sündern ausgeliefert
und gekreuzigt werden
und am dritten Tag auferstehen.
Da erinnerten sie sich an seine Worte.

Kurz erklärt

Die Auferstehung eines Toten erscheint heute vielen als unmöglich. Die biblischen Texte sprechen von der Auferweckung und Auferstehung Jesu, weil sie davon überzeugt sind, dass Jesus nun in der Wirklichkeit Gottes lebt. Gottes Wirklichkeit überschreitet die von Menschen erfahrene Wirklichkeit. Auferstehung ist deshalb keine Rückkehr in dieses Leben. Auferstehung heißt: Gott hat das Leben Jesu und sein Wirken bestätigt. Gott lässt die nicht fallen, die auf ihn vertrauen, sondern erweckt sie zu neuem Leben jenseits der Grenze des Todes.
Die Apostel waren keine leichtgläubigen Menschen. Auch sie waren anfangs skeptisch und glaubten denen nicht, die die Osterbotschaft als Erste verkündeten. Dies sind die Frauen, die Jesus auf seinem Weg folgten: Sie sind angesichts dessen, was sie (nicht) sehen, zunächst ratlos; doch dann sind sie in der Lage, ihre Trauer zu überwinden, klare Gedanken zu fassen und sich an Jesu Botschaft zu erinnern.

Und sie kehrten vom Grab in die Stadt zurück und berichteten alles den Elf und den anderen Jüngern.
Es waren Maria Magdalene*, Johanna* und Maria*, die Mutter des Jakobus; auch die übrigen Frauen, die bei ihnen waren, erzählten es den Aposteln*.
Doch die Apostel hielten das alles für Geschwätz und glaubten ihnen nicht.

[Lk 24,1-12]

Was bedeutet

* Der **erste Tag der Woche** ist nach biblischer Tradition der Sonntag. Deshalb fällt Ostern immer auf einen Sonntag.

* Das **Grab** Jesu war ein in den Felsen gehauenes Grab. Man konnte in dieses Grab hineingehen; die Toten wurden in Tücher gewickelt und auf eine Steinbank gelegt. Solche Gräber wurden mit einem großen runden Stein, dem Rollstein, verschlossen.

* Himmlische bzw. göttliche Boten, auch Engel genannt, werden in der Regel in Menschengestalt und in leuchtenden Gewändern beschrieben.

Zum Weiterlesen

Die Auferweckung Jesu ist das Zentrum christlichen Glaubens:

– // Christus ist für unsere Sünden gestorben, gemäß der Schrift, und ist begraben worden. Er ist am dritten Tag auferweckt worden, gemäß der Schrift, und erschien dem Kephas, dann den Zwölf. //

[1 Kor 15,3-5]

Auf Jesu Auferweckung gründet auch unsere Hoffnung:

– // Wenn Jesus – und das ist unser Glaube – gestorben und auferstanden ist, dann wird Gott durch Jesus auch die Verstorbenen zusammen mit ihm zur Herrlichkeit führen. //

[1 Thess 4,14]

ihr fragt
wie ist
die auferstehung der toten?
ich weiß es nicht
ihr fragt
wann ist
die auferstehung der toten?
ich weiß es nicht
ihr fragt
gibt's
eine auferstehung der toten?
ich weiß es nicht
ihr fragt
gibt's
keine auferstehung der toten?
ich weiß es nicht
ich weiß
nur
wonach ihr nicht fragt:
die auferstehung derer, die leben
ich weiß
nur
wozu Er uns ruft:
zur auferstehung heute und jetzt

kurt marti

ER LEBT WEITER

Am gleichen Tag waren zwei von den Jüngern auf dem Weg in ein Dorf namens Emmaus*, das sechzig Stadien* von Jerusalem* entfernt ist.
Sie sprachen miteinander über all das, was sich ereignet hatte.
Während sie redeten und ihre Gedanken austauschten,
kam Jesus hinzu und ging mit ihnen.
Doch sie waren wie mit Blindheit geschlagen, sodass sie ihn nicht erkannten.

Er fragte sie:
> Was sind das für Dinge, über die ihr auf eurem Weg miteinander redet?

Da blieben sie traurig stehen, und der eine von ihnen – er hieß Kleopas* – antwortete ihm:
> Bist du so fremd in Jerusalem, dass du als Einziger nicht weißt, was in diesen Tagen dort geschehen ist?

Er fragte sie:
> Was denn?

Sie antworteten ihm:
> Das mit Jesus aus Nazaret*.
> Er war ein Prophet*, mächtig in Wort und Tat
> vor Gott und dem ganzen Volk.
> Doch unsere Hohenpriester* und Führer haben ihn
> zum Tode verurteilen und ans Kreuz schlagen lassen.
> Wir aber hatten gehofft, dass er der sei,
> der Israel erlösen werde.
> Einige Frauen aus unserem Kreis haben uns
> in große Aufregung versetzt.
> Sie waren in der Frühe beim Grab,
> fanden aber seinen Leichnam nicht.

Als sie zurückkamen, erzählten sie,
es seien ihnen Engel erschienen
und hätten gesagt, er lebe.
Da sagte er zu ihnen:
Begreift ihr denn nicht?
Musste nicht der Messias*
all das erleiden, um so in seine
Herrlichkeit zu gelangen?
Und er legte ihnen dar, ausgehend von
Mose und allen Propheten, was in der
gesamten Schrift über ihn geschrieben steht.

So erreichten sie das Dorf, zu dem sie unterwegs waren. Jesus tat, als wolle er weitergehen,
aber sie drängten ihn und sagten:
Bleib doch bei uns; denn es wird bald Abend,
der Tag hat sich schon geneigt.
Da ging er mit hinein. Und als er mit ihnen bei Tisch war,
nahm er das Brot, sprach den Lobpreis, brach das Brot
und gab es ihnen.
Da gingen ihnen die Augen auf, und sie erkannten ihn;
dann sahen sie ihn nicht mehr.
Und sie sagten zueinander:
Brannte uns nicht das Herz in der Brust, als er unterwegs
mit uns redete und uns den Sinn der Schrift erschloss?
Noch in derselben Stunde brachen sie auf und kehrten nach
Jerusalem zurück und sie fanden die Elf und die anderen
Jünger versammelt.
Diese sagten:
Der Herr ist wirklich auferstanden und ist dem Simon erschienen.

[aus Lk 24,13-34]

Was bedeutet

* **Sechzig Stadien** sind etwa elf Kilometer.

* Wörtlich: Gesalbter; der **Messias** wurde am Ende der Zeiten als Retter erwartet. Die rettenden und befreienden Erfahrungen mit Jesus führten dazu, in ihm diesen Messias zu sehen.

* „Brotbrechen“ bezeichnet die Eröffnung eines Mahls; der Evangelist Lukas benutzt diesen Begriff für die eucharistischen Mahlfeiern der frühen Gemeinden.

Kurz erklärt

Die Erzählung ist sehr vielschichtig. Die beiden Jünger verlassen Jerusalem, weil diese Stadt für sie zum Ort des Todes geworden war. Zugleich findet sich das Motiv des Weges: Zwei Menschen sind unterwegs und auf ihrem Weg machen sie eine Erfahrung, die ihr Leben verändert. Der Weg ist eine Möglichkeit, der eigenen Lebenssituation nachzugehen. Jesus stößt auf diesem Weg hinzu und nötigt sie, von ihrem Erleben und ihrer Trauer zu erzählen. Zugleich erklärt er ihnen, dass Jesu Leiden und Sterben bereits in der Schrift des Alten Testaments abgebildet sind. Im Brechen des Brotes, das sie an ihre gemeinsame Zeit mit Jesus erinnert, gewinnen die beiden Jünger eine neue Beziehung zu Jesus, die sogar den Tod überdauert. So ist es ihnen möglich, nach Jerusalem zurückzukehren. Jerusalem wird für sie zum Ort einer neuen Hoffnung.

Zum Weiterlesen

Der jüdische Fromme erwartete, dass Gott das Schicksal am dritten Tag wenden werde:

– // Nach zwei Tagen gibt er uns das Leben zurück,
am dritten Tag richtet er uns wieder auf,
und wir leben vor seinem Angesicht. //

[Hos 6,2]

Notizen

Als ob es die Toten gäbe!
Herr, es gibt keine Toten,
Es gibt nur Lebende,
Auf unserer Erde und im Jenseits.
Herr, den Tod gibt es,
Aber er ist nur ein Moment,
Ein Augenblick, eine Sekunde, ein Schritt,
Der Schritt vom Vorläufigen ins Endgültige,
Der Schritt vom Zeitlichen ins Ewige.

Michael Quoist

Glaube

Woran sollen wir glauben? Gibt es eine höhere Macht, die unser Schicksal in Händen hält?
In guten Zeiten fällt es eigentlich nicht schwer, an Gott zu glauben. Aber wenn schlechte Zeiten kommen, wenn wir Krieg, Hunger, Not und Elend in der Welt sehen, dann fällt der Glaube an Gott schwer.
Die Bibel erzählt davon, dass Gott den Menschen ganz nahe ist. Sie weiß aber auch, dass Glauben manchmal hart auf die Probe gestellt wird.

ICH BIN DER „ICH BIN DA"

Mose* weidete die Schafe und Ziegen seines Schwiegervaters Jitro*, des Priesters von Midian*. Eines Tages kam er zum Gottesberg Horeb*. Dort erschien ihm der Engel des Herrn in einer Flamme, die aus einem Dornbusch emporschlug. Er schaute hin: Da brannte der Dornbusch und verbrannte doch nicht. Mose sagte: Ich will dorthin gehen und mir die außergewöhnliche Erscheinung ansehen. Da rief Gott ihm aus dem Dornbusch zu:

Mose, Mose!

Er antwortete:

Hier bin ich.

Der Herr sagte:

Komm nicht näher heran! Leg deine Schuhe ab;
denn der Ort, wo du stehst, ist heiliger Boden*.

Dann fuhr er fort:

Ich bin der Gott deines Vaters, der Gott Abrahams*,
der Gott Isaaks* und der Gott Jakobs*.

Da verhüllte Mose sein Gesicht; denn er fürchtete sich, Gott anzuschauen.

Kurz erklärt

Mose gilt im Judentum als eine bedeutende Autorität. Er wird als Prophet und Vermittler der Tora bezeichnet. Hier wird von der Berufung des Mose erzählt: Mose soll der Führer der Israeliten aus der Knechtschaft in die Freiheit werden. Doch Mose kann sich das nicht vorstellen: „Wer bin ich schon?" „Was mutest du mir da zu?"
Der Text erzählt auch davon, wie das Volk Israel „seinen" Gott erlebt: ein Gott, der zuhört, der die Augen nicht vor dem Leid und der Not der Menschen zumacht, ein Gott, der sich Gedanken über die Zukunft der Menschen macht, ein Gott, der Menschen braucht.
Israels Gott, an den schon die Stammväter und Stammmütter geglaubt haben, ist aber auch ein heiliger Gott: Einer, der nicht greifbar und fassbar ist, der Menschen in Schrecken versetzen kann.

Der Herr sprach:
Ich habe das Elend meines Volkes in Ägypten * gesehen, und ihre laute Klage über ihre Antreiber habe ich gehört.
Ich kenne ihr Leid. Ich bin herabgestiegen, um sie der Hand der Ägypter zu entreißen und aus jenem Land hinaufzuführen in ein schönes, weites Land, in ein Land, in dem Milch und Honig fließen. ...
Und jetzt geh! Ich sende dich zum Pharao. Führe mein Volk, die Israeliten, aus Ägypten heraus!
Mose antwortete Gott:

Wer bin ich, dass ich zum Pharao gehen
und die Israeliten aus Ägypten herausführen könnte?

[Ex 3,1-8.10-11]

Was bedeutet

* Was **heilig** ist, ist auf Gott hingeordnet, zeigt etwas von Gott.

Zum Weiterlesen

Die Bibel erzählt noch andere Berufungsgeschichten. Auch darin erschrecken diejenigen, die Gott begegnen – wie z. B. der Prophet Jesaja:

– // Im Todesjahr des Usija sah ich den Herrn. Er saß auf einem hohen und erhabenen Thron. Der Saum seines Gewandes füllte den Tempel aus. Die Türschwellen bebten, und der Tempel füllte sich mit Rauch.
Da sagte ich: Weh mir, ich bin verloren. //

[Jes 6,1.4f.]

Oder sie bringen Einwände vor – wie der Prophet Jeremia:

– // Das Wort des Herrn erging an mich: Noch ehe ich dich im Mutterleib formte, habe ich dich ausersehen, ... zum Propheten für die Völker habe ich dich bestimmt. Da sagte ich: Ach, mein Gott und Herr, ich kann doch nicht reden, ich bin ja noch so jung. //

[Jer 1,4-6]

Gott aber sagte:
Ich bin mit dir; ich habe dich gesandt, und
als Zeichen dafür soll dir dienen: Wenn du das Volk
aus Ägypten * herausgeführt hast, werdet ihr Gott
an diesem Berg verehren.
Da sagte Mose* zu Gott:
Gut, ich werde also zu den *Israeliten kommen
und ihnen sagen:
Der Gott eurer Väter hat mich zu euch gesandt.
Da werden sie mich fragen:
Wie heißt er?
Was soll ich ihnen darauf sagen?
Da antwortete Gott:
Ich bin der „Ich-bin-da“.
Und er fuhr fort:
So sollst du zu den Israeliten sagen:
Der „Ich-bin-da“ hat mich zu euch gesandt.

Kurz erklärt

Mose versucht, mit Gott zu verhandeln: „Was soll ich denn sagen?“
„Wer bist du überhaupt?“
In diesem Zweiergespräch stellt sich Gott auch mit seinem Namen vor:
„Ich-bin-da“. Dieser Name ist Zuspruch, Trost und Programm:
Auch wenn du das Gefühl hast, allein zu sein, ich bin da. Auch wenn du
Angst hast, deine Aufgabe zu übernehmen, ich bin da.
Und wenn du in der Fremde bist oder keinen Ausweg mehr siehst:
Ich bin da. Außerdem: Menschen in der Vergangenheit – die „Väter“
und „Mütter“ – haben es erfahren und davon erzählt, dass ich da bin.
Ebenso werden auch künftige Menschen spüren, dass ich da bin.
Mose aber bleibt skeptisch.

Weiter sprach Gott zu Mose:

Sag zu den Israeliten:

Jahwe, der Gott eurer Väter, der Gott Abrahams,
der Gott Isaaks und der Gott Jakobs,
hat mich zu euch gesandt.
Das ist mein Name für immer, und so wird man
mich nennen in allen Generationen.

[Ex 3,12-15]

Zum Weiterlesen

Mose findet immer neue Einwände – und versucht, sich seiner Aufgabe zu entziehen:

– // Mose antwortete: Was aber, wenn sie mir nicht glauben und nicht auf mich hören, sondern sagen: Jahwe ist dir nicht erschienen? // [Ex 4,1]

– // Doch Mose sagte zum Herrn: Aber bitte, Herr, ich bin keiner, der gut reden kann, weder gestern noch vorgestern, noch seitdem du mit deinem Knecht sprichst. Mein Mund und meine Zunge sind schwerfällig. // [Ex 4,10]

– // Doch Mose antwortete: Ach bitte, Herr, schick doch einen anderen! // [Ex 4,13]

GOTT IN ALLEN SPRACHEN

Als der Pfingsttag* gekommen war, befanden sich alle am gleichen Ort. Da kam plötzlich vom Himmel her ein Brausen, wie wenn ein heftiger Sturm daherfährt, und erfüllte das ganze Haus, in dem sie waren.
Und es erschienen ihnen Zungen wie von Feuer, die sich verteilten; auf jeden von ihnen ließ sich eine nieder.
Alle wurden mit dem Heiligen Geist* erfüllt und begannen, in fremden Sprachen* zu reden, wie es der Geist ihnen eingab.
In Jerusalem aber wohnten Juden, fromme Männer aus allen Völkern unter dem Himmel. Als sich das Getöse erhob, strömte die Menge zusammen und war ganz bestürzt; denn jeder hörte sie in seiner Sprache reden.
Sie gerieten außer sich vor Staunen und sagten:

> Sind das nicht alles Galiläer*, die hier reden?
> Wieso kann sie jeder von uns in seiner Muttersprache hören: Parther*, Meder und Elamiter, Bewohner von Mesopotamien*, Judäa* und Kappadozien*, von Pontus* und

Kurz erklärt

Das sog. Pfingstwunder bezieht sich auf unterschiedliche Erfahrungen. Zum einen erfahren die Menschen der Urgemeinde den Geist Gottes, der sie radikal verändert. Aus ängstlichen Menschen, die sich einschließen, werden mutige Menschen, die das Evangelium verkünden. Das Pfingstwunder wird aber auch als „Sprachenwunder" bezeichnet. Es ist die Gegengeschichte zur Erzählung vom „Turmbau zu Babel", die von einer Sprachenverwirrung handelt: Während sich dort die Menschen plötzlich nicht mehr verstehen (Gen 11), verstehen sich hier die Menschen, die anlässlich des Geschehens zusammenkommen. Menschen, die sich vom Geist Jesu anstecken lassen, kommen auch über Sprachgrenzen hinweg mit anderen ins Gespräch.
Von außen betrachtet ist jedoch nicht immer klar erkennbar, was Menschen die Zunge löst: Ist es Alkohol oder ein göttlicher Funke, der zur Kommunikation inspiriert?

der Provinz Asien*, von Phrygien*
und Pamphylien*,
von Ägypten* und dem Gebiet
Libyens* nach Zyrene* hin,
auch die Römer, die sich hier
aufhalten, Juden* und Proselyten*,
Kreter* und Araber,
wir hören sie in unseren Sprachen
Gottes große Taten verkünden.
Alle gerieten außer sich und waren ratlos.
Die einen sagten zueinander:
Was hat das zu bedeuten?
Andere aber spotteten:
Sie sind vom süßen Wein betrunken.

[Apg 2,1-13]

Was bedeutet

* **Pfingsten** (= fünfzig), im Judentum ein Erntefest, das auch an die Gesetzgebung am Sinai erinnert. Im Christentum ist Pfingsten neben Weihnachten und Ostern das dritte große Fest im Kalender.

* **Heiliger Geist** bezeichnet die Kraft Gottes, die Menschen fähig macht, die Nähe Gottes zu spüren.

* Das hebräische wie das griechische Wort für „Zunge" bedeutet auch „**Sprache**".

Zum Weiterlesen

Die Bilder und Motive dieses Textes kommen aus der Vorstellungswelt des Ersten Testaments. Sie umschreiben die Nähe Gottes:

- Feuer (brennender Dornbusch, der nicht verbrennt; [Ex 3,2])
- Feuersäule in der Nacht [Ex 14,24]
- Rauch, Feuer, Erdbeben [Ex 19,16-19]
- Sturm (heftiger, starker Wind; [1 Kön 19,11f])

Dein Auto Japanisch
Deine Pizza Italienisch
Deine Demokratie Griechisch
Dein Kaffee Brasilianisch
Dein Schampo Englisch
Dein Urlaub Türkisch
Deine Schrift Lateinisch
Deine Zahlen Arabisch

und dein Nachbar?
nur ein „Ausländer"!

AUF GOTT HÖREN

Zügle deinen Schritt,
wenn du zum Gotteshaus gehst.
Tritt ein, um zuzuhören,
und nicht, wie die Ungebildeten, um Opfer abzugeben.
Sie verstehen nicht einmal,
Böses zu tun.
Sei nicht zu schnell mit dem Mund,
ja selbst innerlich fiebere nicht,
vor Gott das Wort zu ergreifen.
Gott ist im Himmel*,
du bist auf der Erde,
also mach wenig Worte!
Im Traum* schließt man viele Geschäfte ab,
der Ungebildete macht viele Worte.

Wenn du Gott ein Gelübde machst,
dann zögere nicht, es zu erfüllen.
Die Ungebildeten gefallen Gott nicht:
Was du gelobst, erfülle!
Es ist besser, wenn du nichts gelobst,
als wenn du etwas gelobst und nicht erfüllst.

Kurz erklärt

Religion und religiöse Praxis sind nicht nur Sache des Gefühls. Vielmehr muss alles religiöse Tun auch vor dem Verstand bestehen. Religion erschöpft sich nicht in vielen Worten, auch nicht in reichhaltigen Gesten und Riten. Einer solchen religiösen Praxis stellt der Weisheitslehrer Kohelet das Zuhören entgegen, das genaue Beobachten und Bedenken, um dann verantwortungsbewusst zu handeln. Das alles Entscheidende aber ist die Gottesfurcht. Diese besteht nicht in der Angst vor Gott, sondern darin, einzusehen, dass Gott und Mensch nicht auf einer Stufe stehen.
Der Mensch hat die Welt nicht im Griff und kann deshalb die Zukunft nicht berechnen.

Lass nicht zu, dass dein Mund
dein Fleisch in Sünde stürzt.
Erkläre nie vor dem Boten:
Es war ein Versehen.
Warum soll Gott zürnen über das,
was du redest,
und vernichten, was deine Hände tun?
Vielmehr, wo Träume sich mehren
und Windhauch und viele Worte,
da fürchte* du Gott!

[Koh 4,17–5,6]

Was bedeutet

* Im Ersten Testament gilt der **Himmel** als Wohnort Gottes. Andererseits ist Gott so groß, dass selbst der Himmel ihn nicht fassen kann. In den Bereich Gottes hat der Mensch keinen Zutritt.

* **Traum** und Wirklichkeit klaffen oft auseinander.

* Gott „**fürchten**" meint, die Distanz zwischen Gott und Mensch zu respektieren. Der Weisheitslehrer betont, dass der Mensch die Gründe für das Handeln Gottes nicht durchschauen könne.

Zum Weiterlesen

Der Mensch kann Gottes Handeln nicht durchschauen:

– // Am Glückstag erfreue dich deines Glücks, und am Unglückstag sieh ein: Auch diesen hat Gott geschaffen. // [Koh 7,14]

Kritik an Opfer und Kult findet sich bei den Propheten:

– // Liebe will ich, nicht Schlachtopfer, Gotteserkenntnis statt Brandopfer. // [Hos 6,6]

– // Wenn ihr mir Brandopfer darbringt, ich habe keinen Gefallen an euren Gaben, und eure fetten Heilsopfer will ich nicht sehen. // [Am 5,22]

INKONSEQUENT

Frag hundert Katholiken
was das wichtigste ist
in der Kirche.
Sie werden antworten:
Die Messe.

Frag hundert Katholiken
was das wichtigste ist
in der Messe
Sie werden antworten:
Die Wandlung

Sag hundert Katholiken
dass das wichtigste in
der Kirche die Wandlung ist.
Sie werden empört sein:
Nein, alles soll bleiben
wie es ist!

Lothar Zenetti

UNSER VATER

Unser Vater*, der in den Himmeln;

geheiligt werde dein Name;
es komme dein Königtum;
es geschehe dein Wille, wie im Himmel auch auf Erden;

unser Brot, das notwendige, gib uns heute;
und erlass uns unsere Schulden,
wie auch wir erließen unseren Schuldnern;
und nicht führe uns in Erprobung,
sondern errette uns von dem Bösen.

[Mt 6,9-13] *

* wörtliche Übersetzung

Kurz erklärt

Das „Vaterunser“ beginnt mit einer feierlichen Anrede. Es folgen drei Gebetswünsche und vier Bitten – insgesamt also sieben Anliegen.
Die Zahl sieben gilt als vollkommene Zahl. Somit weist die Siebenzahl der Bitten darauf hin, dass dieses Gebet das Leben des Menschen in all seinen Dimensionen umfasst. In der christlichen Tradition wurde es deshalb auch als Kurzfassung des Evangeliums bezeichnet.
Die Anrede „Vater“ macht deutlich, dass wir Kinder Gottes sind. Alle, die so beten, gehören zu einer Gemeinschaft. Die drei Gebetswünsche greifen die Sache Gottes auf, die vier Bitten die Sache des Menschen. Die Gebetswünsche enthalten den Grundgedanken, Gott möge sich mit seiner Schöpfung einlassen und sich mit ihr vereinigen. In den vier Bitten geht es um Gegenwart, Vergangenheit und Zukunft jedes einzelnen Menschen.

Vater unser im Himmel,
geheiligt werde dein Name.
Dein Reich komme.
Dein Wille geschehe, wie im Himmel
so auf Erden.
Unser tägliches Brot gib uns heute.
Und vergib uns unsere Schuld,
wie auch wir vergeben unseren Schuldigern.
Und führe uns nicht in Versuchung,
sondern erlöse uns von dem Bösen.

Denn dein ist das Reich und die Kraft
und die Herrlichkeit in Ewigkeit. Amen.

Was bedeutet

* Wenn Gott in diesem Gebet als **Vater** angeredet wird, schließt das nicht aus, dass Gott auch in mütterlichen Bildern angesprochen werden kann. Die Bibel kennt dafür mehrere Beispiele:
„Wie oft wollte ich deine Kinder um mich sammeln, so wie eine Henne ihre Küken unter ihre Flügel nimmt." (Mt 23,37)
„Ich (= Gott) war es, der Ephraim gestillt hat, ich hob ihn wie einen Säugling an meinen Busen." (nach Hos 11,3-4)

Zum Weiterlesen

– // Mein Vater bist du. //
[Ps 89,27; Jer 3,4]

– // Blick vom Himmel herab
und sieh her von deiner heiligen,
herrlichen Wohnung!
Wo ist dein leidenschaftlicher Eifer
und deine Macht,
dein großes Mitleid und dein Erbarmen?
Halte dich von uns nicht fern!
Du bist doch unser Vater ...
Du, Herr, bist unser Vater,
‚unser Erlöser von jeher' wirst du genannt. //
[Jes 63,15-16]

– // Haben wir nicht alle denselben Vater?
Hat nicht der eine Gott uns
alle erschaffen? // [Mal 2,10]

Vater unser ...

Wärst du wirklich unser Vater,
müsstest du, wenn auch noch tiefre Wunden
dir die harten Eisennägel rissen,
jetzt vom Kreuz zu uns herniedersteigen,
um verwaisten Kindern, die gleich Hunden
heimatlos durch Nacht und Fremde irren,
deine Liebe zu erzeigen.

Vater unser ...

Vater unser ...

Wo ist er geblieben, unser Vater?
An der Weichsel oder an der Drina ...
Ach, wir können es nicht wissen;
Eines aber erahnen wir: durchschossen
Ist sein Herz, und bleizerrissen
Bluten seine Hände, im Verlangen,
Uns, die Kinder, schützend zu umfangen.
Ja, wir spüren über alle Weiten
Seine Liebe und seine Arme breiten ...

Vater unser ...

Oton Zupančič

JESUS NACHFOLGEN

Als Jesus am See von Galiläa entlangging, sah er zwei Brüder,
Simon*, genannt Petrus, und seinen Bruder Andreas*;
sie warfen gerade ihr Netz in den See, denn sie waren Fischer.
Da sagte er zu ihnen:

> Kommt her, folgt mir nach! Ich werde euch zu Menschenfischern* machen.

Sofort ließen sie ihre Netze liegen und folgten ihm.
Als er weiterging, sah er zwei andere Brüder, Jakobus*,
den Sohn des Zebedäus*, und seinen Bruder Johannes*;
sie waren mit ihrem Vater Zebedäus im Boot und richteten ihre Netze her.
Er rief sie, und sogleich verließen sie das Boot und ihren Vater und folgten Jesus.

[Mt 4,18-22]

In der folgenden Zeit wanderte er von Stadt zu Stadt und von Dorf zu Dorf und verkündete das Evangelium vom Reich Gottes. Die Zwölf begleiteten ihn, außerdem einige Frauen, die er von bösen Geistern und von Krankheiten geheilt hatte:
Maria Magdalene*, aus der sieben Dämonen ausgefahren waren,
Johanna*, die Frau des Chuzas*, eines Beamten des Herodes*,

Kurz erklärt

Die Erzählung von der Berufung der ersten Jünger ist nach einem einfachen Muster gestaltet: Jesus begegnet Menschen, ruft sie in seine Nachfolge, und diese folgen Jesus. Die Bibel will damit deutlich machen, dass unsere Beziehung zu Gott letztlich nur möglich ist, weil Gott bereits den ersten Schritt getan hat. Gott geht auf Menschen zu; er sucht Gemeinschaft mit ihnen und lädt sie ein, in dieser Gemeinschaft mit ihm zu leben. Dies betrifft Frauen und Männer in gleicher Weise.

Susanna* und viele andere. Sie alle unterstützten Jesus und die Jünger mit dem, was sie besaßen.

[Lk 8,1-3]

Was bedeutet

* **Menschenfischer** ist ein damals weit verbreitetes Bild und bedeutet, Menschen zu sammeln und in seinen Bannkreis zu ziehen (so wie Popstars ihre Fans in ihren Bannkreis ziehen).

* Glaube hat auch etwas mit der Faszination zu tun, die von glaubenden Menschen ausgeht.

Zum Weiterlesen

Die Propheten waren überzeugt, von Gott in dessen Dienst gerufen zu sein:

– // Der Herr hat mich von meiner Herde weggeholt und zu mir gesagt: Geh und rede als Prophet zu meinem Volk Israel! //

[Amos 7,15]

– // Noch ehe ich dich im Mutterleib formte, habe ich dich ausersehen, noch ehe du aus dem Mutterschoß hervorkamst, habe ich dich geheiligt, zum Propheten für die Völker habe ich dich bestimmt. // [Jer 1,5]

Der Apostel Paulus weiß sich in dieser prophetischen Tradition:

– // Gott, der mich schon im Mutterleib auserwählt und durch seine Gnade berufen hat ... // [Gal 1,15]

NACHFOLGE

Geh in die graue Straße,
ohne Bäume,
am Rande des Lichts,
am Rande des Lebens.
Geh in die Straße,
die du nur dem Namen nach kennst,
weil dort die Ausgesonderten wohnen:
zwei Zimmer mit Küche
für sechs Kinder und Eltern.
Blicke den Kindern ins Gesicht,
die noch versuchen, Kinder zu sein,
obwohl sie das Verhängnis schon spüren.
Blicke in die Gesichter der Frauen
und Männer.
Lass dich von Bitternis,
Feindschaft oder Stumpfsinn
erschrecken, damit du erwachst.
Kehre nicht um,
als hättest du alles gesehen
und alle *Hoffnung* wäre vergeblich.
Auch hier schläft im Herzen
die Sehnsucht.
Du kennst Einen,
der die Verlorenen sucht
am Rande des Lichtes,
am Rande des Lebens.
Folge ihm nach!

Christa Peikert-Flaspöhler

Am Tag darauf stand Johannes* wieder dort, und zwei seiner Jünger standen bei ihm.
Als Jesus vorüberging, richtete Johannes seinen Blick auf ihn und sagte:
Seht, das Lamm Gottes*!
Die beiden Jünger hörten, was er sagte, und folgten Jesus.

Jesus aber wandte sich um, und als er sah, dass sie ihm folgten, fragte er sie:
Was wollt ihr?
Sie sagten zu ihm:
Rabbi* – das heißt übersetzt: Meister –, wo wohnst du?
Er antwortete:
Kommt und seht!
Da gingen sie mit und sahen, wo er wohnte, und blieben jenen Tag bei ihm.

Andreas*, der Bruder des Simon Petrus*, war einer der beiden, die das Wort des Johannes gehört hatten und Jesus gefolgt waren.
Dieser traf zuerst seinen Bruder Simon und sagte zu ihm:
Wir haben den Messias gefunden.
Messias heißt übersetzt: der Gesalbte* (Christus).
Er führte ihn zu Jesus. Jesus blickte ihn an und sagte:
Du bist Simon, der Sohn des Johannes,
du sollst Kephas heißen.
Kephas bedeutet: Fels (Petrus).

Am Tag darauf wollte Jesus nach Galiläa aufbrechen;
da traf er Philippus*. Und Jesus sagte zu ihm:
Folge mir nach!

Philippus war aus Betsaida*, dem Heimatort des Andreas und Petrus.
Philippus traf Natanaël* und sagte zu ihm:

Wir haben den gefunden, über den Mose im Gesetz* und auch die Propheten *geschrieben haben: Jesus aus Nazaret, den Sohn Josefs.

Da sagte Natanaël zu ihm:

Aus Nazaret? Kann von dort etwas Gutes kommen?

Philippus antwortete:

Komm und sieh!

Jesus sah Natanaël auf sich zukommen und sagte über ihn:

Da kommt ein echter Israelit, ein Mann ohne Falschheit.

Natanaël fragte ihn:

Woher kennst du mich?

Jesus antwortete ihm:

Schon bevor dich Philippus rief, habe ich dich unter dem Feigenbaum gesehen.

Natanaël antwortete ihm:

Rabbi, du bist der Sohn Gottes, du bist der König von Israel!

[Joh 1,35-49]

Was bedeutet

* Gemeint ist **Johannes** der Täufer.

* **Lamm Gottes**: Wie das Lamm, das bei der Befreiung Israels aus Ägypten geschlachtet wurde, Israel die Freiheit garantierte, so ist Jesus selbst Garant der Freiheit für die Menschen. In der christlichen Tradition wird Jesus dann zum Osterlamm.

* **Rabbi** heißt wörtlich: Meister, Lehrer. In der jüdischen Tradition ist Rabbi der Titel eines Gelehrten.

* Das hebräische Wort „Messias“ heißt wörtlich: der **Gesalbte**. Das griechische Wort für der Gesalbte ist „Christus“. Die christliche Überlieferung hat diesen Titel so eng mit Jesus verbunden, dass Jesus Christus von vielen als Eigenname aufgefasst wird.

* Der Begriff „**Gesetz** und Propheten“ bezeichnet die alttestamentliche Überlieferung.

Kurz erklärt

Glauben hat etwas mit persönlicher Überzeugung zu tun. Und die Vermittlung des Glaubens beruht wesentlich auf der Begegnung mit Personen, die überzeugend sind.
Die Erzählung über die Berufung der ersten Jünger macht diese Zusammenhänge deutlich: Die ersten beiden Jünger folgen Jesus, weil Johannes der Täufer sie auf Jesus aufmerksam macht. Andreas führt nun seinen Bruder Simon zu Jesus. Und Philippus, dem Jesus begegnet, ruft den Natanaël. So gewinnt Jesus Anhänger und Anhängerinnen. Jeder und jede führt einen anderen oder eine andere zu Jesus und so wird der Kreis immer größer.

Zum Weiterlesen

– // Jesus sah Levi, den Sohn des Alphäus, am Zoll sitzen und sagte zu ihm: Folge mir nach! Da stand Levi auf und folgte ihm. //

[Mk 2,14]

– // In der folgenden Zeit wanderte Jesus von Stadt zu Stadt und von Dorf zu Dorf und verkündete das Evangelium vom Reich Gottes. Die Zwölf begleiteten ihn, außerdem einige Frauen, die er von bösen Geistern und von Krankheiten geheilt hatte: Maria Magdalene, aus der sieben Dämonen ausgefahren waren, Johanna, die Frau des Chuzas, eines Beamten des Herodes, Susanna und viele andere. Sie alle unterstützten Jesus und die Jünger mit dem, was sie besaßen. //

[Lk 8,1-3]

Notizen

NEUNUNDZWANZIG NAMEN FÜR JESUS

Nächster. Fremder. Jude. Same.
Baum an der Quelle. Bräutigam. Weg.
Traummensch. Offene Tür. Eckstein.
Schlüssel. Löwe Judas. Lamm. Gerechter.
Hirte. Perle. Zweig. Fisch. Brot.
Wort. Weinstock. Sohn des ... Gott. Knecht.
Ströme lebendigen Wassers. Morgenstern.
Bahnbrecher. Einziger. Unsagbar Gesagter.

Huub Osterhuis

DEN GLAUBEN BEKENNEN

Ein Aramäer*, ein umherirrender, war mein Vater.

Er zog nach Ägypten*
Und lebte dort als Fremder mit wenigen Leuten
Und wurde dort zu einem Volk, groß, mächtig und zahlreich.

Und die Ägypter* misshandelten uns;
Und sie unterdrückten uns
Und legten uns harte Fronarbeit* auf.

Und wir schrien zu YHWH*, dem Gott unserer Väter;
Und YHWH hörte unser Rufen,
und er sah unser Elend, unsere Mühsal und unsere Bedrängnis.

Und YHWH führte uns heraus
aus Ägypten mit starker Hand
und ausgestrecktem Arm,
unter großem Schrecken,
unter Zeichen und Wunder;
und er brachte uns an diesen Ort
und gab uns dieses Land, ein Land,
wo Milch und Honig fließen.

Und siehe:
Nun bringe ich Dir die ersten Erträge
von den Früchten des Ackers,
den Du mir gegeben hast.

[Dtn 26,5-10]*

* eigene Übersetzung

Was bedeutet

* **Fronarbeit**: Von den Bewohnern des Landes verlangte Arbeit, um staatliche Bauvorhaben zu verwirklichen. Sie war in der alten Zeit allgemein üblich und hatte teilweise den Status einer Steuerabgabe.

* Der Name Gottes wird in Texten der Bibel mit vier Buchstaben geschrieben. Da die Juden diesen Namen nicht aussprechen, wurde er in dieser Übersetzung mit den Buchstaben **YHWH** wiedergegeben.

CHRISTLICHES GLAUBENSBEKENNTNIS

Ich glaube

an Gott,
den Vater, den Allmächtigen,
den Schöpfer des Himmels und der Erde,

und an Jesus Christus, seinen eingeborenen Sohn, unsern Herrn,
empfangen durch den Heiligen Geist,
geboren von der Jungfrau Maria,
gelitten unter *Pontius Pilatus,
gekreuzigt, gestorben und begraben,
hinabgestiegen in das Reich des Todes,
am dritten Tage auferstanden von den Toten,
aufgefahren in den Himmel;
er sitzt zur Rechten Gottes, des allmächtigen Vaters;
von dort wird er kommen, zu richten die Lebenden
und die Toten.

Ich glaube an den Heiligen Geist,
die heilige katholische Kirche,
Gemeinschaft der Heiligen,
Vergebung der Sünden,
Auferstehung der Toten und das ewige Leben.

Amen.

Kurz erklärt

In religiösen Bekenntnissen werden zentrale Glaubenserfahrungen festgehalten. Für die Bibel ist der Gott, der befreit, die alles entscheidende Gotteserfahrung. Deshalb erzählt sie in diesem Bekenntnis, wie Israel in Ägypten zu einem großen Volk wurde, dort unterdrückt und von Gott gerettet und herausgeführt wurde hinein in das Land Kanaan. Das Credo endet mit der Darbringung der ersten Früchte des Feldes. Das christliche Glaubensbekenntnis ist in seiner heutigen Form über einen längeren Zeitraum entstanden. Es beruht auf Bekenntnissen zu Jesus als dem „Herrn" (Röm 10,9) und den Bekenntnissen, in denen Gott und Christus gemeinsam genannt werden (1 Kor 8,6) und in die auch der Heilige Geist einbezogen wurde (1 Kor 12,4-6).

Zum Weiterlesen

– // Die Prophetin Mirjam, die Schwester Aarons, nahm die Pauke in die Hand, und alle Frauen zogen mit Paukenschlag und Tanz hinter ihr her. Mirjam sang ihnen vor: Singt dem Herrn ein Lied, denn er ist hoch und erhaben! Rosse und Wagen warf er ins Meer. //

[Ex 15,20-21]

Erntefest als Dank für Gottes Gaben:

– // Das Laubhüttenfest sollst du sieben Tage lang feiern, nachdem du das Korn von der Tenne und den Wein aus der Kelter eingelagert hast ... Wenn dich der Herr, dein Gott, in allem gesegnet hat, in deiner Ernte und in der Arbeit deiner Hände, dann sollst du wirklich fröhlich sein. //

[Dtn 16,13-15]

Ich glaube,
dass Jesus war, was wir sein sollten:
Diener und Bruder aller, die ihn brauchten. Weil er liebte,
musste er sterben. Aber er starb nicht umsonst und unterlag
in Wahrheit nicht. Er wird das letzte Wort behalten,
und alle, die Toten, die Lebenden und die Kommenden,
müssen sich messen lassen an ihm.
Ich glaube,
dass mit Jesus ein neuer Geist in die Welt kam,
der die verfeindeten Menschen eine gemeinsame Sprache lehrt
und sich als Bruder erkennen lässt; der uns ermutigt,
den Aufstand der Liebe gegen den Hass fortzusetzen;
der unser Urteil schärft, die Verzweiflung überwindet und
ein verfehltes Leben lohnend macht.

Bekenntnis einer SchülerInnengruppe

Notizen

BETEN UND GUTES TUN

Hütet euch, eure Gerechtigkeit* vor den Menschen zur Schau zu stellen; sonst habt ihr keinen Lohn von eurem Vater im Himmel zu erwarten.
Wenn du Almosen* gibst, lass es also nicht vor dir her posaunen, wie es die Heuchler in den Synagogen und auf den Gassen tun, um von den Leuten gelobt zu werden. Amen, das sage ich euch: Sie haben ihren Lohn bereits erhalten.
Wenn du Almosen gibst, soll deine linke Hand nicht wissen, was deine rechte tut. Dein Almosen soll verborgen bleiben, und dein Vater, der auch das Verborgene sieht, wird es dir vergelten.

Wenn ihr betet, macht es nicht wie die Heuchler. Sie stellen sich gern in den Synagogen und an die Straßenecken, damit sie von den Leuten gesehen werden. Amen, ich sage euch: Sie haben ihren Lohn bereits erhalten.

Du aber geh in deine Kammer, wenn du betest, und schließ die Tür zu; dann bete zu deinem Vater, der im Verborgenen ist. Dein Vater, der auch das Verborgene sieht, wird es dir vergelten.
Wenn ihr betet, sollt ihr nicht plappern wie die Heiden, die meinen, sie werden nur erhört, wenn sie viele Worte machen. Macht es nicht wie sie; denn euer Vater weiß, was ihr braucht, noch ehe ihr ihn bittet.

Kurz erklärt

Die Gemeinde des Matthäus hat im Blick, dass Jesus Jude war. In der Nachfolge Jesu versteht sie die Tora (das Gesetz) als Geschenk Gottes.
Das rechte Handeln von Christinnen und Christen umfasst sowohl eine rechte Beziehung zu Gott als auch eine rechte Beziehung zu den Mitmenschen. Beides gehört ganz eng zusammen: Beten und sich einsetzen für die Menschen, die Hilfe brauchen; fromm sein und freundlich sein zu den Menschen, die mir begegnen.

Wenn ihr fastet*, macht kein finsteres Gesicht wie die Heuchler.
Sie geben sich ein trübseliges Aussehen, damit die Leute merken, dass sie fasten. Amen, das sage ich euch: Sie haben ihren Lohn bereits erhalten. Du aber salbe dein Haar, wenn du fastest, und wasche dein Gesicht, damit die Leute nicht merken, dass du fastest, sondern nur dein Vater, der auch das Verborgene sieht;
und dein Vater, der das Verborgene sieht, wird es dir vergelten.

[Mt 6,1-8;16-18]

Was bedeutet

* **Gerechtigkeit** ist nach biblischem Verständnis immer ein religiöser Begriff: Ein gerechte Lebensgestaltung umfasst auch die Beziehung zu Gott.

* Das Wort „**Almosen**" bedeutet in alter Zeit „Erbarmen". Almosen geben meint, bedürftigen Menschen zu ihrem Recht zu verhelfen.

* „**Fasten**" kann zweierlei bedeuten: zum einen den Verzicht auf Essen und Trinken, meist für einen Tag, zum anderen die Unterbrechung des Alltags, an dem individuell oder gemeinschaftlich über die Art und Weise der Lebensführung nachgedacht und eine notwendige Korrektur vorgenommen wird.

Zum Weiterlesen

Die ersten Christinnen und Christen bemühen sich um ein gerechtes Leben:

– // Und alle, die gläubig geworden waren, bildeten eine Gemeinschaft und hatten alles gemeinsam. Sie verkauften Hab und Gut und gaben davon allen, jeder und jedem so viel, wie sie oder er nötig hatten. Tag für Tag verharrten sie einmütig im Tempel und brachen in ihren Häusern das Brot und hielten miteinander Mahl. ... Sie lobten Gott und waren beim ganzen Volk beliebt. ... //

[Apg 2,44-47]

Hoffnung

Manchmal scheint es im Leben keine Hoffnung mehr zu geben. Alles geht schief und Träume zerplatzen wie eine Seifenblase.
Werden wir – ganz persönlich, in unserem Land, auf der ganzen Erde – eine Zukunft haben? Oder werden wir uns selbst zerstören?
Die Bibel erzählt in vielen Bildern von einer guten, froh machenden und unvorstellbar schönen Zukunft. Sie wird alle Hoffnungen übertreffen.

GLÜCKLICH SEIN

Als Jesus die vielen Menschen sah, stieg er auf einen Berg. Er setzte sich, und seine Jünger traten zu ihm. Dann begann er zu reden und lehrte sie. Er sagte:

Selig*, die arm sind vor Gott;
denn ihnen gehört das Himmelreich.
Selig die Trauernden; denn sie werden getröstet werden.
Selig, die keine Gewalt anwenden;
denn sie werden das Land erben.
Selig, die hungern und dürsten nach der Gerechtigkeit;
denn sie werden satt werden.

Selig die Barmherzigen; denn sie werden Erbarmen finden.
Selig, die ein reines Herz* haben;
denn sie werden Gott schauen.
Selig, die Frieden stiften;
denn sie werden Söhne Gottes genannt werden.
Selig, die um der Gerechtigkeit willen verfolgt werden;
denn ihnen gehört das Himmelreich.

Selig seid ihr, wenn ihr um meinetwillen beschimpft und verfolgt und auf alle mögliche Weise verleumdet werdet.

Kurz erklärt

Seligpreisungen sind in der Alten Welt weit verbreitet. Im Alltag kommen sie als Gratulation vor, die dem oder der anderen Glück gönnt. Im religiösen Bereich dienen sie der sittlich-ethischen Unterweisung und verweisen auf die Folgen eines bestimmten Handelns. Außerdem stellen sie einen Wert heraus, der angestrebt und verfolgt werden soll. Ein solcher Wert ist etwa die „Weisheit" oder ein gelungenes Leben.
Die Seligpreisungen der Bergpredigt provozieren, weil sie gerade solche Menschen seligpreisen, die aufgrund ihrer Lebenssituation nicht in diese Werteskala eingeordnet werden können: die Armen, die Trauernden, die Hungernden.

Freut euch und jubelt: Euer Lohn im Himmel* wird groß sein. Denn so wurden schon vor euch die Propheten * verfolgt.

[Mt 5,3-12]

Zum Weiterlesen

– // Wer darf hinaufziehen zum Berg des Herrn, wer darf stehen an seiner heiligen Stätte? Der reine Hände hat und ein lauteres Herz, der nicht betrügt und keinen Meineid schwört. // [Ps 24,3-4]

– // Nahe ist der Herr den zerbrochenen Herzen, er hilft denen auf, die zerknirscht sind. // [Ps 34,19]

– // Die Gerechten werden das Land besitzen und darin wohnen für alle Zeiten. // [Ps 37,29]

– // Sie leiden weder Hunger noch Durst, Hitze und Sonnenglut schaden ihnen nicht. Denn Gott leitet sie voll Erbarmen und führt sie zu sprudelnden Quellen. // [Jes 49,10]

– // Er verkündet für die Völker den Frieden.// [Sach 9,10]

Was bedeutet

* Andere Übersetzung für „**selig**": glücklich, sich freuen dürfen.

* Wer ein **reines Herz** hat, richtet sein ganzes Denken, Wollen und Fühlen an Gott aus.

* Der **Lohn im Himmel** ist die Zusage der Treue Gottes, die auch den Tod überdauert.

Selig, die sich sammeln vor Gott,
denn sie werden ihn hören,
sich selber spüren, sie dürfen
gelassen sein und können
am Reich Gottes mitwirken;
Selig, die Leben achten,
denn sie werden Leben erhalten,
sie dürfen Lebendigkeit
erfahren, sie haben einen
größeren Lebensgenuss;
Selig, die Beziehungen und
Begegnungen suchen,
denn sie werden Gott erfahren,
sie werden Glück erfahren;
Selig, die Gemeinschaft leben,
denn sie werden Gottes
Herrschaft spüren, ihnen wird
das Leben leichter fallen.
(Diese Seligpreisungen wurden
auf einer Tagung von jungen
Erwachsenen formuliert.)

Formuliere deine eigenen Seligpreisungen!

SAATKORN HOFFNUNG

Am Sabbat* lehrte Jesus in einer Synagoge*. Dort saß eine Frau, die seit achtzehn Jahren krank war, weil sie von einem Dämon* geplagt wurde; ihr Rücken war verkrümmt, und sie konnte nicht mehr aufrecht gehen. Als Jesus sie sah, rief er sie zu sich und sagte:

Frau, du bist von deinem Leiden erlöst.

Und er legte ihr die Hände auf. Im gleichen Augenblick richtete sie sich auf und pries Gott.

Der Synagogenvorsteher* aber war empört darüber, dass Jesus am Sabbat heilte, und sagte zu den Leuten:

Sechs Tage* sind zum Arbeiten da. Kommt also an diesen Tagen und lasst euch heilen, nicht am Sabbat!

Der Herr erwiderte ihm:

Ihr Heuchler! Bindet nicht jeder von euch am Sabbat seinen Ochsen oder Esel von der Krippe los und führt ihn zur Tränke?

Diese Tochter Abrahams* aber, die der Satan schon seit achtzehn Jahren gefesselt hielt, sollte am Sabbat nicht davon befreit werden dürfen?

Durch diese Worte wurden alle seine Gegner beschämt; das ganze Volk aber freute sich über all die großen Taten, die er vollbrachte.

Kurz erklärt

Eine über lange Jahre dauernde Krankheit kann den Blick auf alle Freuden und das Schöne des Lebens verstellen. Sie führt dazu, dass die betroffene Person immer weniger sieht, vielleicht auch immer weniger soziale Kontakte hat.
Eine Frau wird am Sabbat von ihrem Leiden, das sie niederdrückt, befreit. Sie kann jetzt wieder aufrecht gehen und andern Menschen auf Augenhöhe begegnen. Für sie ein beglückendes und frohmachendes Ereignis. Was die Frau in Jesu Handeln erlebt, ist die Erfahrung von Gottes Herrschaft.
Diese Tat Jesu mag nur ein Tropfen auf den heißen Stein sein. Wo immer Menschen im Geiste Jesu handeln, pflanzt sich Gottes Herrschaft fort und durchdringt unsere Welt. Jesus bringt dies in Bildern aus dem Alltag zum Ausdruck und ermutigt, auch im Kleinen die Größe des Reiches Gottes zu entdecken.

Er sagte:
Wem ist das Reich Gottes ähnlich,
womit soll ich es vergleichen?
Es ist wie ein Senfkorn,
das ein Mann in seinem Garten
in die Erde steckte; es wuchs
und wurde zu einem Baum, und
die Vögel des Himmels nisteten
in seinen Zweigen.
Außerdem sagte er:
Womit soll ich das Reich Gottes
vergleichen?
Es ist wie der Sauerteig, den eine Frau
unter einen großen Trog Mehl mischte,
bis das Ganze durchsäuert war.

[Lk 13,10-21]

Was bedeutet

* Am **Sabbat** durfte keine Arbeit verrichtet werden.

* Die **Synagoge** ist das jüdische Gebets- und Gemeindehaus.

* Der **Synagogenvorsteher** ist für den Ablauf des Gottesdienstes verantwortlich.

* Ärztliche Eingriffe waren am Sabbat nur erlaubt, wenn Lebensgefahr bestand.

* Die Bezeichnung „**Tochter Abrahams**“ betont die Würde dieser Frau als Mitglied der Gemeinschaft.

Zum Weiterlesen

Jesus verkündet:

– // Voll ist die Zeit, angekommen ist die Herrschaft Gottes, kehrt um und glaubt an das Evangelium. //

[Mk 1,15]*

* eigene Übersetzung

– // Wenn ich mit dem Finger Gottes die Dämonen hinauswerfe, dann ist bei euch Gottes Herrschaft angekommen. //

[Lk 11,20]*

* eigene Übersetzung

Ich habe einen Traum,
dass eines Tages
jedes Tal erhöht
und jeder Hügel
und jeder Berg
erniedrigt wird.
Die rauen Orte werden
geglättet
und die unebenen
begradigt.
Das ist unsere Hoffnung!
Mit diesem Glauben
werde ich fähig sein,
aus dem Berg
der Verzweiflung
einen Stein
der Hoffnung zu hauen.

Martin Luther King

NEU ANFANGEN DÜRFEN

Seht, es werden Tage kommen – Spruch des Herrn* –,
in denen ich mit dem Haus Israel und dem Haus Juda einen
neuen Bund* schließen werde, nicht wie der Bund war,
den ich mit ihren Vätern geschlossen habe, als ich sie bei
der Hand nahm, um sie aus Ägypten herauszuführen.
Diesen meinen Bund haben sie gebrochen, obwohl ich ihr
Gebieter war – Spruch des Herrn.

Denn das wird der Bund sein, den ich nach diesen Tagen
mit dem Haus Israel schließe – Spruch des Herrn:
Ich lege mein Gesetz* in sie hinein und schreibe es
auf ihr Herz. Ich werde ihr Gott sein, und sie werden
mein Volk sein.
Keiner wird mehr den andern belehren,
man wird nicht zueinander sagen:
Erkennt den Herrn!*, sondern sie alle, Klein und Groß,
werden mich erkennen – Spruch des Herrn.
Denn ich verzeihe ihnen die Schuld,
an ihre Sünde denke ich nicht mehr.

[Jer 31,31-34]

Kurz erklärt

Jeremia führt die politischen Ereignisse – die Bedrohung einer Fremdherrschaft durch die Babylonier – darauf zurück, dass sich die Menschen in Judäa nicht mehr an das Gesetz Gottes halten. Sie haben den Bund gebrochen, weil sie an andere Götter glauben, weil sie den Gottesdienst dazu missbrauchen, sich selbst etwas vorzumachen und weil sie ihre soziale Verantwortung nicht wahrnehmen.
Jeremia verkündet aber keinen strafenden Gott. Er vermittelt, dass Gott Sünde und Schuld vergibt und immer wieder einen neuen Anfang wagt. Allerdings wurde diese Botschaft des Propheten nicht angehört. Jeremia wird angeklagt, inhaftiert und in ein Schlammloch geworfen.

Zum Weiterlesen

Jeremia verkündet noch weitere Bilder, in denen er ausmalt, wie es sein wird, wenn es keine Gewalt und keinen Krieg, keine Not und kein Elend mehr geben wird:

– // Ich baue dich wieder auf, du sollst neu gebaut werden, Jungfrau Israel. Du sollst dich wieder schmücken können mit deinen Pauken, sollst ausziehen im Reigen der Fröhlichen. Wieder sollst du Weingärten anlegen auf Samarias Bergen. Wer Pflanzungen anlegt, darf ihre Früchte genießen. // [Jer 31,4f.]

– // Die Stadt soll auf ihrem Schutthügel aufgebaut werden, die Burg soll auf ihrem alten Platz stehen. Lobgesang wird dort erschallen, die Stimme fröhlicher Menschen. // [Jer 30,18f.]

Was bedeutet

* **Spruch des Herrn**: Mit dieser Redewendung betonen die Propheten, dass sie nicht nur ihre persönliche Meinung sagen.

* Ein **Bund** bestätigt, dass zwei Personen oder Parteien zusammengehören. Jeremia spricht hier den Bund an, der am Sinai geschlossen wurde.

* Das „**Gesetz Gottes**“ ist die Richtschnur, nach der Menschen gerecht handeln und miteinander leben.

* **Erkennen** hat nicht nur mit dem Verstand zu tun, sondern auch mit dem Gefühl.

10 GEBOTE DER GELASSENHEIT

1. Nur für heute werde ich mich bemühen, einfach den Tag zu erleben – ohne alle Probleme meines Lebens auf einmal lösen zu wollen.
2. Nur für heute werde ich ... nicht danach streben, die anderen zu korrigieren oder zu verbessern – nur mich selbst.
3. Nur für heute werde ich in der Gewissheit glücklich sein, dass ich für das Glück geschaffen bin ....
4. Nur für heute werde ich mich den Umständen anpassen, ohne zu verlangen, dass Umstände sich an meine Wünsche anpassen.
5. Nur für heute werde ich 10 Minuten meiner Zeit einer guten Lektüre widmen ...
6. Nur für heute werde ich eine gute Tat vollbringen. Und ich werde es niemandem erzählen.
7. Nur für heute werde ich etwas tun, wozu ich keine Lust habe ...
8. Nur für heute werde ich ein genaues Programm aufstellen ... und mich vor zwei Übeln hüten: vor der Hetze und vor der Unentschlossenheit.
9. Nur für heute werde ich keine Angst haben ...
10. Nur für heute werde ich fest daran glauben ..., dass die gütige Vorsehung Gottes sich um mich kümmert, als gäbe es sonst niemanden auf der Welt.

Papst Johannes XXIII.; gekürzt

DIE WÜSTE LEBT

Die Wüste und das trockene Land sollen sich freuen, die Steppe soll jubeln und blühen. Sie soll prächtig blühen wie eine Lilie, jubeln soll sie, jubeln und jauchzen.
Die Herrlichkeit des Libanon* wird ihr geschenkt, die Pracht des Karmel* und der Ebene Scharon*. Man wird die Herrlichkeit des Herrn sehen, die Pracht unseres Gottes.

Macht die erschlafften Hände wieder stark und die wankenden Knie wieder fest!
Sagt den Verzagten:

> Habt Mut, fürchtet euch nicht! Seht, hier ist euer Gott!
> Die Rache Gottes* wird kommen und seine Vergeltung;
> er selbst wird kommen und euch erretten.

Dann werden die Augen der Blinden geöffnet,
auch die Ohren der Tauben sind wieder offen.
Dann springt der Lahme wie ein Hirsch,
die Zunge des Stummen jauchzt auf.

In der Wüste brechen Quellen hervor, und Bäche fließen in der Steppe.
Der glühende Sand wird zum Teich und das durstige Land zu sprudelnden Quellen.
An dem Ort, wo jetzt die Schakale* sich lagern, gibt es dann Gras, Schilfrohr und Binsen.

Kurz erklärt

Die Bilder faszinieren. Sie entwerfen eine Welt, in der die Gegensätze zusammengeführt, alle das Leben bedrohenden Elemente ausgeschlossen und in Leben fördernde Kräfte umgewandelt werden. Die Wüste ist nicht mehr Ort des Todes, sondern Ort des Lebens. Kein Raubtier wird mehr für den Menschen gefährlich. Selbst die Menschen haben sich verändert: Krankheiten und Gebrechen sind verschwunden, Leid und Not haben ein Ende. Es herrschen Freude und Frieden untereinander.

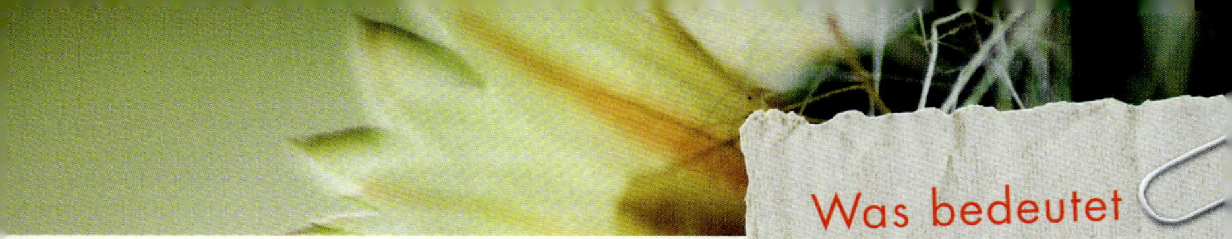

Eine Straße wird es dort geben;
man nennt sie den Heiligen Weg.
Kein Unreiner darf ihn betreten.
Er gehört dem, der auf ihm geht.
Unerfahrene gehen nicht mehr in die Irre.
Es wird keinen Löwen dort geben,
kein Raubtier betritt diesen Weg,
keines von ihnen ist hier zu finden.
Dort gehen nur die Erlösten.
Die vom Herrn Befreiten kehren zurück
und kommen voll Jubel nach Zion*.
Ewige Freude* ruht auf ihren Häuptern.
Wonne und Freude stellen sich ein,
Kummer und Seufzen entfliehen.

[Jes 35,1-10]

Was bedeutet

* Wenn Mächte und Kräfte, die das Leben bedrohen oder behindern, vernichtet werden, spricht die Bibel von der **Rache Gottes** und von Gottes Vergeltung.

* Schakal" (wolfsähnlicher Wildhund) ist ein Bild für Gewalt, die Leben zerstört.

* Bilder für eine Welt voll Leben.

Zum Weiterlesen

In immer neuen Bildern beschreibt die Bibel Hoffnung und Sehnsucht der Menschen nach Frieden und Gerechtigkeit:

– // Du zerbrichst das drückende Joch, das Tragholz auf unserer Schulter und den Stock des Treibers. Jeder Stiefel, der dröhnend daher stampft, jeder Mantel, der mit Blut befleckt ist, wird verbrannt, wird ein Fraß des Feuers. // [Jes 9,3-4]

– // Dann wohnt der Wolf beim Lamm, der Panther liegt beim Böcklein, Kalb und Löwe weiden zusammen, ein kleiner Knabe kann sie hüten. Kuh und Bärin freunden sich an, ihre Jungen liegen beieinander, Der Löwe frisst Stroh wie das Rind.
Der Säugling spielt vor dem Schlupfloch der Natter, das Kind streckt seine Hand in die Höhle der Schlange. // [Jes 11,6-8]

Meine Schläge, gab das Schicksal zu, sind hart, und meine Rechte ist ebenso gefürchtet wie meine Linke. Treue, Glaube, Liebe, kurz, auch die schwersten Brocken habe ich auf die Bretter geschickt und sie wurden sämtlich ausgezählt. Nur mit einem habe ich bisher nicht fertig werden können: Sooft ich ihn auch k. o. schlage – spätestens bis „neun" ist er wieder auf den Beinen.
Und wer ist dieser Unbezwingbare?
Die Hoffnung, sagte das Schicksal.

NEUES BRICHT AUF

Dann sah ich einen neuen Himmel* und eine neue Erde*;
denn der erste Himmel und die erste Erde ist vergangen,
auch das Meer ist nicht mehr.
Ich sah die heilige Stadt, das neue Jerusalem*, von Gott her
aus dem Himmel herabkommen; sie war bereit wie eine Braut,
die sich für ihren Mann geschmückt hat. Da hörte ich
eine laute Stimme vom Thron* her rufen:

> Seht, die Wohnung Gottes unter den Menschen! Er wird
> in ihrer Mitte wohnen und sie werden sein Volk sein;
> und er, Gott, wird bei ihnen sein. Er wird alle Tränen abwischen:
> Der Tod wird nicht mehr sein, keine Trauer, keine Klage,
> keine Mühsal. Denn was früher war, ist vergangen.

Er, der auf dem Thron saß, sprach:

> Seht, ich mache alles neu.

Und er sagte:

> Schreib es auf, denn diese Worte sind zuverlässig und wahr.

Da entrückte er mich auf einen großen, hohen Berg und zeigte mir die heilige Stadt Jerusalem, wie sie von Gott her aus dem Himmel herabkam, erfüllt von der Herrlichkeit Gottes. Sie glänzte wie ein kostbarer Edelstein, wie ein kristallklarer Jaspis*. Die Stadt hat eine große und hohe Mauer mit

Kurz erklärt

Der Traum von einer neuen Erde und einem neuen Himmel entsteht nach der Zerstörung Jerusalems durch das römische Militär. Die Menschen hatten schlimme Erfahrungen mit römischer Gewalt gemacht.
Der Traum spricht die Menschen gefühlsmäßig an. Wie wäre es, wenn sich der Himmel öffnen würde, wenn es keine gewalttätigen Menschen mehr gäbe? Unvorstellbar schön. Johannes, der diese Vision einer ganz neuen Schöpfung hat, verwendet Bilder, die wenigstens annähernd beschreiben können, wie es sein würde ...

zwölf Toren* und zwölf Engeln darauf. Auf die Tore sind Namen geschrieben: die Namen der zwölf Stämme* Israels. Ihre Mauer ist aus Jaspis gebaut, und die Stadt ist aus reinem Gold*, wie aus reinem Glas. Die Grundsteine der Stadtmauer sind mit edlen Steinen aller Art geschmückt. Die zwölf Tore sind Perlen, jedes der Tore besteht aus einer einzigen Perle. Die Straße der Stadt ist aus reinem Gold, wie aus klarem Glas.

[Offb 21,1-5.10-12.18f.21]

Zum Weiterlesen

Johannes spricht in seiner „Offenbarung" sehr oft vom Öffnen: Er spricht von offenen Türen und geöffneten Himmelstoren, von offenen Siegeln und geöffneten Büchern. Damit möchte er Mut machen: Es gibt ein Licht am Ende des Tunnels:

– // Ich habe vor dir eine Tür geöffnet, die niemand mehr schließen kann. // [Offb 3,8]

– // Ich stehe vor der Tür und klopfe an. Wer meine Stimme hört und die Tür öffnet, bei dem werde ich eintreten, und wir werden Mahl halten. ... // [Offb 3,20]

– // Dann sah ich den Himmel offen, und siehe, da war ein weißes Pferd, und der, der auf ihm saß, heißt „Der Treue und Wahrhaftige"; gerecht richtet er. ... // [Offb 19,11]

Was bedeutet

* Mit dem **„neuen" Himmel** und der **„neuen" Erde** fängt etwas ganz Neues an, das überhaupt nicht mehr mit dem vergleichbar ist, was es heute gibt.

* **Jerusalem**, einmal eine prächtige Weltstadt, ist hier symbolisch zu verstehen: Das neue Jerusalem wird unvorstellbar schöner, als die reale Stadt einmal war.

* Mit dem **Thron** ist die Vorstellung verbunden, dass Gott König ist.

* Der **Jaspis** ist ein smaragdgrüner Edelstein.

* **Zwölf** ist eine symbolische Zahl und eine Idealzahl (dreimal vier).

* Die **zwölf Stämme** Israels stehen für alle Menschen, die zu Gott gehören.

* **Gold** kommt aus der Erde; für die neue Erde wird es aus ihrem Innern geborgen.

LICHT AM ENDE DES TUNNELS

Einen Tempel sah ich nicht in dieser Stadt. Denn der Herr, ihr Gott, der Herrscher über die ganze Schöpfung, ist ihr Tempel, er und das Lamm*.
Die Stadt braucht weder Sonne noch Mond, die ihr leuchten. Denn die Herrlichkeit Gottes* erleuchtet sie, und ihre Leuchte ist das Lamm.
Die Völker werden in diesem Licht einhergehen, und die Könige der Erde werden ihre Pracht in die Stadt bringen.
Ihre Tore werden den ganzen Tag nicht geschlossen – Nacht wird es dort nicht mehr geben. Und man wird die Pracht und die Kostbarkeiten der Völker in die Stadt bringen.
Aber nichts Unreines wird hineinkommen, keiner, der Gräuel verübt und lügt. Nur die, die im Lebensbuch* des Lammes eingetragen sind, werden eingelassen.

Und er zeigte mir einen Strom, das Wasser des Lebens, klar wie Kristall; er geht vom Thron des Lammes aus. Zwischen der Straße der Stadt und dem Strom, hüben und drüben, stehen Bäume des Lebens*. Zwölfmal tragen sie Früchte, jeden Monat einmal, und die Blätter der Bäume dienen zur Heilung der Völker.
Sie werden sein Angesicht schauen, und sein Name ist auf ihre Stirn geschrieben

[Offb 21,22-22,2.4]

Kurz erklärt

Im neuen Himmel und in der neuen Erde gibt es auch eine Weltordnung. Sie besteht darin, dass es keinen gewaltsamen Tod mehr gibt, kein Leid, keine Schreie der Verzweiflung und keinen Schmerz.
Alle, die in dieser Stadt leben, werden deutlich spüren, dass Gott bei ihnen ist. Die Durst haben nach Gerechtigkeit, Liebe und Anerkennung, erhalten das „Wasser des Lebens“ und die Hungrigen dürfen von den „Bäumen des Lebens“ essen. Nur ein schönes Märchen?

There's a light at the end of the tunnel
The inside might be as black as the night
But there's a light at the end of the tunnel
But at the end of the tunnel
There's a light

There are dark days ahead
When the power goes dead
When the oil runs dry
What can we try?

We see the light at the end of the tunnel
When that angel Gabriel blows his magic
toot
You see the light at the end of the tunnel
We see the distant gleam
That tells you it's steam
At the end of the tunnel
There's a light –
Starlight

Richard Stilgoe

Was bedeutet

* Das **Lamm** ist ein hilfloses und wehrloses Tier. Es steht für die Opfer von Gewalt. Auch Jesus Christus – das „Lamm Gottes" – wurde gewaltsam getötet.

* **Herrlichkeit** ist eine Eigenschaft **Gottes**. Sie macht Menschen froh, sie macht das Leben hell und freundlich.

* Alle, die im **Lebensbuch** stehen, werden für immer leben – auch dann, wenn sie gestorben sind..

* Es gibt die Vorstellung, dass es irgendwo auf der Welt einen Baum gibt, dessen Blätter und Früchte ewiges Leben geben (vgl. Gen 2/3).

Zum Weiterlesen

Auch der Prophet Deuterojesaja verwendet das Bild vom „neuen Jerusalem":

– // Du Ärmste, vom Sturm Gepeitschte, die ohne Trost ist, sieh her: Ich selbst lege dir ein Fundament aus Malachit und Grundmauern aus Saphir. Aus Rubinen mache ich deine Zinnen, aus Beryll deine Tore und alle deine Mauern aus kostbaren Steinen. Alle deine Söhne werden Jünger des Herrn sein, und groß ist der Friede deiner Söhne. Du wirst auf Gerechtigkeit gegründet sein. Du bist fern von Bedrängnis, denn du brauchst dich nicht mehr zu fürchten und bist fern von Schrecken; er kommt an dich nicht heran. Auf, ihr Durstigen, kommt alle zum Wasser! Auch wer kein Geld hat, soll kommen. ... //

[Jes 54,11-14; 55,1]

Wer ist …

* **Aaron,** Bruder des ☞ Mose und einer der Führer des Volkes ☞ Israel durch die Wüste.

* **Abel,** zweiter Sohn Adams und Evas, wird von seinem Bruder ☞ Kain erschlagen.

* **Abimelech**, unehelicher Sohn des ☞ Gideon. Um die Königswürde zu erlangen, ermordet er seine Brüder. Beim Kampf um die Stadt ☞ Sichem wird er von einem Mühlstein getroffen und getötet.

* **Abner,** Feldherr ☞ Sauls. Nach dem Tode Sauls schließt er sich ☞ David an und verhilft diesem zum Königtum über ganz ☞ Israel. Er fällt einer Blutrache zum Opfer.

* **Abraham,** einer der bedeutenden Stammväter des Volkes ☞ Israel. In der christlichen Tradition gilt er als Vorbild im Glauben.

* **Abschalom,** ein Sohn ☞ Davids. Weil ☞ Amnon seine Schwester ☞ Tamar vergewaltigt, sinnt er auf Rache, lockt Amnon in einen Hinterhalt und ermordet ihn. Später schürt er einen Aufstand gegen seinen Vater David. Im Verlauf dieser Kämpfe fällt er.

* **Adam,** das hebräische Wort für Mensch oder Menschheit und zugleich der Eigenname des ersten Menschen.

* **Adoniram,** ein Aufseher über Fronarbeiter unter König ☞ David.

* **Ahab,** König von Israel. Er regiert von 871–852 v. Chr. Seine Frau heißt ☞ Isebel. Er möchte von ☞ Nabot dessen Weinberg erwerben. Weil dieser jedoch nicht verkaufen will, wird er in einem Schauprozess zum Tode verurteilt. Nach dem Tode Nabots nimmt Ahab dessen Weinberg in Besitz.

* **Älteste,** Titel für angesehene Männer, die ein politisches oder religiöses Amt bekleiden.

* **Ammoniter** und Ammoniterinnen, Name eines Volkstammes im Ostjordanland. Diese Volksgruppe spielt zur Zeit ☞ Jiftachs und unter König ☞ David eine wichtige politische Rolle.

* **Amnon,** ältester Sohn ☞ Davids. Er vergewaltigt seine Halbschwester ☞ Tamar und wird deshalb von seinem Halbbruder ☞ Abschalom ermordet.

* **Andreas,** einer der Ersten, die von ☞ Jesus in die Nachfolge berufen werden. Er ist wie sein Bruder ☞ Simon Petrus ein Fischer.

* **Apostel,** wörtlich: Gesandter. Männer und Frauen, die vom Auferstandenen berufen waren, das Evangelium zu verkünden, wurden in der Urkirche Apostel genannt. Auch ☞ Paulus bezeichnet sich als Apostel. Die kirchliche Tradition hat ihre Zahl auf 12 begrenzt. ☞ Zwölf Apostel

* **Aramäer und Aramäerinnen**, eine semitische Volksgruppe, die in Nordsyrien beheimatet ist. Nach der biblischen Überlieferung sind die Vorfahren ☞ Israels Aramäer.

* **Babylonier und Babylonierinnen**, benannt nach der Stadt ☞ Babylon, haben vielfältige Beziehungen zu ☞ Israel. Ihre Religion orientiert sich an Astronomie und Astrologie. Besonders bekannt ist das sog. Babylonische Exil (598–539 v.Chr.): Die Oberschicht von ☞ Juda wird nach Babylon deportiert.

* **Bagoas,** ein Eunuch und der oberste Diener des ☞ Holofernes.

* **Barak,** ein Heerführer, der von ☞ Debora den Auftrag erhält, gegen ☞ Sisera zu kämpfen. Er nimmt diesen Auftrag jedoch erst an, als Debora ihm verspricht, mit ihm in den Kampf zu ziehen.

* **Barnabas,** einer der Lehrer der frühchristlichen Gemeinde in ☞ Antiochia. Er vermittelt bei der Meinungsverschiedenheit zwischen ☞ Paulus und der Urgemeinde in ☞ Jerusalem.

* **Barsillai** hilft ☞ David, als dieser vor ☞ Abschalom fliehen muss. Das Angebot Davids, in die Hauptstadt ☞ Jerusalem überzusiedeln, lehnt er wegen seines hohen Alters ab.

* **Batseba,** in erster Ehe mit ☞ Urija verheiratet; bekannt wird sie durch den Ehebruch mit ☞ David. Ihr zweiter Sohn ist ☞ Salomo. Sie bringt David dazu, Salomo zu seinem Nachfolger zu bestimmen.

* **Benjamin,** der jüngste Sohn ☞ Jakobs, der sowohl von seinem Vater als auch von seinem Bruder ☞ Josef besonders geliebt wird.

* **Chuzas,** Beamter des ☞ Herodes Antipas und mit ☞ Johanna verheiratet.

* **David,** jüngster Sohn des Isai, stammt aus ☞ Betlehem. Seine Karriere beginnt er als Page am Königshof ☞ Sauls. Davids Aufstieg geht einher mit Sauls Niedergang. Die Geschichte sieht in David sowohl den großen und ruhmreichen König als auch den skrupellosen Machtmenschen.

* **Davids Frauen** und ihre Kinder.
David hatte viele Frauen:
Michal – (ohne Kinder)
Ahinoam – * Amnon
Abigajil – * Kilab
Maacha – *Abschalom
– * Tamar
Haggit – * Adonija
Abital – * Schefatja
Egla – * Jitream
Batseba – * Salomo
Weitere Söhne Davids, deren Mütter in der Bibel nicht genannt werden: Schima, Schobab, Natan, Jibhar, Elischua (Elpelet, Nogah), Nefeg, Jafia, Elischama, Eljada, Elifelet (vgl. 2 Sam 5,14-16; 1 Chr 14,4-7).

* **Debora,** Ehefrau des Lappidot. Sie ist Prophetin und übt das Amt der Richterin aus, heute mit dem einer Ministerpräsidentin vergleichbar. Sie zieht mit ☞ Barak in den Krieg.

* **Delila,** Frau des ☞ Simson. Sie entlockt diesem das Geheimnis seiner übermenschlichen Kraft und liefert ihn seinen Feinden, den ☞ Philistern, aus.

* **Dina** ist die Tochter ☞ Jakobs und ☞ Leas. Sie wird von ☞ Sichem vergewaltigt.

* **Efron,** Name des Mannes, von dem Abraham die Höhle Machpela als Grabstätte für seine Frau ☞ Sara erwirbt.

* **Elamiter und Elamiterinnen** bewohnen das Land Elam, östlich von ☞ Babylon gelegen. Sie stellen eine Großmacht dar, ähnlich wie die Assyrer und ☞ Meder.

* **Eli,** Priester in ☞ Schilo. Seine Aufgabe ist es, das Heiligtum zu bewachen und Ratsuchenden zu helfen. Er gerät in Konflikt mit den ☞ Philistern; dies belastet ihn so sehr, dass er daran stirbt.

* **Elija,** Prophet, lebt im 9. Jh. v. Chr. Als eine Hungersnot im Land herrscht, schickt ihn Gott zu einer Witwe in Sarepta. Elija gilt in der jüdischen Überlieferung als Helfer in der Not. Da die Bibel erzählt, dass Elija in einem feurigen Wagen in den Himmel fuhr, erwarteten viele ☞ Juden seine Wiederkunft am Ende der Zeit.

* **Elisabet** stammt aus dem Geschlecht des Aaron und ist die Frau des ☞ Zacharias. Sie ist die Mutter ☞ Johannes' des Täufers und legt als erste Frau ein Bekenntnis zu ☞ Jesus Christus ab.

* **Elkana** stammt aus ☞ Efraim und hat zwei Frauen; seine Lieblingsfrau ist ☞ Hanna. Bekannt wird Elkana als Vater ☞ Samuels.

* **Esau,** Zwillingsbruder von ☞ Jakob; er wird von diesem um sein Erstgeburtsrecht betrogen.

Wer ist …

* **Eva,** Name der ersten Frau; sie gilt als Urmutter, als Frau, die Lebendigkeit schafft.

* **Galiläer** und Galiläerinnen leben im Norden Palästinas, in der Provinz Galiläa, und sind in ☞ Jerusalem nicht besonders beliebt. Viele von ihnen gehören zur Widerstandsbewegung gegen Rom.

* **Gebaliter** und Gebaliterinnen leben in Gebal, in der Nähe von ☞ Jerusalem. Gebal ist eine strategische Militärstation ☞ Sauls.

* **Gideon**, ein charismatischer Führer der Frühzeit ☞ Israels. Er besiegt die in das Land einfallenden Midianiter. Die Königswürde, die ihm daraufhin angetragen wird, lehnt er jedoch ab.

* **Hagar**, ägyptische Magd ☞ Saras. Diese gibt Hagar dem ☞ Abraham zur Nebenfrau. Als Mutter ☞ Ismaëls ist sie die Stammmutter der ☞ Ismaeliter.

* **Hanna**, Lieblingsfrau des ☞ Elkana und Mutter des Propheten ☞ Samuel. Sie verkörpert eine außergewöhnliche und selbstständige Frau, die sich selbst für ihre Anliegen einsetzt.

* **Heber,** ein ☞ Keniter, der sich von seiner Verwandtschaft lossagt und freundschaftliche Beziehungen mit Jabin, dem König von Hazor, pflegt. Er ist mit ☞ Jaël verheiratet.

* **Hebräer** und Hebräerin, eine Bezeichnung für Angehörige des Volkes ☞ Israel.

* **Herodes Antipas,** Sohn Herodes' des Großen, beherrscht ☞ Galiläa. Er regiert von 4 v. Chr. bis 37 n. Chr. und ist somit der Landesherr ☞ Jesu.

* **Hetiter** und Hetiterinnen bilden eine Bevölkerungsgruppe in Kleinasien und Syrien. Sie errichten im 2. Jahrtausend v. Chr. im heutigen Anatolien in der Türkei ein mächtiges Reich.

* **Hiram,** der Name eines Königs von ☞ Tyrus, der mit König ☞ Salomo Handel treibt. Er beliefert Salomo mit Zedern- und Zypressenholz für dessen Bautätigkeit und erhält dafür Öl und Weizen.

* **Hoherpriester,** Oberhaupt der Jerusalemer Priesterschaft; er führt Aufsicht über die Priesterschaft und hat die Verantwortung für die Errichtung und Instandhaltung des ☞ Tempels sowie für den Tempelkult. Außerdem hat er auch politischen Einfluss.

* **Holofernes,** Feldherr des babylonischen Königs Nebukadnezzar, dem ☞ Judit den Kopf abschlägt.

* **Ijob,** oder Hiob, ist die zentrale Gestalt des Ijobbuches. Er wird dort als wohlhabender Mann geschildert, den Gott prüft. Obwohl er Gott treu bleibt, verliert er seinen Besitz. Deshalb streitet er mit Gott und fordert ihn heraus, ihm Rede und Antwort zu stehen.

* **Isaak,** sehnsüchtig erwarteter Sohn ☞ Abrahams und ☞ Saras. Als Vater von ☞ Jakob und ☞ Esau ist er ein bedeutender Patriarch des Volkes ☞ Israel.

* **Ischbaal,** zweiter Sohn ☞ Sauls. Nach dem Tod seines Vaters und seines älteren Bruders ☞ Jonatan wird er Familienoberhaupt. Als solches bestimmt er auch über die Frauen seines Vaters.

* **Isebel,** Königstochter aus Sidon und Königin in ☞ Israel, Frau des ☞ Ahab. Sie initiiert den Schauprozess gegen Nabot, der seinen Weinberg nicht an Ahab verkaufen will, und sorgt so dafür, dass Ahab diesen Weinberg in Besitz nehmen kann.

* **Ismaël,** der Sohn ☞ Abrahams und ☞ Hagars und Stammvater verschiedener arabischer Stämme.

* **Ismaeliter** und Ismaeliterinnen sind Angehörige mehrerer arabischer

Stämme. Sie haben sich besonders als Händler einen Namen gemacht.

* **Israel,** Bezeichnung für das aus den ☞ zwölf Stämmen bestehende Volk, das seine Existenz dem Gott Israels verdankt, und zugleich der Name für das Land, in dem dieses Volk lebt.

* **Israeliten** und Israelitinnen werden die Angehörigen des Volkes ☞ Israel genannt.

* **Jaël,** Frau des ☞ Heber. Sie gewährt dem feindlichen Feldherrn ☞ Sisera Gastfreundschaft, um ihn dann zu ermorden. So beendet sie einen Krieg.

* **Jaïrus,** Name des Synagogenvorstehers, der ☞ Jesus für seine todkranke Tochter um Hilfe bittet.

* **Jakob,** einer der Söhne ☞ Isaaks sowie einer der großen Patriarchen ☞ Israels, obwohl er als Lügner und Betrüger bekannt ist.

* **Jakobus,** einer der ersten Jünger ☞ Jesu. Zusammen mit seinem Bruder ☞ Johannes und ☞ Simon Petrus ist er einer der drei ☞ Apostel, die ☞ Jesus zu seinen engsten Vertrauten zählt.

* **Jeremia** wirkt zwischen 627 und 587 v. Chr. als Prophet in ☞ Jerusalem. Er kritisiert insbesondere die soziale Ungerechtigkeit seiner Zeit und warnt vor der falschen Hoffnung, allein der ☞ Tempel und der darin gefeierte Gottesdienst könnten ☞ Jerusalem vor dem Untergang retten.

* **Jesus** von Nazaret wurde unter König ☞ Herodes geboren. Nach seiner Taufe im Jordan durch Johannes den Täufer wirkt er, wahrscheinlich in den Jahren 28 bis 30 n. Chr., überwiegend in Galiläa und verkündet Gottes Herrschaft. Am 7. April des Jahres 30, einem Freitag, lässt ☞ Pontius Pilatus ihn in ☞ Jerusalem kreuzigen.

* **Jiftach,** ein Richter, zieht gegen die ☞ Ammoniter in den Krieg und tötet aufgrund eines Gelübdes seine eigene Tochter.

* **Jitro,** ein midianitischer Priester und Schwiegervater des ☞ Mose.

* **Joab,** prominentester Heerführer ☞ Davids; er ist mit diesem verwandt und ihm treu ergeben.

* **Johanna,** eine der Frauen, die ☞ Jesus nachfolgten; ihr Mann heißt ☞ Chuzas.

* **Johannes der ☞ Apostel** ist der Bruder des ☞ Jakobus. Er wird zusammen mit seinem Bruder von ☞ Jesus in die Nachfolge gerufen und zählt zum Kreis der engsten Vertrauten Jesu.

* **Johannes der Seher** wird wegen seines Christseins auf die griechische Insel Patmos verbannt. Dort verfasst er eine Schrift, mit der er den anderen verfolgten Christinnen und Christen Mut zum Durchhalten machen möchte.

* **Johannes der Täufer** ruft die Menschen zu Umkehr und Buße auf; die Umkehrwilligen tauft er im Jordan. Wegen seiner offenen Worte gegen den König ☞ Herodes Antipas wird er von diesem gefangen genommen und hingerichtet. Nach der biblischen Überlieferung hat er Jesus getauft.

* **Jonatan,** ein Sohn ☞ Sauls und eng mit ☞ David befreundet. Im Kampf gegen die ☞ Philister hat er eine wichtige militärische Position und befehligt 1000 Mann. Er fällt in der Schlacht bei ☞ Gilboa.

* **Josef** ist der Lieblingssohn ☞ Jakobs und wird deshalb von seinen Brüdern gehasst. Sie verkaufen ihn als Sklaven nach ☞ Ägypten. Josef kann die Träume des ☞ Pharao deuten und steigt deshalb in den Rang eines hohen Verwaltungsbeamten auf.

Wer ist ...

* **Jotam,** der jüngster Sohn ☞ Gideons. Er entkommt als Einziger dem Gemetzel seines Halbbruders ☞ Abimelech und kritisiert in schärfster Form dessen Streben nach der Königswürde.

* **Juda,** einer der zwölf Söhne ☞ Jakobs; sowohl König ☞ David wie auch ☞ Jesus von Nazaret gehören zum Stamm Juda.

* **Juden** und Jüdinnen sind Angehörige des Volkes ☞ Israel.

* **Kain,** erster von einer Frau geborener Mensch, erster Sohn ☞ Adams und ☞ Evas; er erschlägt seinen Bruder ☞ Abel. Als Strafe dafür wird er aus seiner Heimat vertrieben.

* **Kajaphas** ist der Beiname des ☞ Hohenpriesters, der den Prozess gegen ☞ Jesus von Nazaret leitet.

* **Keniter** und Keniterinnen sind die Nachkommen ☞ Kains; sie sind für ihre Schmiedekunst bekannt.

* **Kimham,** wahrscheinlich ein Sohn des ☞ Barsillai. Er zieht an dessen Stelle auf den Wunsch ☞ Davids hin mit diesem in die Hauptstadt ☞ Jerusalem.

* **Kleopas,** einer der beiden Jünger ☞ Jesu, die nach dessen Tod von ☞ Jerusalem nach ☞ Emmaus gehen. Auf dem Weg dorthin begegnet er mit seinem Begleiter dem Auferstandenen.

* **Kreter** und Kreterinnen leben auf der griechischen Insel Kreta. Sie sind unter anderem durch ihre Keramik bekannt geworden.

* **Laban**,ein Neffe ☞ Abrahams und Bruder der ☞ Rebekka. Er verheiratet seinen Neffen ☞ Jakob mit seinen beiden Töchtern Lea und ☞ Rahel.

* **Lajisch,** Vater des ☞ Palitël.

* **Lazarus**, Name des armen Mannes, der vor der Tür eines Reichen liegt, von diesem aber nicht beachtet wird.

* **Lea** ist die älteste Tochter ☞ Labans; sie wird mit ☞ Jakob verheiratet.

* **Levi** ist ein Sohn von ☞ Jakob und ☞ Lea.

* **Leviten** und Levitinnen sind die Angehörigen des nach ☞ Levi benannten Volksstammes.

* **Maria,** die Mutter ☞ Jesu, ist mit Josef, einem Zimmermann, verheiratet. Als sie mit Jesus schwanger ist, singt sie das „Magnifikat", ein Lied der Freude und der Befreiung durch Gott.

* **Maria,** die Mutter von Jakobus dem Kleinen und Joses, ist eine der Frauen, die unter dem Kreuz ☞ Jesu stehen; zusammen mit ☞ Maria von Magdala und ☞ Salome geht sie am Ostermorgen zum Grab Jesu und erfährt dort, dass Jesus lebt.

* **Maria von Magdala**, auch Maria Magdalene genannt, ist eine allein lebende Frau. In der Liste der Frauen, die ☞ Jesus folgen, wird sie immer an erster Stelle genannt. Sie ist Zeugin und erste Verkünderin der Auferstehung Jesu.

* **Meder** und Mederinnen leben im Hochland von Anatolien. Als Händler bringen sie den Halbedelstein Lapislazuli, Gold und Kamele nach Assyrien und Persien.

* **Michal,** die jüngste Tochter ☞ Sauls, ist die erste Frau ☞ Davids. Nach der Flucht Davids vor den Morddrohungen Sauls wird sie von ihrem Vater mit ☞ Paltiël verheiratet.

* **Midianiter** und Midianiterinnen bewohnen das Land Midian, östlich des Golfes von Akaba gelegen. Sie betreiben Karawanenhandel und handeln auch mit Menschen; sie kaufen ☞ Josef als Sklaven auf.

* **Mirjam**, nach der Tradition Schwester des ☞ Aaron und des ☞ Mose.

Sie gerät in Konflikt mit Mose, als sie dessen alleinige Autorität in Frage stellt.

* **Mose,** von einer hebräischen Mutter in ☞ Ägypten geboren und ausgesetzt, von einer ägyptischen Prinzessin aufgezogen. Er muss nach ☞ Midian fliehen, nachdem er einen Ägypter erschlägt. Er wird von Gott berufen, das Volk ☞ Israel von Ägypten in das Gelobte Land zu führen. Mose gilt als Stifter des Judentums.

* **Nabot** besitzt einen Weinberg in ☞ Jesreel. Diesen möchte König ☞ Ahab erwerben. Weil Nabot ihn nicht verkaufen will, wird er in einem Schauprozess zum Tode verurteilt.

* **Natanaël** wird von ☞ Philippus zu ☞ Jesus geführt; er spricht ein Bekenntnis zu Jesus als Sohn Gottes und König Israels.

* **Nikanor** macht sich unter dem Herrscher der Seleukiden, Antiochus IV., verdient, als er einen Aufstand in ☞ Judäa niederschlägt. Die Aufständischen sehen in ihm einen Judenfeind.

* **Nikolaus,** einer der Sieben, die in der Urgemeinde in ☞ Jerusalem soziale Aufgaben übernehmen.

* **Noach** baut im Auftrag Gottes die Arche und überlebt so mit seiner Familie und den Tieren die große Flut.

* **Paltiël** stammt aus Gallim; ☞ Saul gibt ihm ☞ Michal zur Frau, weil sich ☞ David nicht mehr um sie kümmert.

* **Parmenas,** einer der sieben Männer, die in der Urgemeinde in ☞ Jerusalem für die Versorgung der Armen zuständig sind.

* **Parther** und Partherinnen gehören einem nordiranischen Stamm an. Sie sind römerfeindlich eingestellt und genießen daher im Judentum Sympathie.

* **Paulus,** Jude aus Tarsus in Kleinasien, im Südosten der heutigen Türkei gelegen. In der Nähe von Damaskus wird er von ☞ Jesus zum Apostel berufen. Er verkündet das Evangelium in weiten Teilen der damals bekannten Welt, insbesondere in Kleinasien und Griechenland. In ☞ Jerusalem wird er verhaftet und nach ☞ Rom überstellt. Dort wird er der Überlieferung nach mit dem Schwert enthauptet. In der christlichen Tradition gilt Paulus als der Apostel der Heiden.

* **Pennina,** eine der Frauen ☞ Elkanas und Mutter mehrerer Kinder. Sie verspottet ☞ Hanna, weil diese keine Kinder bekommt.

* **Petrus** ☞ Simon Petrus

* **Pharao,** Titel des ägyptischen Herrschers. Er ist der Gegenspieler des ☞ Mose und wird oft sehr negativ gesehen.

* **Pharisäer,** eine Gruppe innerhalb des Judentums, die die Tora erklären und sich um religiöse Reinheit bemühen. Sie werden kritisiert, weil sie das Gebot der Liebe zu den Menschen vernachlässigen.

* **Philippus,** einer der ☞ zwölf Apostel; er stammt aus Betsaïda.

* **Philister** und Philisterinnen siedeln an der Mittelmeerküste im Südwesten Israels. Sie sind die Hauptgegner ☞ Israels im Ringen um die Vorherrschaft in Palästina. ☞ David kann sie entscheidend schwächen, sodass sie in der nachfolgenden Geschichte keine ernsthafte Gefahr mehr darstellen. Von ihnen leitet sich der Name Palästina ab.

* **Pontius Pilatus,** römischer Statthalter der Provinz ☞ Judäa in der Zeit von 26–36 n. Chr. Er unterschreibt das Todesurteil für ☞ Jesus von Nazaret.

Wer ist …

* **Potifar,** Name eines ägyptischen Beamten, in dessen Haus ☞ Josef als Sklave dient.

* **Prophet,** Prophetin; Männer und Frauen, die von Gottes Geist ergriffen sind, werden in der Bibel Propheten genannt. Sie deuten die Zeichen der Zeit und mahnen, Gottes Wege zu achten. Auch im Neuen Testament gibt es Prophetinnen und Propheten. Sie verkünden Gottes Wort in der Gemeinde.

* **Prochorus,** einer der sieben Diakone in ☞ Jerusalem und für die Versorgung der Armen zuständig.

* **Proselyten** und Proselytinnen werden Gläubige genannt, die zwar nicht durch Geburt zum jüdischen Volk gehören, aber den jüdischen Glauben praktizieren.

* **Pua,** eine hebräische Hebamme, die ihren Beruf sehr ernst nimmt und sich als fromme Frau weigert, Neugeborene zu töten.

* **Rahel,** jüngste Tochter ☞ Labans. Für sie arbeitet ☞ Jakob zweimal sieben Jahre – denn er liebt sie über alles.

* **Rebekka,** Tochter Betuëls und als Mutter von ☞ Jakob und ☞ Esau die Stammmutter des Nordreiches. Sie hilft ihrem Lieblingssohn Jakob, sich das Erstgeburtsrecht zu erschwindeln, und verhilft ihm zur Flucht, als der Betrug aufkommt.

* **Richter** und Richterinnen spielen in der Frühzeit ☞ Israels eine wichtige Rolle. Sie sind Helden und Heldinnen und übernehmen die politische Führung.

* **Rizpa,** Nebenfrau des ☞ Saul, mit der ☞ Abner nach Sauls Tod eine Affäre hat.

* **Römer** und Römerinnen erobern im 1. Jh. v. Chr. den Ostmittelmeerraum und werden die beherrschende Weltmacht. Sowohl das Judentum als auch das frühe Christentum muss sich mit dieser Macht auseinandersetzen.

* **Salome** folgt ☞ Jesus mit anderen Frauen Galiläas nach Jerusalem; sie steht unter dem Kreuz und geht zusammen mit ☞ Maria von Magdala und ☞ Maria, der Mutter des Jakobus und des Joses, am Ostermorgen zum Grab; dort erfährt sie, dass Jesus lebt.

* **Salomo,** Sohn ☞ Batsebas und ☞ Davids. Als Nachfolger seines Vaters macht er sich vor allem durch den Bau des ☞ Tempels und seinen aufwändigen Lebensstil einen Namen.

* **Samariter** und Samariterinnen sind Angehörige eines Volkes, das nördlich von Jerusalem siedelt. Sie verehren den gleichen Gott wie die Juden und Jüdinnen, unterscheiden sich aber in ihrer religiösen Praxis. Jüdische Gläubige verachteten das samaritanische Volk.

* **Samuel,** Sohn ☞ Elkanas und ☞ Hannas aus ☞ Rama. Er ist der erste große Prophet und die entscheidende Autorität bei der Einführung des Königtums in ☞ Israel.

* **Sara,** auch Sarai genannt, Frau ☞ Abrahams und Stammmutter des Volkes ☞ Israel.

* **Saul,** der erste König über ☞ Israel. Er errichtet seine Residenz in Gibea und schafft ein stehendes Heer. Nach ersten Erfolgen gerät er immer mehr mit den alten Traditionen in Konflikt und droht zu scheitern. Er fällt während der Schlacht bei Gilboa an der Seite seines Sohnes ☞ Jonatan.

* **Schela,** der jüngste Sohn ☞ Judas.

* **Schifra,** wie ☞ Pua eine Hebamme, die sich, entgegen dem Befehl des ☞ Pharao, weigert, neugeborene Kinder zu töten.

* **Schriftgelehrte** werden Männer genannt, die die heiligen Schriften auslegen und ihr Wissen an Schüler vermitteln. Sie sind auch als Berater an Gerichtshöfen tätig.

* **Schua,** Kanaanäer, Schwiegervater des ☞ Juda.

* **Sichem** vergewaltigt ☞ Dina; ihre Brüder überfallen daraufhin aus Rache die Stadt, in der Sichem wohnt.

* **Simon,** ein ☞ Pharisäer, der ☞ Jesus zum Essen einlädt, aber dann an Jesu Verhalten gegenüber einer als Sünderin bekannten Frau Anstoß nimmt.

* **Simon Petrus** stammt aus Betsaïda. Er ist Fischer und wird von ☞ Jesus zum Jünger und Apostel berufen. In der Gruppe der ☞ zwölf Apostel nimmt er eine herausragende Rolle ein. Jesus gibt ihm den Namen Kephas (griechisch: Petrus; deutsch: Fels). Nach dem Tode Jesu wirkt er zunächst in Jerusalem und Judäa, später in Syrien und Rom.

* **Simson** besitzt übermenschliche Kraft und kämpft gegen die ☞ Philister. Er ist mit ☞ Delila verheiratet, die ihn an die Philister ausliefert. Mit einem letzten Kraftakt bringt er das Gebäude, in dem die Philister sich an ihm auslassen, zum Einsturz und tötet auf diese Weise die anwesenden Philister.

* **Sisera** führt eine Schlacht gegen einige israelitische Stämme an. Er wird von einer Frau namens ☞ Jaël ermordet.

* **Skythen** sind ein kriegerisches Reitervolk, das in den Steppen Asiens wohnt und oft in das Kulturland einbricht. Sie gelten als besonders grausam.

* **Stephanus,** Anführer der sieben Diakone, die in der Urgemeinde in ☞ Jerusalem die Armen versorgen. Er wird wegen angeblicher Äußerungen gegen ☞ Mose und Gott gesteinigt.

* **Susanna,** Name einer Frau, die ☞ Jesus nachfolgte.

* **Tamar,** eine Kanaanäerin und die Schwiegertochter ☞ Judas; nach dem frühen Tod ihrer beiden ersten Männer nimmt sie ihr Leben selbst in die Hände und verschafft sich ihr Recht.

* **Tamar,** eine Tochter ☞ Davids und die Schwester ☞ Abschaloms. Sie wird von ☞ Amnon, ihrem Halbbruder, vergewaltigt.

* **Timon,** ein Mitglied der sieben Diakone in der Jerusalemer Urgemeinde, die für die Armenversorgung zuständig sind.

* **Titus,** Begleiter und enger Mitarbeiter des Apostels ☞ Paulus.

* **Urija,** ein ☞ Hetiter, der in der Armee ☞ Davids als Soldat dient. Wegen der Affäre mit seiner Frau ☞ Batseba lässt David ihn in die vorderste Front stellen und dadurch ums Leben kommen. Als erster Mann der Batseba wird er im Stammbaum ☞ Jesu erwähnt.

* **YHWH,** die geläufige Wiedergabe des Namens des Gottes ☞ Israel. Fromme Juden und Jüdinnen sprechen diesen Namen nicht aus.

* **Zacharias,** ein Priester, der erst in hohem Alter einen Sohn, den späteren ☞ Johannes den Täufer, bekommt. Er verkörpert mit seiner Frau ☞ Elisabet das Warten auf den Messias.

* **Zebedäus,** Vater von Jakobus und Johannes. Er unterhält in ☞ Kafarnaum ein kleines Fischereigeschäft, in dem neben seinen beiden Söhnen auch Tagelöhner beschäftigt sind.

* **Zohar,** Sohn Simeons, einer der ☞ zwölf Söhne Jakobs.

* **Zwölf Apostel** werden von ☞ Jesus aus der Gruppe der Jünger aus-

gewählt und beauftragt, Kranke zu heilen und Jesu Botschaft zu verkünden. Ihre Namen sind: ☞ Simon, genannt Petrus, und sein Bruder Andreas, dann ☞ Jakobus, der Sohn des Zebedäus, und sein Bruder Johannes, ☞ Philippus und Bartholomäus, Thomas und Matthäus, der Zöllner, Jakobus, der Sohn des Alphäus, und Thaddäus, Simon Kananäus und Judas Iskariot, der ihn später verraten hat (vgl. Mt 10,2-4).

* **Zwölf Söhne Jakobs** sind zugleich die Stammväter der Zwölf Stämme Israels. Ihre Namen sind: Ruben, Simeon, Levi, ☞ Juda, Sebulon, Issachar, Dan, Gad, Ascher, Naftali, ☞ Josef (seine beiden Söhne Ephraim und Manasse werden später als eigene Stämme gezählt) und ☞ Benjamin.

* **Abel-Keramim** ist der Ort, bis zu dem ☞ Jiftach die ☞ Ammoniter verfolgt. Er lag wahrscheinlich in der Nähe des heutigen Amman.

* **Ägypten,** eine lang gestreckte Oase entlang des Nil; der fruchtbarste Teil ist das Deltagebiet. Ägypten wird auch „Geschenk des Nils" genannt.

* **Aroër** ist ein Ort in ☞ Juda; seine Bewohner sind ☞ David freundschaftlich verbunden.

* **Antiochia,** eine Stadt in Syrien, in der arabische, griechische und jüdische Menschen wohnen.

* **Asien** ist in römischer Zeit eine Provinz, die etwa die heutige Türkei umfasst.

* **Bahurim,** ein Ort an der alten Straße von ☞ Jerusalem nach ☞ Jericho bzw. zum ☞ Jordan.

* **Beerscheba,** wichtiger Ort und Oase in der Wüste, die sich südlich an das judäische Bergland anschließt.

* **Betlehem,** ein unscheinbarer Ort südlich von ☞ Jerusalem; seine Bedeutung erhält er als Geburtsort ☞ Davids sowie durch die Erzählung von der Geburt ☞ Jesu.

* **Betsaïda,** Ort am Nordufer des Sees Gennesaret, die Heimat von ☞ Andreas und ☞ Simon Petrus.

* **Cyrene,** eine römische Provinz an der nordafrikanischen Mittelmeerküste. Dort wohnen viele Menschen jüdischer Herkunft.

* **Dan,** wichtiger Ort im Norden Israels, der vom Handel profitiert.

* **Eden** ist nach alten Erzählungen der Name einer Landschaft, in welcher der Garten lag, den ☞ YHWH zu Beginn der Schöpfung anlegte.

* **Efraim,** ein Landstrich im Norden Israels, der dem Stamm ☞ Efraim zugeteilt wird.

* **Ekbatana,** Hauptstadt der ☞ Meder und Sommerresidenz der persischen Könige.

* **Emmaus,** Ort nahe bei Jerusalem, zu dem zwei Jünger am Ostertag unterwegs waren.

* **Enajim,** Ort nahe bei ☞ Timna.

* **En-Dor,** ein nicht mehr existierender Ort, der wahrscheinlich in der Ebene ☞ Jesreel lag.

* **Galiläa** bezeichnet das Land zwischen Mittelmeer und dem See ☞ Gennesaret; es ist überwiegend Bergland, im Süden wird es von der ☞ Jesreelebene begrenzt. Galiläa ist das Heimatland ☞ Jesu.

* **Gallim,** Heimatort des ☞ Lajisch, Lage des Ortes heute unbekannt.

* **Garizim,** Name eines Berges südwestlich von ☞ Sichem. Dort befindet sich ein Heiligtum der ☞ Samariter.

* **Gaza,** Stadt der ☞ Philister, an der Südgrenze Palästinas gelegen.

* **Gennesaret,** der größte Binnensee in Galiläa; er war sehr fischreich. ☞ Jesu Wirken in ☞ Galiläa konzentriert sich auf die Orte um diesen See; die Bibel nennt ihn auch „Meer von Galiläa".

* **Getsemani,** Name des Grundstückes am Ölberg östlich von ☞ Jerusalem, wohin Jesus sich mit seinen Jüngern gerne zurückzieht.

* **Gilboa,** ein Hügelland am südlichen Rand von ☞ Galiläa.

* **Gilead,** ein Landstrich östlich des ☞ Jordan. Menschen, die dort wohnen, nennt man Gileaditer und Gileaditerinnen.

* **Hazerot,** Name einer Wüstenstation, wahrscheinlich etwa 90 km südsüdwestlich vom Golf von Akaba gelegen. Hier kam es zur Auflehnung von ☞ Aaron und ☞ Mirjam gegen ☞ Mose.

* **Hazor,** eine Stadt von großer Bedeutung und Ausdehnung, im Nordosten ☞ Galiläas gelegen.

* **Hebron,** eine Stadt im judäischen Bergland; Abraham hielt sich des

Öfteren in der Nähe von Hebron auf, das damals noch Mamre hieß.

* **Horeb,** Name des „Gottesberges", der auch Sinai genannt wird.

* **Israel,** der Name für die Nordhälfte des Reiches, in dem das Volk ☞ Israel lebt.

* **Jemini,** Landstrich in Mittelpalästina, ca. 15 km nördlich von ☞ Jerusalem.

* **Jericho,** Oase im Jordantal, auch „Palmenstadt" genannt. Der Weg von ☞ Jerusalem nach Jericho führt steil herab und galt zur Zeit ☞ Jesu als unsicher.

* **Jerusalem,** seit der Zeit ☞ Davids Hauptstadt, Sitz des Königs und Ort des ☞ Tempels. Sie gilt als die „heilige Stadt", auf die die drei großen Weltreligionen Judentum, Christentum und Islam Anspruch erheben.

* **Jesreel,** eine Stadt in der gleichnamigen Ebene zwischen ☞ Galiläa und ☞ Samaria. Hier hatten die Könige von ☞ Israel einen Sommerpalast.

* **Jordan,** wichtigster Fluss in Palästina; er teilt das Land in einen westlichen (= Westjordanland) und einen östlichen Teil (= Ostjordanland).

* **Juda** ist der Name für die Südhälfte des Reiches, in dem das Volk ☞ Israel lebt.

* **Judäa,** südlicher Teil Palästinas, der unter ☞ Herodes dem Großen zum Zentrum eines von ihm kontrollierten Königreichs wird. Nach dem Aufstand gegen die ☞ Römer wird Judäa zur römischen Provinz degradiert.

* **Kafarnaum,** ein Dorf, das ca. 4 km südwestlich der Einmündung des ☞ Jordan in den See ☞ Gennesaret liegt. Es wird als ☞ Jesu „eigene Stadt" bezeichnet, weil sich Jesus hier längere Zeit aufhält.

* **Kanaan** ist der biblische Name für Palästina. Erst die Römer nannten das Land Palästina – eine Bezeichnung, die sich bis heute durchgesetzt hat.

* **Karmel,** ein Gebirgszug an der Küste Palästinas; wegen seiner reichen Vegetation symbolisiert er Schönheit und Fruchtbarkeit.

* **Kappadozien,** Landschaft im zentralen und östlichen Kleinasien, die im Süden vom Taurusgebirge begrenzt wird.

* **Kirjat-Arba,** ein alter Name für ☞ Hebron.

* **Korinth,** eine Stadt im Nordosten der Peloponnes, zwischen 2 und 3 km vom Meer entfernt. Hier existiert eine lebendige Gemeinde; ☞ Paulus hält sich mehrfach in Korinth auf.

* **Libanon,** ein Gebirge nördlich von Palästina. Wegen seiner üppigen Vegetation ist der Libanon ein Bild für Pracht und Herrlichkeit.

* **Libyen,** eine Gegend an der Mittelmeerküste, westlich des Nildeltas gelegen.

* **Machpela,** Name der Höhle in der Nähe von ☞ Mamre, die Abraham von dem Hetiter Efron erworben hatte, um dort seine Frau Sara zu begraben.

* **Mahanajim,** eine wichtige israelitische Stadt im Ostjordanland.

* **Mamre,** älterer Name für ☞ Hebron.

* **Manasse** ist ein Gebiet im östlichen Teil Palästinas, im Ostjordanland (☞ Jordan).

* **Medien,** ein im iranischen Hochland gelegenes Reich.

* **Mesopotamien,** der griechische Name für das Gebiet zwischen den Flüssen Euphrat und ☞ Tigris.

* **Midian,** Name der Landschaft südlich von Edom und östlich des Golfes von Akaba. Midian ist berühmt für seine Kamelzucht und den Karawanenhandel.

* **Mizpa** in Gilead ist ein Versammlungsort der ☞ Israeliten; dort hat sich auch ☞ Jiftach aufgehalten.

* **Mizpe-Moab,** Land zwischen dem Toten Meer und der syrisch-arabischen Wüste.

* **Nazaret,** der Heimatort Jesu; er liegt im unteren Galiläa, im Südausläufer des ☞ Libanon. Wegen des milden Klimas wachsen dort Getreide, Wein, Feigen und Oliven.

* **Paddan-Aram** ist die Heimat der ☞ Rebekka, der Frau ☞ Isaaks.

* **Paran,** eine Oase auf der Sinaihalbinsel.

* **Pamphylien,** Landschaft an der Südküste Kleinasiens; dort lebten viele jüdische Menschen.

* **Phrygien,** Gegend im westlichen Anatolien.

* **Pontus,** eine gebirgige und metallreiche Küstenlandschaft im nördlichen Kleinasien.

* **Rama,** in ☞ Efraim gelegen, Wohn- und Begräbnisort ☞ Samuels.

* **Samaria,** Hauptstadt des Nordreiches ☞ Israel. Zur Zeit ☞ Jesu wurde das umliegende Bergland Samarien genannt, hier wohnten die ☞ Samariter und Samariterinnen.

* **Sarepta,** eine Stadt bei Sidon im heutigen Libanon.

* **Schaalim,** Landstrich nördlich von ☞ Jerusalem.

* **Schalischa,** Landstrich nördlich von ☞ Jerusalem, schließt sich an ☞ Schaalim an.

* **Scharon**, fruchtbare Küstenebene zwischen Tel Aviv und Haifa.

* **Schilo,** wichtiger Kultort der Frühzeit ☞ Israels, der gut 2 km östlich der Straße von Bet-El nach ☞ Sichem liegt. Am Heiligtum in Schilo wirkten ☞ Eli und ☞ Samuel.

* **Schunem,** ein Ort am Ostrand des Berglands von ☞ Gilboa.

* **Sichem,** eine Stadt, die im Kreuzungspunkt der Straßen von ☞ Hebron nach Damaskus und von der Küste zum ☞ Jordan liegt und für die Frühgeschichte ☞ Israels von großer Bedeutung ist.

* **Sidon,** Hafenstadt am Mittelmeer, nördlich von Palästina, im heutigen ☞ Libanon.

* **Sorek,** ein Tal, das von der Küstenebene nach ☞ Jerusalem hinaufführt; es war von ☞ Philistern und ☞ Israeliten umkämpft.

* **Syrophönizien** bezeichnet den südlichen Teil der römischen Provinz Syrien, der sich nördlich an ☞ Galiläa anschloss.

* **Tebez,** die genaue Lage des Ortes ist heute unbekannt; wahrscheinlich lag der Ort ca. 10 km nördlich von ☞ Sichem.

* **Tempel** steht in biblischen Texten fast immer für den Tempel ☞ Salomos, der auf dem Bergrücken der Davidsstadt ☞ Jerusalem erbaut und 587/86 v. Chr. von den Babyloniern zerstört wurde. Zuletzt wurde der immer wieder belagerte und zerstörte Tempel unter ☞ Herodes dem Großen umgestaltet und erweitert. Der sog. Heriodianische Tempel wurde im Jahr 70 n. Chr. beim Angriff der ☞ Römer endgültig zerstört. Der Tempel gilt als „Wohnung Gottes", als Ort der Gegenwart Gottes.

* **Tigris,** ein Fluss, der im Ost-Taurus entspringt und sich durch heftige Hochwasser aus dem Zagrosgebirge auszeichnet. Er vereinigt sich kurz vor seiner Mündung in den Persischen Golf mit dem Euphrat.

* **Timna** liegt in dem von den ☞ Philistern kontrollierten Gebiet Schefala, einer Hügelkette zwischen der Küste und dem judäischen Bergland.

* **Tyros,** eine bedeutende und reiche Hafenstadt an der Mittelmeer-

küste. Zwischen Tyros und ☞ Israel gab es rege Handelsbeziehungen, die bis in die Zeit ☞ Salomos zurückreichen. Es gab aber auch zahlreiche politische Spannungen.

* **Zion,** Name der höchsten Erhebung in ☞ Jerusalem; der Zion gilt als Wohnstätte Gottes.

Bildnachweis

Photocase / C/L (Cover); Photocase / claudiarndt (Grußwort des Bischofs); Photocase / carölchen (Vorwort);
Photocase / germanbrina (16/17); pixelio.de / S. Hofschlaeger (18/19); Photocase / zettberlin (20/21);
Photocase / 1100 (22/23); Photocase / digi-eye (24/25); Photocase / misterQM (26/27); pixelio.de /
Henrik Gerold Vogel (28/29); Photocase / pencake (S 30/31); pixelio.de / Solid-Sign.de (32/33);
Photocase / Susann Städter (34/35); Photocase / suze (36/37); Photocase / birdys (38-41); Photocase /
leicagirl (42/43); pixelio.de / knipseline (44/45); Photocase / simonsdog (46/47); Photocase / melrose (48/49;
Photocase / madochab (50/51); Photocase / funnyworld (52/53); Photocase / skyla80 (54/55);
Photocase / FOTOliziös (56/57); Photocase / Soundboy (58/59); Photocase / cocaline (60-63);
Photocase / designmaniac (64/65); Photocase / view7 (66/67; Photocase / nena2112 (68/69);
Photocase / PhotoSany (70/71); Photocase / sanwen (72/73); Photocase / Miss X (S.74-77); Photocase /
LasseSiegmund (78/79); Photocase / .Nele. (80-83); pixelio.de / S. Thomas (84/85); pixelio.de /
S. Hofschlaeger (86/87); Photocase / emoji (88/89); Photocase / AllzweckJack (90/91); Photo-
case / sally2001 (92/93); Photocase / pakalou (94-97); Photocase / emoji (98/99); Photocase /
FemmeCurieuse (100/101); Photocase / zimt_stern (102/103); Photocase / currantbun (104/105);
Photocase / ffwd! (106/109); Photocase / Juttaschnecke (110/111); Photocase / dusklog (112/115);
Photo-case / blonderdani (116/117); Photocase / Mr. Nico (118(119); Photocase / Flügelwesen (120/121);
Photocase / benicce (122-127); Photocase / Flügelwesen (128-133); Photocase / dioxin (134-139);
Photocase / Hello_beautiful (140-145); Photocase / Miss X (146/147); Photocase / re84 (148/149);
Photocase / hornsy (150-153); Photocase / wlatsch (154/155); Photocase / genders (156/157); Photo-
case / GoodwinDan (158/159); Photocase / Nordreisender (160-163); Photocase / sajola (164/165;
Photocase / pencake(167/167); Photocase / voodoo! (168/-171); Photocase / ico_daniel (S.172/173);
Photocase / cacciatore.di.sogni (174-177); Photocase / ingairis (178/179); Photocase / ovokuro (180/181);
Photocase / kallejipp (182-185); Photocase / iKiSurf (186-189); Photocase / Senor Gonzo (190/191);
Photocase / Miss X (192/193); Photocase / nurmalso (194/195); Photocase / Alex (196/197); Photo-
case / ingairis (198/199); Photocase / mekun (200/201); Photocase / micjan (202/203); pixelio.de /
Dieter Schütz (204/205); Photocase / momosu (206/207); Photocase / germanbrina (208/209); Photo-
case / MMchen (210-213); Photocase / ileydim (214/215); pixelio.de / Susanne Schmich (216/217);
Photocase / glückimwinkl (218/219); Photocase / time. (220/221); Photocase / akai (222/223);
Photocase / ruewi (224/225); Photocase / johny schorle (226/227); Photocase / kallejipp (228/229);
Photocase / Miss X (230/231); pixelio.de / Sarah C. (232/233); Photocase / Healifix (234-237);
Photocase / .Faun. (238/239); Photocase / Susann Städter (240-243); Photocase / ***DJ*** (244/245);
Photocase / kemai (246-249); Photocase / kemai (250/251); pixelio.de / Susanne Dufek (252-255);
pixelio.de / Markus Hein (256/257); Photocase / time. (258(259); pixelio.de / Verena N. (260/261);
pixelio.de / Manfred Walker (262-267); Photocase / carölchen (268-271); Photocase / zabalotta (272/273);
Photocase / C/L (274/275); pixelio.de / Helmut J. Salzer (276/277); Photocase / YTK (278/279);
Photocase / una.knipsolina (280/281); Photocase / YTK (282/283); Photocase / en.joy.it (84/285);
Photocase / basile18 (286/287)

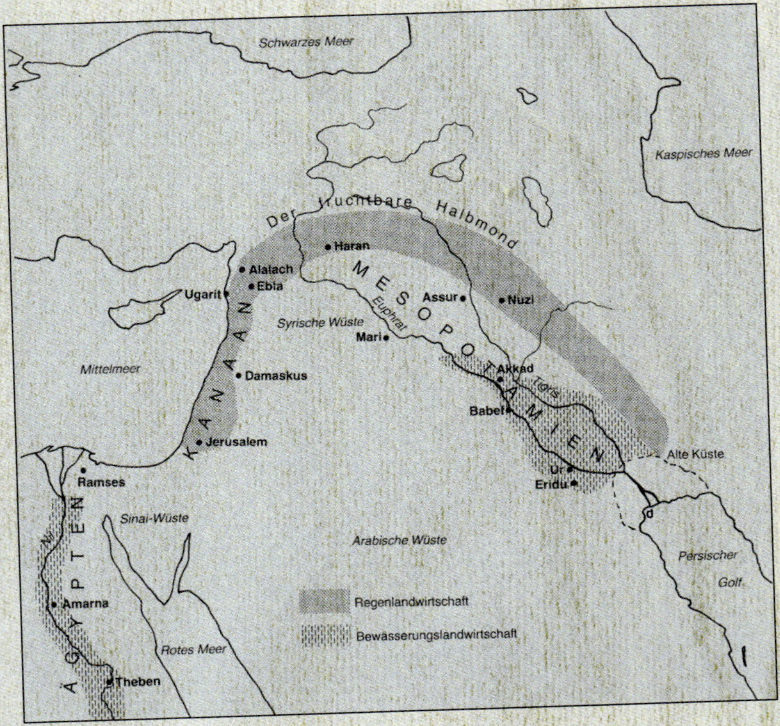

Der fruchtbare Halbmond

(= aus: Ohler, Grundwissen Altes Testament, Bd. 1: Pentateuch, Verlag Kath. Bibelwerk 1989, S. 110)

Siedlungsgebiete der israelitische Stämme um 1200–1020 v. Chr.

(= aus: Lebendiges Wort. Biblisches Lese- und Arbeitsbuch, St. Benno Verlag /Verlag Kath. Bibelwerk, 1966, S.81)

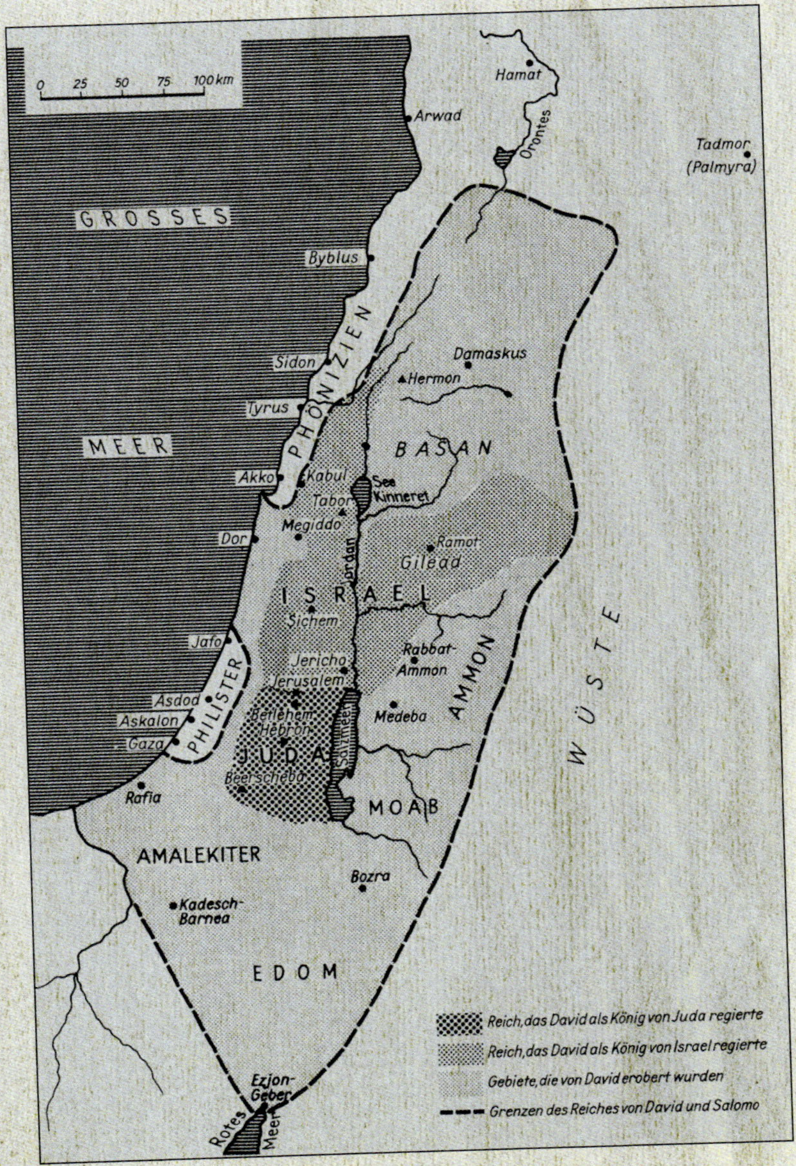

Das Reich Davids und Salomons 1004–926 v. Chr.

(= aus: Lebendiges Wort. Biblisches Lese- und Arbeitsbuch, St. Benno Verlag /Verlag Kath. Bibelwerk, 1966, S. 132)

Die geteilte Reiche Israel und Juda um 800 v. Chr.

(= aus: Lebendiges Wort. Biblisches Lese- und Arbeitsbuch, St. Benno Verlag / Verlag Kath. Bibelwerk, 1966, S. 147)

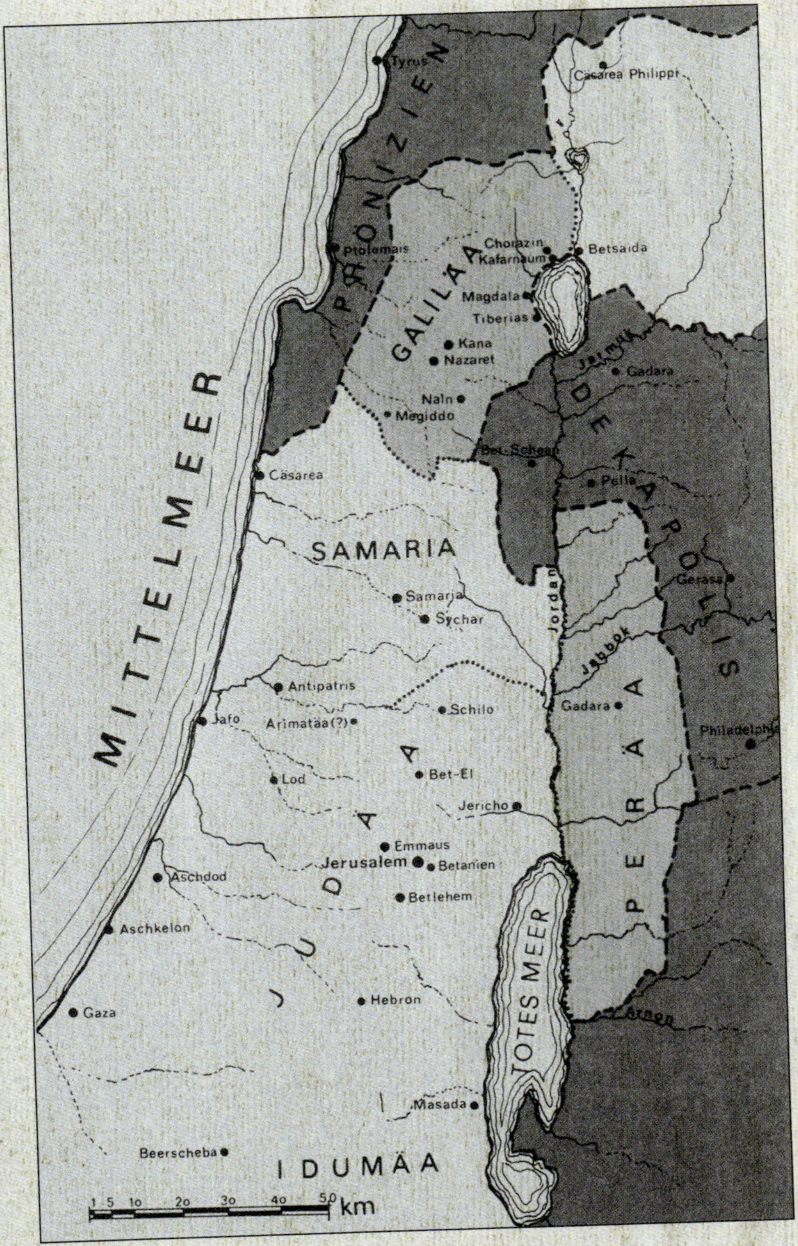

Palästina zur Zeit des Neuen Testaments
(aus: Grundkurs Neues Testament (alte Version), Verlag Kath. Bibelwerk, 3 A 1)

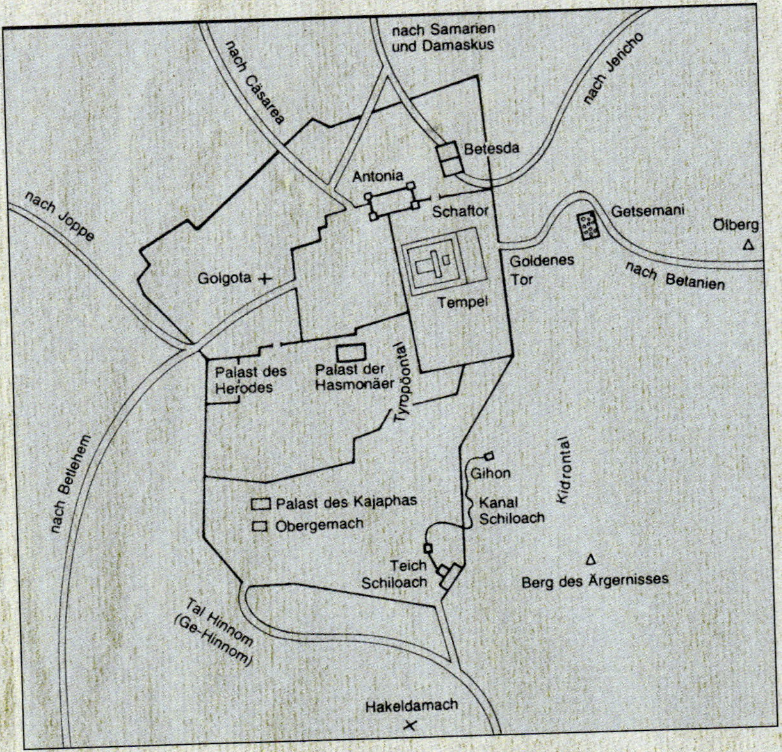

Jerusalem zur Zeit Jesu
(aus: Grundkurs Neues Testament (alte Version), Verlag Kath. Bibelwerk, 3 A 2)

Namen und Abkürzungen der biblischen Bücher

Altes Testament

Gen	Das Buch Genesis
Ex	Das Buch Exodus
Lev	Das Buch Levitikus
Num	Das Buch Numeri
Dtn	Das Buch Deuteronomium
Jos	Das Buch Josua
Ri	Das Buch der Richter
Rut	Das Buch Rut
1 Sam	Das erste Buch Samuel
2 Sam	Das zweite Buch Samuel
1 Kön	Das erste Buch der Könige
2 Kön	Das zweite Buch der Könige
1 Chr	Das erste Buch der Chronik
2 Chr	Das zweite Buch der Chronik
Esra	Das Buch Esra
Neh	Das Buch Nehemia
Tob	Das Buch Tobit
Jdt	Das Buch Judit
Est	Das Buch Ester
1 Makk	Das erste Buch der Makkabäer
2 Makk	Das zweite Buch der Makkabäer
Ijob	Das Buch Ijob
Ps	Die Psalmen
Spr	Das Buch der Sprichwörter
Koh	Das Buch Kohelet
Hld	Das Hohelied
Weish	Das Buch der Weisheit
Sir	Das Buch Jesus Sirach
Jes	Das Buch Jesaja
Jer	Das Buch Jeremia
Klgl	Die Klagelieder
Bar	Das Buch Baruch
Ez	Das Buch Ezechiel
Dan	Das Buch Daniel
Hos	Das Buch Hosea
Joël	Das Buch Joël
Am	Das Buch Amos
Obd	Das Buch Obadja
Jona	Das Buch Jona
Mi	Das Buch Micha
Nah	Das Buch Nahum
Hab	Das Buch Habakuk
Zef	Das Buch Zefanja
Hag	Das Buch Haggai
Sach	Das Buch Sacharja
Mal	Das Buch Maleachi

Neues Testament

Mt	Das Evangelium nach Matthäus
Mk	Das Evangelium nach Markus
Lk	Das Evangelium nach Lukas
Joh	Das Evangelium nach Johannes
Apg	Die Apostelgeschichte
Röm	Der Brief an die Römer
1 Kor	Der erste Brief an die Korinther
2 Kor	Der zweite Brief an die Korinther
Gal	Der Brief an die Galater
Eph	Der Brief an die Epheser
Phil	Der Brief an die Philipper
Kol	Der Brief an die Kolosser
1 Thess	Der erste Brief an die Thessalonicher
2 Thess	Der zweite Brief an die Thessalonicher
1 Tim	Der erste Brief an Timotheus
2 Tim	Der zweite Brief an Timotheus
Tit	Der Brief an Titus
Phlm	Der Brief an Philemon
Hebr	Der Brief an die Hebräer
Jak	Der Brief des Jakobus
1 Petr	Der erste Brief des Petrus
2 Petr	Der zweite Brief des Petrus
1 Joh	Der erste Brief des Johannes
2 Joh	Der zweite Brief des Johannes
3 Joh	Der dritte Brief des Johannes
Jud	Der Brief des Judas
Offb	Die Offenbarung des Johannes

Zeittafel zur Geschichte Israels und zur Entstehun

Zeit	Geschichtliche Ereignisse	Entstehung biblischer Schriften
Vorstaatliche Zeit		
um 1200 v. Chr.	Entstehung des vorstaatlichen Israel	Mündliche Überlieferung alter Erzählungen über die Vorfahren Israels Älteste Lieder (z.B.: Deboralied in Ri 5; Lied der Mirjam in Ex 15,21)
um 1100 v. Chr.	Bedrohung durch die Philister Saul erster König in Israel	
Königszeit		
um 1000 v. Chr.	Königtum Davids und Salomos	
um 950 v. Chr.	Teilung des Reiches: Jerobeam, König in Israel Rehabeam, König in Juda	
ab 850 v. Chr.	Wirken der Propheten Elija und Elischa	
um 750 v. Chr.		Worte des Amos (in Betel/Israel)
Assyrische Vorherrschaft		
734-732 v. Chr.	Syrisch-ephraimitischer Krieg, Ahas, König von Juda	Worte des Hosea (in Israel) Worte des Jesaja (in Jerusalem)
722 v. Chr.	Zerstörung Samarias, Untergang des Nordreiches Israel	Sammlung der Überlieferungen des Nordreiches Israel in Juda
712 v. Chr.	Aufstand gegen Assyrien	Worte des Micha (in Juda)
705 v. Chr.	Erneuter Aufstand unter Führung Hiskijas, des Königs von Juda	Jerusalemer Geschichtswerk Rechtstexte (Ex 21-23)
701 v. Chr.	Belagerung Jerusalems	Worte des Jesaja (in Jerusalem)
ab 630 v. Chr.		Worte der Propheten Zefanja, Nahum
622 v. Chr.	Kultreform des Königs Joschija	Deuteronomium, Habakuk
609 v. Chr.	Tod des Königs Joschija	
608-598 v. Chr.	Jojakim, König von Juda	Worte des Propheten Jeremia
Babylonische Vorherrschaft		
598 v. Chr.	Eroberung Jerusalems, Deportation nach Babylon	
598-587 v. Chr.	Zedkija, König in Juda	Worte des Propheten Jeremia
Zeit des Exils		
593 v. Chr.		Worte des Propheten Ezechiel (in Babylon)
587 v. Chr.	Zerstörung Jerusalems, Deportation nach Babylon	Klagelieder (in Juda)
ab 550 v. Chr.		Priesterschrift (in Babylon); Prophetische Neubesinnung im Geiste des Jesaja (Deuterojesaja)
Nachexilische Zeit / Persische Vorherrschaft		
539 v. Chr.	Edikt des Kyros	
537 v. Chr.	Erste Heimkehr nach Juda, Grunsteinlegung für den neuen Tempel	

Zeit	*Geschichtliche Ereignisse*	*Entstehung biblischer Schriften*
520-518 v. Chr.		Die Propheten Haggai und Sacharja
515 v. Chr.	Einweihung des Tempels	
ab 500 v. Chr.		Prophetische Neubesinnung im Geiste des Jesaja (Tritojesaja) Deuteronomistisches Geschichtswerk (= Jos; Ri; 1+2 Sam; 1+2 Kön) Sammlung und Ergänzung alter Überlieferungen
nach 450 v. Chr.	Wirken des Nehemia (politische und soziale Reform)	Sammlung alter israelitischer Rechtsüberlieferungen
um 400 v. Chr.	Wirken des Esra in Jerusalem (religiöse Reform)	Endredaktion des Pentateuch (= Gen, Ex Lev, Num, Dtn)
nach 400 v. Chr.		Die Bücher Joël und Jona, Sammlung und Ergänzung prophetischer Bücher, Das Buch Rut
Hellenistische Zeit		
ab 300 v. Chr.		Chronistisches Geschichtswerk (= 1+2 Chr, Esra, Neh) Weisheitsliteratur (Spr, Ijob, Koh) Sammlung des Psalters
167 v. Chr.	Entweihung des Tempels in Jerusalem durch Antiochus IV.	Buch Daniel, Buch Ester
164 v. Chr.	Wiedereinweihung des Tempels durch Judas Makkabäus	Die Bücher Tobit und Judit; 1+2 Makk
Römische Vorherrschaft		
64 v. Chr.	Eroberung Palästinas durch Pompejus	Buch der Weisheit
37-4 v. Chr.	Herodes I, König in Judäa (Geburt Jesu)	
30 v. Chr.-14 n. Chr.	Kaiser Augustus	
14-37 n. Chr.	Kaiser Tiberius	
26-36 n. Chr.	Pontius Pilatus, Statthalter in Judäa; Kajaphas, Hoherpriester	Predigt Johannes des Täufers Worte und Taten Jesu in Galiläa
7. April 30 n. Chr.	Tod Jesu am Kreuz	Verkündigung der Auferstehung Jesu; Erzählungen über Worte und Taten Jesu Briefe des Paulus
70 n. Chr.	Zerstörung des Tempels in Jerusalem durch Titus	Markusevangelium
Ab 70 n. Chr.		Matthäusevangelium, Lukasevangelium, Johannesevangelium, Apostelgeschichte, Offenbarung, weitere Briefe

Verzeichnis der Bibelstellen

Altes Testament

Das Buch Genesis

Das Buch Exodus

Das Buch Levitikus

Das Buch Numeri

Das Buch Deuteronomium

Das Buch der Richter

Das Buch Rut

1. Buch Samuel

2. Buch Samuel

Buch der Könige

Das zweite Buch der Chronik

Das Buch Tobit

Das Buch Judit

2. Buch der Makkabäer

Das Buch Ijob

Die Psalmen

Buch der Sprichwörter

Das Buch Kohelet

Das Hohelied

*Die mit * gekennzeichneten Stellen verweisen auf Bibeltexte, die unter dem Stichwort „Zum Weiterlesen" angeführt sind.*

Quellennachweis

S. 19 *Dieter Stork*, Füreinander da sein, aus: ders., 365 x Gott, © Luther-Verlag GmbH, Bielefeld ^{2}2008

S. 25 *Helder Camara*, Teilst du dein Brot, aus: ders., Mach aus mir einen Regenbogen, © 1981 Pendo Verlag in der Piper Verlag GmbH, München und Zürich

S. 27 Klaus Eulenberger, Gott, du hast uns geringe Kräfte gegeben, © Klaus Eulenberger, Gut Daudieck 2, D-21640 Horneburg

S. 35 Der Mensch hat das Recht ..., aus: Sekretariat der Deutschen Bischofskonferenz (Hg.), Die Verantwortung des Menschen für das Tier, Arbeitshilfe 113, Bonn 4. Oktober 1993, 8f.

S. 47 Kinder und Jugendliche haben das Recht ..., aus: UN-Kinderrechts-Konvention vom 20. November 1989; am 26. Januar 1990 von der Bundesrepublik Deutschland unterzeichnet (Zustimmung von Bundestag und Bundesrat durch Gesetz vom 17. Februar 1992 – BGBl. II S. 121); am 6. März 1992 Hinterlegung der Ratifikationsurkunde beim Generalsekretär der Vereinten Nationen; am 5. April 1992 für Deutschland in Kraft getreten (Bekanntmachung vom 10. Juli 1992 – BGBl. II S. 990); Quelle:<http://www.national-coalition.de/pdf/UN-Kinderrechtskonvention.pdf> (14.11.2013)

S. 49 *Matthias Claudius*, Der Mensch ..., Quelle: <http://gedichte.xbib.de/Claudius_gedicht_Der+Mensch+lebt+und+bestehet.htm> (14.11.2013)

S. 51 *Erich Fried*, Für Anne, aus: ders., Das Nahe suchen, © Verlag Klaus Wagenbach, Berlin 1982

S. 56 *Josef Reding*, Rückkehr aus dem Universum, aus: ders., nebenan ist jericho, © St. Benno Verlag GmbH, Leipzig

S. 83 *Hans Kruppa*, Komm, Liebe ..., aus: ders., Nur für dich, © 1983 by Franz Schneekluth Verlag, München

S. 85 *Berthold Brecht*, Ich will mit dem gehen, ..., aus: ders., Große kommentierte Berliner und Frankfurter Ausgabe, Bd. 14, © Suhrkamp Verlag, Frankfurt a.M. 1993

S. 87 *Paul Roth*, Ich liebe mich ..., Quelle unbekannt

S. 97 Wir setzen uns für Frauen ein ..., aus: Arbeitsschwerpunkt von „Terre des femmes", Quelle: <http://www.gegen-frauenhandel.de/sites/gegen-frauenhandel.de/files/dokumentation_zehn_jahre_aktionsbuendnis_gegen_frauenhandel.pdf> (14.11.2013)

S. 173 *Peter Becher*, Eines Tages träumte ich, Quelle unbekannt

S. 193 *Dan Pagis*, Autobiographie, aus: ders., Erdichteter Mensch. Gedichte hebräisch-deutsch, aus dem Hebräischen von Tuvia Rübner, © Jüdischer Verlag im Suhrkamp Verlag, Frankfurt a.M. 1993, S. 6-7

S. 207 Wir leben in Hütten aus Lehm ..., aus: *Erhard S. Gerstenberger*, Lieder von Freiheit und Leben. Die Psalmen in den Basisgemeinden Lateinamerikas, in: BiKi 47, 1992, 214-119, hier: 218

S. 219 *Martin Gutl*, Petrus und Judas ..., aus: ders., Der tanzende Hiob, © Verlag Styria, Graz ^{6}1992 - Neuausgabe

S. 225 *Kurt Wolf*, Alles, © Fliedener Kulturstiftung, Kaiserswerth

S. 233 *Kurt Marti*, Das könnte den Herren ..., aus: ders., Leichenreden, © Verlag Nagel & Kimche AG in der Carl Hanser Verlag GmbH Co. KG, München / Zürich 1996/2001, S. 67

S. 245 *Kurt Marti*, Ihr fragt wie ist ..., aus: ders., Leichenreden, © Verlag Nagel & Kimche AG in der Carl Hanser Verlag GmbH Co. KG, München / Zürich 1996/2001, S. 29

S. 249 *Michael Quoist*, Als ob es die Toten gäbe ..., aus: ders., Herr, da bin ich. Gebete. Verlag Styria Graz ^{2}1997, © beim Autor

S. 259 *Lothar Zenetti*, Inkonsequent, aus: ders., Auf Seiner Spur. Texte gläubiger Zuversicht, © Matthias Grünewald Verlag der Schwabenverlag AG, Ostfildern 2011. www.verlagsgruppe-patmos.de

S. 261 *Oton Zupancič*, Ein Kindergebet, aus: Panorama moderner Lyrik. Gedichte des 20. Jahrhunderts, hg. von Günter Steinbrinker und Rudolf Hartung, S. Mohn Verlag, Gütersloh 1960, S. 230, © beim Autor

S. 263 *Christa Peikert-Flaspöhler*, Nachfolge, aus: dies., Stellenangebot. Gedichte, © 1980 Lahn-Verlag GmbH, Kevelaer ^{2}1982, www.lahn-verlag.de

S. 267 *Huub Osterhuis*, Neunundzwanzig Namen für Jesus, aus: ders., Mitten unter uns. Die schönsten Gebete von Huub Osterhuis, ausgewählt und übertragen von Peter Pawlowsky, © Verlag Herder, Freiburg i. Br. 1982

S. 279 *Martin Luther King*, Ich habe einen Traum, Quelle unbekannt

S. 281 *Papst Johannes der XXIII.*, 10 Gebote der Gelassenheit, aus: ders., Für das Glück geschaffen, Die zehn Regeln der Gelassenheit, © St. Benno Verlag GmbH, Leipzig

S. 287 There's a light at the end of the tunnel, aus: Light At The End Of The Tunnel, aus: Starlight Express, Music by Andrew Lloyd Webber, Lyrics by Richard Stilgoe, © The Really Useful Group Ltd. Polygram Int. Music Publ.

Sollte es uns trotz gewissenhafter Bemühungen in einzelnen Fällen nicht gelungen sein, die Rechtsinhaber zu finden, bitten wir diese, sich gegebenenfalls mit dem Verlag Katholisches Bibelwerk in Verbindung zu setzen.